ALJOSCHA NEUBAUER · ELSBETH STERN

Lernen macht intelligent

Buch

Nicht erst seit »lebenslanges Lernen« zum Schlagwort geworden ist, steht fest: Effizientes Lernen ist heute unabdingbar für den Erfolg in Ausbildung und Beruf. Doch lassen sich die Grenzen der Begabung durch Üben und Trainieren überwinden? Dieser Frage widmen sich die beiden Kognitionspsychologen in diesem Buch. Das Ergebnis ihrer Forschungen: Lernen macht intelligent. Unterschiede in Begabung lassen sich durch gezieltes Training tatsächlich ausgleichen. Aljoscha Neubauer und Elsbeth Stern erläutern in diesem Buch, wie und wann bestimmte Kenntnisse und Fähigkeiten geschult werden können, erklären die genetischen und neurobiologischen Grundlagen fürs Lernen und gehen der Frage nach, welche Rolle das persönliche Umfeld dabei spielt.

Autoren

Aljoscha Neubauer, geboren 1960, ist Professor für Psychologie an der Universität Graz und leitet den Arbeitsbereich Differentielle Psychologie. Er beschäftigt sich mit interindividuellen Unterschieden in kognitiven, sozialen und kreativen Begabungen und ihren neurophysiologischen Grundlagen.

Elsbeth Stern, geboren 1957, ist Professorin für Psychologie und leitet an der Eidgenössischen Technischen Hochschule Zürich den Arbeitsbereich Lehr- und Lernforschung. Sie beschäftigt sich mit dem Erwerb, der Veränderung und der Nutzung von Wissen in unterschiedlichen Bereichen.

Aljoscha Neubauer
Elsbeth Stern

Lernen macht intelligent

Warum Begabung gefördert werden muss

GOLDMANN

FSC
Mix
Produktgruppe aus vorbildlich bewirtschafteten Wäldern und anderen kontrollierten Herkünften

Zert.-Nr. SGS-COC-1940
www.fsc.org
© 1996 Forest Stewardship Council

Verlagsgruppe Random House FSC-DEU-0100
Das FSC-zertifizierte Papier *Holmen Book Cream* für dieses Buch liefert Holmen Paper, Hallstavik, Schweden.

1. Auflage
Taschenbuchausgabe September 2009
Wilhelm Goldmann Verlag, München,
in der Verlagsgruppe Random House GmbH

Umschlaggestaltung: UNO Werbeagentur, München
Umschlagfoto: Getty Images/Stella (72665772)
GJ · Herstellung: Str.
Typografie und Satz: Brigitte Müller
Druck und Bindung: GGP Media GmbH, Pößneck
Printed in Germany
ISBN: 978-3-442-15562-0

www.goldmann-verlag.de

Inhalt

Vorwort

Viele Menschen verbringen große Teile ihres Lebens damit, nach guten, vielleicht sogar außergewöhnlichen Leistungen zu streben. Hierfür, so lehren uns Pädagogen und Psychologen, ist effizientes Lernen über einen langen Zeitraum eine unabdingbare Voraussetzung. Manche Fähigkeiten und Fertigkeiten lassen sich besonders gut in der Kindheit erwerben, später hingegen nur mit erheblich größerem Aufwand. Andererseits wird fast allerorts lebenslanges Lernen propagiert, und tatsächlich erlauben es die dynamischen Entwicklungen im Arbeitsleben unserer Gesellschaften kaum noch jemandem, ein Leben lang im gleichen Tätigkeitsfeld beschäftigt zu sein. Aber nicht nur die Vermittlung von Fachwissen und Expertise steht im Zentrum des lebenslangen Lernens, auch in »weichen« Fertigkeiten *(soft skills)* wie sozialer und emotionaler Kompetenz, Kommunikationsfähigkeit, Überzeugungskraft etc. müssen wir uns ein Leben lang weiterentwickeln, um uns auf einem – durch zunehmende Rationalisierungs- und Globalisierungstendenzen in der Wirtschaft – immer kleiner werdenden Arbeitsmarkt weiterhin aussichtsreich positionieren zu können. Dies dient einerseits dem Ziel, einen möglichst hohen Lebensstandard im Hier und Jetzt zu erreichen, andererseits aber auch – in Zeiten implodierender Renten- und Pensionssysteme – die notwendigen Rücklagen für das Alter schaffen zu können. Zur Erreichung dieser Ziele der fachlichen, vor allem aber auch der persönlichen Fortbildung haben sich inzwischen ganze Dienstleistungssektoren etabliert (Supervision, Training von Managementqualitäten, Führungserfolg, soziale und emotionale Intelligenz und vieles mehr), und zum

Teil sind neue Berufsbilder wie etwa das des Coachs entstanden. Wer »es geschafft hat«, geht heute nicht mehr zum Psychoanalytiker, sondern hat einen eigenen Coach.

Der boomende Trainings-, Supervisions- und Coachingmarkt steht aber gleichzeitig in einem zumindest partiellen, aber deshalb nicht weniger interessanten Widerspruch zur Popularität von teils traditionellen, teils modernen Begabungsbegriffen. Der Intelligenzquotient oder IQ ist – selbst in der nicht einschlägig (aus-)gebildeten Bevölkerung – sicher eines der bekanntesten Konzepte der modernen Psychologie. Intelligenz mit ihren verschiedensten Facetten der Begabung gilt wohl den meisten Menschen als notwendige, wenn auch nicht hinreichende Voraussetzung für den Erfolg in Ausbildung und Beruf. Nicht zuletzt werden innerhalb wie außerhalb der modernen wissenschaftlichen Psychologie seit einigen Jahrzehnten immer wieder neue »Intelligenzen« ge- bzw. erfunden, wie beispielsweise die *soziale Intelligenz* und in jüngerer Zeit die *emotionale Intelligenz* bis hin zu Kuriositäten wie der *sexuellen Intelligenz*. Während einige Facetten menschlicher Begabungen angesichts einer mehr als 100-jährigen Tradition als sehr gut erforscht gelten können – dies trifft vor allem auf kognitive Fähigkeiten wie verbale oder Sprachbegabungen, rechnerisch-mathematische Fähigkeiten und das visuell-räumliche Vorstellungsvermögen zu –, haben andere Merkmale nicht nur eine deutlich kürzere Forschungsgeschichte, sondern die Erkenntnisse über sie sind teilweise trotz 40 bis 50 Jahre währender wissenschaftlicher Bemühungen auf vergleichsweise mäßigem Niveau angesiedelt. Dies gilt zum Beispiel für die Kreativität. Wieder andere Begabungsmerkmale, etwa die erwähnten *soft skills*, haben zwar einerseits eine längere Forschungstradition (der Begriff der sozialen Intelligenz geht auf Thorndike, 1920, zurück), doch ist der wissenschaftliche Erkenntnisstand zu diesen Fähigkeiten vergleichsweise bescheiden. In den letzten Jahren haben sich jedoch in der wissenschaftlichen Psychologie seriöse Forschungsaktivitäten zur emotionalen Intelligenz etabliert, die als eine Form der sozialen Intelligenz in neuem Gewande verstanden werden kann.

Die Psychologie und die Märkte, die Psychologen und verwandte Professionen bedienen, sind also mit dem faszinierenden Widerspruch zwischen der Annahme zumindest teilweise erblich bedingter menschlicher Begabungen einerseits und einem Bildungs-, Trainings- und Coachingboom andererseits konfrontiert. Sind menschliche Begabungen (oder auch die Persönlichkeit, der »Charakter« eines Menschen) primär genetisch festgelegt oder zumindest durch pränatale und frühkindliche Einflüsse so stark beeinflusst, dass spätere Bildungsmaßnahmen unsere Psyche eigentlich kaum mehr oder nur in sehr engen Grenzen verändern können? Oder ist die menschliche Psyche (Begabungen und Persönlichkeit) so flexibel, dass Erziehung, (Aus-)Bildung, adäquates Training und Coaching auch aus einem unter schwierigsten Bedingungen aufgewachsenen »Kaspar Hauser« einen erfolgreichen Manager, Wissenschaftler, Künstler oder Politiker machen können?

Die Wahrheit liegt vermutlich irgendwo in der Mitte, das sagt uns schon die intuitive Alltagserfahrung. Aber wo sie genau liegt und welche Begabungen mehr oder weniger genetisch oder durch frühe Erfahrungen festgelegt werden, das wissen wir aufgrund der jüngsten Entwicklungen in der so genannten Populations- oder Verhaltensgenetik (der Erforschung des Einflusses von Anlage und Umwelt) wie auch in den Kognitions- und Neurowissenschaften wesentlich genauer als noch vor ein paar Jahren.

Obwohl wir so etwas wie einen stabilen Kern unserer Begabungen und unserer Persönlichkeit zugrunde legen müssen, haben natürlich Lernen und Erfahrung einen beachtlichen Einfluss auf die Anpassung dieses Kerns an unsere Umwelt. Aber wie genau wirken sich Bildung, Ausbildung und Training auf unsere geistigen Kompetenzen aus? In Deutschland wie in Österreich ist die Frage nach dem Wann und dem Wie besonders virulent, seitdem internationale Schulleistungsstudien wie PISA gelegentlich sogar dahingehend interpretiert werden, dass in diesen Ländern ein Bildungsnotstand herrsche. Obwohl es keinen Grund zu der Annahme gibt, dass deutsche und österreichische Schüler mit einem weniger effizienten Gehirn ausgestattet sind als finnische, niederländische oder kanadische Schüler, lernen diese mehr und besser in der Schule. Ganz offensichtlich können in Abhängigkeit von der Qualität der Lernangebote bei gleichen Voraussetzungen in der Intelligenz Kompetenzen in unterschiedlichem Ausmaß gefördert werden. Gibt es »kritische Perioden« für die eine oder andere Begabung, nach deren Verstreichen man bestenfalls mittelmäßige Leistungen erreichen kann? Und inwieweit spielen Motivation, Übung und Ausdauer nicht vielleicht sogar eine größere Rolle als die Begabung?

Die zentrale Frage dieses Buches ist der (vermeintliche) Widerspruch zwischen Begabungen und Talenten einerseits und der großen Bedeutung von Lernen und Bildung andererseits. Was sind die genetischen und neurobiologischen Grundlagen von Begabung und Lernen? Und inwieweit lassen sich die Grenzen der Begabung durch Lernen und/oder Üben überwinden? Ziel dieses Buches ist es, eine Synthese zwischen Erkenntnissen aus Begabungs- und Intelligenzforschung einerseits und kognitionspsychologischer Lehr- und Lernforschung andererseits vorzustellen.

Für die Entwicklung dieser Synthese haben wir, ein Vertreter der Intelligenz- und Begabungsforschung und eine Vertreterin der kognitionswissenschaftlich orientierten Lehr- und Lernforschung, uns zusammengefunden. Dieses Buch ist auch das Ergebnis einiger teils kontroverser, aber umso fruchtbarerer Diskussionen zwischen beiden Autoren. Dem soll die Struktur des Buches Rechnung tragen: Es werden wesentliche Erkenntnisse aus mehr als 100 Jahren wissenschaftlicher Intelligenz- und Begabungsforschung einerseits und Lernforschung andererseits vorgestellt. Wer sich einen »enzyklopädischen Zugang« erwartet, wird allerdings enttäuscht werden. Vielmehr reflektiert die Darstellung die persönlichen Schwerpunktsetzungen der Autoren aus der Perspektive der modernen Kognitions- und Neurowissenschaften.

Interindividuelle Unterschiede in der Intelligenz geben nicht nur der Wissenschaft Rätsel auf, sondern stellen auch eine Herausforderung für unser Schulsystem dar. Können Menschen mit unterschiedlicher Intelligenz von den gleichen Lerngelegenheiten profitieren? Diese Frage steht auch im Zusammenhang mit dem Thema Hochbegabung, dem wir ein eigenes Kapitel gewidmet haben. Es bleibt uns zu hoffen, dass bei den Leserinnen und Lesern das Buch so ankommt, wie wir es beabsichtigt haben: intellektuell stimulierend und alltagstauglich.

Wenn dies gelungen ist, so ist es bei weitem nicht allein unser Verdienst. Hella Beister vom Max-Planck-Institut für Bildungsforschung in Berlin hat jedes einzelne Kapitel sehr kritisch gelesen, uns gnadenlos auf Widersprüche oder unverständliche bzw. schlampige Formulierungen hingewiesen und wertvolle Verbesserungsvorschläge gemacht. Wir sind ihr zu großem Dank verpflichtet. Frau Naumann von der Deutschen Verlags-Anstalt hat ein Übriges getan, um die Lesbarkeit und die Verständlichkeit des Buchs zu verbessern. Auch ihr sei herzlich gedankt. Frau Anna Kanape vom Institut für Psychologie der Universität Graz sei gedankt für die große Hilfe bei der Erstellung von Grafiken und für Literaturrecherchen. Nicht unerwähnt soll bleiben, dass viele Kolleginnen und Kollegen, vor allem aber auch ZuhörerInnen unserer Vorträge kritische Anmerkungen zu einzelnen Befunden und Thesen geliefert haben, ohne deren Beiträge dieses Buch vielleicht nicht entstanden wäre.

KAPITEL 1

Intelligenz und ihre Ursprünge

Der Begriff Intelligenz stammt ab vom lateinischen *intelligentia,* was zumeist mit »Verstand«, »Einsicht« oder »Erkenntnisvermögen« übersetzt wird. Das der *intelligentia* zugrunde liegende Verb ist *intellegere,* was so viel bedeutet wie »mit Sinn und Verstand wahrnehmen, einsehen, begreifen, verstehen, richtig beurteilen«.

Intelligenz und Begabung werden oft synonym verwendet, immer wieder aber auch mit etwas unterschiedlichen Begriffsinhalten. Während sich der Begriff der Intelligenz durchgesetzt hat, um *kognitive* Fähigkeiten (also im weitesten Sinne die Fähigkeit, gut zu denken, zu urteilen oder zu verstehen; siehe Binet und Simon) darzustellen, wird das Wort *Begabung* nicht nur zur Beschreibung eines hohen Denkvermögens, sondern auch anderer überdurchschnittlicher oder gar herausragender Leistungen herangezogen. Letztere können sogar auf anderen als rein kognitiven Gebieten zu beobachten sein: etwa besonders kreative oder schöpferische, musikalische oder sportliche oder auch außergewöhnliche soziale, emotionale oder gar spirituelle Taten (wie sie z. B. mit dem Friedensnobelpreis ausgezeichnet werden).

Die Teilgebiete der Psychologie, die sich mit Intelligenzforschung einerseits und mit Begabungsforschung andererseits beschäftigen, laufen interessanterweise seit Jahrzehnten parallel. Und obgleich es Berührungspunkte gibt, ist der Austausch zwischen Intelligenzforschern und Begabungs- bzw. Hochbegabungsforschern bislang eher die Ausnahme denn die Regel. Nicht zuletzt wollen wir in diesem Buch versuchen, die beiden Gebiete einander etwas näher zu bringen und dabei die durchaus bestehenden, beträchtlichen Überschneidungen stärker herausarbeiten, als das in der einschlägigen Literatur bislang der Fall ist.

Zum Begriff der Intelligenz

Was ist Intelligenz? Im Widerspruch zu dem gerne zitierten Bonmot, es gäbe so viele Intelligenzdefinitionen, wie es Intelligenzforscher gibt, ist nach rund 100 Jahren psychologischer Intelligenzforschung doch eine weitgehende Übereinstimmung zwischen den jeweiligen Definitionen des Intelligenzbegriffs auszumachen.

Intelligenz ist demzufolge die Fähigkeit,

a) sich in neuen Situationen aufgrund von Einsichten zurechtzufinden,
b) Aufgaben mit Hilfe des Denkens zu lösen, wobei nicht auf eine bereits vorliegende Lösungsstrategie zurückgegriffen werden kann, sondern diese erst aus der Erfassung von Beziehungen abgeleitet werden muss.

Beispiele aus gängigen Intelligenztests zeigen allerdings, dass nicht nur neuartige Aufgaben gestellt werden, bei denen es um das Erfassen von Beziehungen geht, sondern häufig lediglich Wissen abgefragt wird (z. B. wenn Wörter erklärt werden müssen). Aber nicht nur die Aufgaben zur Erfassung von verbaler oder sprachlicher Intelligenz greifen auf kulturell tradiertes Wissen zurück, auch die Aufgaben zur Erfassung der numerischen oder mathematischen Intelligenz sind ohne Kenntnis des arabischen Zahlensystems und der Grundrechenarten nicht lösbar. Am geringsten ist die Abhängigkeit von kulturell tradiertem und vor allem in der Schule vermitteltem Wissen in der Regel bei Aufgaben, die sich figural-bildhaften Materials bedienen, etwa Würfelaufgaben, Matrizen, Flächenaufgaben etc., um Aspekte der räumlich-visuellen Wahrnehmungsfähigkeit zu erfassen. Aber selbst die erfolgreiche Bewältigung solcher Aufgaben ist – wie hier zu zeigen sein wird – an Kulturtechniken gebunden, und dies nicht nur aufgrund der – bei nahezu allen gängigen Intelligenztests gegebenen – Abhängigkeit der so genannten Instruktion, also der Aufgabenerklärung, vom Sprachverstehen.

Der Begriff der Intelligenz erfährt gerade in den vergangenen Jahrzehnten immer weitere »Ausdehnungsversuche«. Intelligenz und der Intelligenzquotient sind enorm populär geworden, Zeitschriften benennen sich nach dem IQ, IQ-Shows im Fernsehen erfreuen sich großer Beliebtheit – ein interessantes Phänomen, das allerdings ein vorwiegend mitteleuropäisches zu sein scheint. In den USA ist der Begriff der Intelligenz eher verpönt. Selbst in wissenschaftlichen Publikationen wird er zumeist mit *general cognitive ability* (also allgemeine kognitive Fähigkeit) umschrieben. In den vergangenen Jahren wurde der Begriff der Intelligenz auch zunehmend zur Beschreibung von nicht-kognitiven Fähigkeiten herangezogen: Howard Gardners *multiple Intelligenzen*, Robert Sternbergs *Erfolgsintelligenz* oder die von Peter Salovey und John D. Mayer postulierte und von Daniel Goleman popularisierte *emotionale Intelligenz* fallen in diese Kategorie. Obwohl diese neueren, alternativen Intelligenzmodelle mehrheitlich bislang kaum den Ansprüchen an eine wissenschaftliche Theorie genügen, erscheinen einige der in diesen Modellen postulierten Fähigkeiten (vor allem soziale, emotionale und kreative Begabungen) aus der Sichtweise einer empirischen Psychologie interessant und untersuchenswert. Sie sind aber nach Ansicht der meisten Intelligenzforscher eindeutig nicht der Domäne der Intelligenz zuzurechnen, sondern verdienen eher Beachtung als eigenständige und von dem Bereich der Intelligenz unabhängige Persönlichkeitsmerkmale von Menschen.

Intelligenz als Lernfähigkeit

Wann immer man eine Gruppe von Menschen vor eine nichttriviale geistige Anforderung stellt, findet man Unterschiede. Diese können sich in der Anzahl der gelösten Aufgaben, in der Eleganz der Lösung oder aber in der zur Lösungsfindung benötigten Zeit zeigen. Die Ursachen für solche Leistungsunterschiede sind vielfältig. Sie können beispielsweise in der Lerngeschichte liegen: Die Aufgaben setzen Wissen voraus, welches man nur durch die Nutzung spezieller Lerngelegenheiten erwerben kann. So setzt beispielsweise die Lösung von Aufgaben zur Infinitesimalrechnung anspruchsvollen Mathematikunterricht in der gymnasialen Oberstufe voraus. Wenn eine Person mit Hauptschulabschluss eine solche Aufgabe nicht lösen kann, dürfen wir demnach nicht mangelnde Intelligenz dafür verantwortlich machen. Ist hingegen ein junger Erwachsener mit Abitur bzw. Matura nicht imstande, eine solche Aufgabe zu lösen, obwohl das Thema im Mathematikunterricht behandelt wurde, ist es nicht ganz abwegig, Rückschlüsse auf seine Intelligenz zu ziehen, da Lerngelegenheiten offensichtlich nicht nachhaltig genutzt wurden. Der Begriff der Intelligenz wird also gebraucht, um zu erklären, warum Menschen mit gleichem Bildungshintergrund und gleichen schulischen Lerngelegenheiten unterschiedliche Leistungen zeigen. Haben zwei Schüler aus vergleichbaren Elternhäusern mehrere Jahre in derselben Schulklasse gesessen, und am Ende hat einer der Schüler sehr gute und der andere sehr schlechte Noten, wird man dem Schüler mit den besseren Noten eine höhere Intelligenz zuschreiben.

Unterschiedlichen Personen ein unterschiedliches Maß an Intelligenz zuzuschreiben, ist nur dann fair, wenn Lern- und Erfahrungshintergrund ähnlich sind. Weiter unten werden wir noch ausgiebig diskutieren, dass das, was wir unter Intelligenz verstehen, ohne den Schulbesuch nicht messbar wäre. Frühe Versuche der Psychologie, die Intelligenz von Menschen mit unterschiedlichem kulturellen Hintergrund mit so genannten kulturfairen Tests zu vergleichen, haben sich als sehr unzuverlässig erwiesen und mussten aufgegeben werden.

Aber auch bei vergleichbarem Lern- und Erfahrungshintergrund wäre es kurzsichtig, anzunehmen, dass bessere Leistung immer mit einer höheren Intelligenz einhergeht. Selbst sehr intelligente Menschen sind nicht automatisch in der Lage, jede Lerngelegenheit optimal zu nutzen. Zwar gibt es einen bedeutsamen Zusammenhang zwischen Intelligenz und Schulerfolg, aber dieser ist keineswegs so eng, dass man aus der einen Variablen mit sehr hoher Wahrscheinlichkeit die andere Variable vorhersagen könnte. Für motivationsbedingte Abweichungen zwischen Intelligenz und Schulleistung wurden in der Psychologie schon vor längerer Zeit Fachbegriffe eingeführt: Man spricht von *Underachievern*, wenn die Schulleistung schlechter ist, als aufgrund der Intelligenz erwartet, und von *Overachievern*, wenn das umgekehrte Muster vorliegt. In Ländern wie Deutschland und Österreich, die in internationalen Schulleistungsstudien eher schlecht abschneiden, wird häufig reproduktiv gelernt. Möglicherweise können aber gerade intelligente Schüler wenig mit Lerngelegenheiten anfangen, die primär auf die Wiedergabe der vom Lehrer vorgegebenen Merksätze abzielen. Ein geringer Zusammenhang zwischen Intelligenz und Schulleistung kann demnach nicht einfach als ein Beleg dafür angesehen werden, dass Intelligenz für die Schulleistung generell keine große Rolle spielt; vielmehr spricht er dafür, dass es der Schule nicht gelungen ist, die Intelligenzreserven eines Individuums zu optimieren.

Viele Annahmen zum Zusammenhang zwischen Intelligenz und Lernen sind so plausibel, dass es lächerlich wäre, sie als wissenschaftliche Erkenntnisse anzupreisen: Intelligente Menschen lernen schneller als weniger intelligente und erreichen damit zu einem früheren Zeitpunkt das Leistungsziel. Intelligentere Menschen zeigen ein höheres Maß an Abstraktionsfähigkeit und können deshalb in Inhaltsbereiche vordringen, die nicht allein auf Erfahrung beruhen, sondern die Übernahme wissenschaftlicher Begriffe erfordern. Intelligentere Menschen sind geistig flexibler als weniger intelligente und können deshalb neuartige Anforderungen schneller und besser bewältigen. Eine nicht ganz so hohe Übereinstimmung erzielt man möglicherweise bei der Behauptung, intelligentere Menschen hätten ein besseres Gedächtnis als weniger intelligente. Die Annahme, dass vor allem weniger intelligente Menschen auf ihr Gedächtnis angewiesen seien, wo intelligentere Menschen sich auf ihre Denkfähigkeit verlassen können, ist nämlich weit verbreitet. Keine der genannten Annahmen ist falsch. Wer aber solche Erkenntnisse als Wissenschaft verkauft, setzt die Psychologie dem nicht selten vorgebrachten Vorwurf aus, sie verbreite lediglich so genannte »Binsenweisheiten«. Diese können zwar durchaus richtig sein, lösen aber Enttäuschung aus, wenn sie von Wissenschaftlern stammen. Schließlich ist es nicht die Aufgabe der Wissenschaft, Plausibilitäten in hehre Worte zu fassen, sondern Alltagserklärungen in Frage zu stellen. Der große Physiker Isaac Newton hat sich nicht darauf beschränkt, zu sagen, dass ein geworfener Ball irgendwann zu Boden fällt, sondern er hat gezeigt, dass die landläufige Erklärung für diesen Vorgang nicht haltbar ist: Der Ball fällt nicht zu Boden, weil sich der Schwung, der ihm gegeben wurde, verbraucht hat, sondern weil die Gravitationskraft auf ihn wirkt. Für den alltäglichen Umgang mit Objekten macht es keinen Unterschied, ob man Newtons Gesetze der Mechanik kennt oder nicht. Es reicht zu wissen, dass man mehr Muskelkraft aufwenden muss, wenn man einen Ball weit werfen möchte, als wenn man ihn nicht so weit werfen möchte – eine Annahme, die nicht im Widerspruch zu den Annahmen in Newtons Gesetzen der Mechanik steht. Trotzdem sträuben sich einem Physiker die Nackenhaare, wenn man behauptet, bei dem weiter fliegenden Ball habe sich der Schwung erst später verbraucht als bei dem weniger weit fliegenden Ball. Der Reiz der Wissenschaft besteht ja gerade darin, Widersprüche und Grenzen von Alltagserklärungen aufzuzeigen. Das gilt in der Psychologie genauso wie in der Physik.

Weder Laien noch Psychologen stellen in Frage, dass intelligentere Personen schneller lernen, ihr Wissen flexibler verfügbar haben und abstrakte Konzepte besser verstehen. Dass es dennoch aus wissenschaftlicher Sicht nicht gerechtfertigt ist, Intelligenz einfach mit Geschwindigkeit, Flexibilität oder Abstraktionsfähigkeit gleichzusetzen, soll in diesem Buch gezeigt werden. Einfache Antworten machen uns mitunter handlungsfähig, aber fundiertere Antworten erschließen sich unter Umständen erst, wenn wir einer Sache auf den Grund gehen. Das ist insbesondere bei der mit großem öffentlichem Interesse verfolgten Frage nach dem Einfluss von Erbe und Umwelt auf Intelligenzunterschiede der Fall. In einem eigenen Kapitel wird erörtert, warum der Einfluss der Gene auf die Intelligenzunterschiede bei Erwachsenen größer ist als bei Kindern und warum genetisch bedingte Unterschiede umso stärker zum Ausdruck kommen, je größer die Chancengerechtigkeit in einer Gesellschaft ist.

Auch vieles andere, was plausibel klingt und teilweise auch Eingang in die Schulplanung fand, wurde in den letzten Jahren von der Forschung auf den Prüfstand gestellt. Insbesondere für die höhere Bildung ging man davon aus, dass ihre Aufgabe vorwiegend darin bestünde, dem Gehirn durch die Beschäftigung mit möglichst formalen Inhalten die nötige Flexibilität zu verschaffen, und hat damit Latein und Griechisch als Schulfächer gerechtfertigt. In Kapitel 7 zeigen wir, dass es sich dabei um eine Fehleinschätzung der Arbeitsweise des menschlichen Geistes handelt. Natürlich hätte es viele Vorteile, wenn wir unser Gehirn unspezifisch trainieren könnten, um so auf die noch nicht absehbaren Anforderungen des späteren Lebens vorbereitet zu sein. Heute wissen wir jedoch, dass das nicht geht. Zwar können wir unsere Intelligenz nutzen, um Wissen zu erwerben, welches uns in die Lage versetzt, neue Anforderungen kompetent zu bewältigen, aber es gibt bisher keinen Beleg dafür, dass wir unsere Intelligenz direkt beeinflussen können. Selbst wenn wir Intelligenztestaufgaben üben und nach einiger Zeit eine deutliche Leistungssteigerung beobachten, die sich auch in einem höheren IQ niederschlägt, haben wir unsere Intelligenz nicht verbessert. Vielmehr ist der Wert, den man auf diese Weise im Intelligenztest erreicht, nicht länger ein Abbild der geistigen Leistungsfähigkeit. Vor diesem Hintergrund müssen auch die Angebote, die geistige Leistungsfähigkeit von Menschen durch Gehirnjogging zu verbessern, aus wissenschaftlicher Sicht kritisch betrachtet werden. Intelligenztests sind *Indikatoren* für die geistige Leistungsfähigkeit eines Menschen, aber sie sind nicht die Intelligenz selbst. Intelligenztestunterschiede bei gleichem Erfahrungs- und Lernhintergrund erlauben recht zuverlässige Vorhersagen über den zukünftigen Lernerfolg der betreffenden Personen.

Intelligenz als Persönlichkeitsmerkmal

Versetzen wir uns kurzfristig in die Welt von Adam und Eva. Als Adam noch allein auf der Welt war, konnte er etwas über seine Größe in Erfahrung bringen. Er konnte sehen, dass einige Sträucher kleiner waren als er, während die Bäume größer waren. Sein Gewicht konnte er zwar nicht direkt mit dem anderer Objekte vergleichen, aber er erlebte doch, dass manche Objekte schwerer sind als andere. Indem er sich mit den anderen Lebewesen verglich, konnte Adam etwas über seine Fähigkeiten und sein geistiges Potenzial lernen. Er musste feststellen, dass er den Tieren in vieler Hinsicht unterlegen war: Jedes konnte irgendetwas besser als er. Manche konnten schneller rennen, andere konnten besser auf Bäume klettern oder aber sich in kürzester Zeit eine Höhle graben. Adam war also in keiner Weise allen anderen Lebewesen überlegen. Er überlebte nur, weil im Paradies alles Lebenswichtige in Hülle und Fülle verfügbar war. Erst als Eva hinzukam, konnte er eine Fähigkeit einsetzen, die kein anderes Lebewesen hatte: die Sprache. Mit Hilfe der Sprache konnten sich die beiden über Ereignisse und Vorkommnisse in der Umwelt verständigen, auch wenn diese nicht immer im Blickfeld waren. Sie verstanden, was verbotene Früchte waren, obwohl sie keine schlechten Erfahrungen mit Vergiftungen gemacht hatten. Sie wussten auch, dass man lügen und betrügen kann, um sich Vorteile zu verschaffen. Mit anderen Worten, sie konnten Fähigkeiten einsetzen, die dem Menschen vorbehalten sind. Und dies endete bekanntermaßen mit dem Rausschmiss aus dem Paradies. Fortan setzten die Nachfahren von Adam und Eva ihre Intelligenz ein, um die Welt so zu gestalten, wie wir sie heute vorfinden.

Es war Evas Idee, sich die verbotenen Früchte zugänglich zu machen. Wir können daraus noch nicht schließen, ob Eva nun intelligenter als Adam oder Adam intelligenter als Eva war, aber die unterschiedlichen Verhaltensmuster legen auch unterschiedliche geistige Grundausstattungen nahe. Mit den Nachfahren von Adam und Eva nahm die Variabilität der geistigen Ressourcen zu. Erst damit wurden die Voraussetzungen für das Konzept der Intelligenz geschaffen: Wie alle Merkmale von Gegenständen und Personen wird Intelligenz erst durch ihre Variation zu einer Personeneigenschaft. Begriffe wie Farbe, Form, Größe und Gewicht sind in unserem Geist repräsentiert, weil sie in ihren Ausprägungen variieren. Wäre die gesamte Welt in einem einheitlichen Blau gefärbt, hätten wir keinen Begriff von Farbe. Wenn alle Menschen sich immerzu gleich verhielten, hätten wir keinen Grund, von introvertiert, lebhaft, dumm oder intelligent zu sprechen. Wir haben für solche Eigenschaften Begriffe entwickelt, weil sie bei Menschen in unterschiedlichen Ausprägungen auftreten. Dass eine Person intelligent ist, fällt uns vor allem dann auf, wenn eine andere Person sich wenig intelligent verhält. Im Alltag formulieren wir Sätze wie »Diese Person ist intelligent« und gehen damit implizit davon aus, dass es auch nicht-intelligente Personen gibt. Korrekt wäre es jedoch, jedem Menschen die Eigenschaft Intelligenz in unterschiedlicher Ausprägung zuzusprechen.

In der Psychologie wird der Begriff der Intelligenz also zur Beschreibung interindividueller Unterschiede in der geistigen Leistungsfähigkeit bei der Bewältigung neuer geistiger Anforderungen herangezogen. Intelligenz wird als Personenmerkmal gesehen, so wie Körpergröße, natürliche Haarfarbe oder – mit Einschränkungen – Körpergewicht. Es wird als überdauernd, also zeitlich stabil, definiert und bleibt über unterschiedliche Situationen hinweg gleich. Für Merkmale wie Körpergröße trifft dies ab dem Erwachsenenalter zu: Die am Ende der Adoleszenz erreichte Körpergröße nimmt erst im hohen Alter wieder geringfügig ab. Die beiden anderen genannten Personenmerkmale Körpergewicht und natürliche Haarfarbe können über die Lebensspanne hinweg zwar deutlichen Veränderungen unterliegen, aber diese vollziehen sich nicht abrupt. Ähnlich verhält es sich mit der Intelligenz als Merkmal zur Charakterisierung einer Person: Auch wenn sie nicht über die gesamte Lebensspanne hinweg konstant bleibt, so ist sie doch mittelfristig stabil. Erfasst man von ein und derselben Person in einem Abstand von 14 Tagen den IQ, so wird man zwar aufgrund der Messfehler, die bei einer solchen Testung immer auftreten, keine identischen Werte erhalten, aber eine hohe Übereinstimmung im IQ finden. Der Intelligenzbegriff ergibt sich aus der Stabilität der Verschiedenheit zwischen Menschen: Würde man beispielsweise 100 zufällig ausgewählten Menschen einen Test vorgeben, ließe sich eine Rangfolge der Menschen aufstellen. Würde man einige Zeit später wiederum den gleichen oder einen ähnlichen Test vorgeben, so steht – wenn Intelligenz ein stabiles Personenmerkmal ist – zu erwarten, dass die Rangfolge der Personen im zweiten Test in etwa gleich ist. Weiter unten werden wir erörtern, wie man dies noch präziser mathematisch ausdrücken kann.

Nach allem, was wir bisher wissen, haben sich die Gene der Menschen in den letzten 50 000 Jahren nicht mehr wesentlich geändert. Man kann davon ausgehen, dass sich ein Baby, das mit steinzeitlichem Zellmaterial geklont unter heutigen Bedingungen aufwüchse, nicht grundsätzlich von einem heute gezeugten Baby unterscheiden würde. Dennoch hat man sich in der Steinzeit wahrscheinlich nicht den Luxus gegönnt, von Intelligenz zu sprechen. Natürlich unterschieden sich die Menschen schon damals in ihren Kompetenzen. Manche konnten besser jagen, Wege finden oder essbare Beeren sammeln als andere, auch wenn die Übungsmöglichkeiten dieser Menschen zwangsläufig sehr ähnlich waren. Sind auch solche Begabungsunterschiede Indikatoren für Intelligenzunterschiede? Die beiden über die Fachgrenzen der Psychologie hinaus sehr bekannt gewordenen amerikanischen Autoren Robert Sternberg und Howard Gardner würden dem wohl zustimmen. Beide üben seit den 1980er Jahren massive Kritik am Intelligenzbegriff. Ihren Ansätzen war gemeinsam, dass sie den einseitigen, auf formale intellektuelle Leistung ausgerichteten Intelligenzbegriff für unzureichend hielten. Dabei verwiesen sie sowohl auf die lange Geschichte der Menschheit, in der intellektuelle Fähigkeiten im heutigen Sinne keine besondere Rolle spielten, als auch auf die traditionell lebenden Kulturen der Gegenwart, bei denen dies ähnlich ist. Gardner stellte Bewegungsintelligenz als gleichberechtigt neben die sprachliche und die formale Intelligenz und damit Fähigkeiten, die mit dem intellektuellen Intelligenzbegriff gleichzusetzen sind. Während Gardner den Versuch unternahm, die herausragende Rolle der formalen Intelligenz zu relativieren, indem er sie als eine von vielen Fähigkeiten sah, versuchte Sternberg, eine gemeinsame höhere Ebene zu finden. Er prägte den Begriff der Erfolgsintelligenz. Demnach zeichnen sich intelligente Menschen dadurch aus, dass sie in ihrem jeweiligen Umfeld in der Lage sind, allgemein anerkannte Ziele zu erreichen. Diese können natürlich in

Abhängigkeit vom gesellschaftlichen Umfeld sehr stark variieren.

Spielt man das Modell der Erfolgsintelligenz konsequent durch, müsste man erwarten, dass ein und dieselbe Person, wäre sie zu unterschiedlichen Zeiten geboren, unterschiedlichen Tätigkeiten nachgegangen wäre. Im Mittelalter hätte sie sich als Theologe an Gottesbeweisen versucht, im 18. Jahrhundert wäre sie Komponist, im 19. Jahrhundert Chemiker und im 20. Jahrhundert Physiker geworden. Das lässt sich natürlich nicht empirisch nachprüfen, und es ist auch leicht vorstellbar, dass erfolgreiche Beiträge in Theologie, Musik und theoretischer Physik nicht von einer einzigen geistigen Ressource gesteuert werden können. Trotzdem hebt Sternberg einen wichtigen Aspekt hervor: Erfolg ist nicht allein auf ein gut funktionierendes Gehirn zurückzuführen, sondern definiert sich über die Anerkennung der Gesellschaft. Um erfolgreich zu sein, darf man also nicht einfach seinen Neigungen nachgehen, sondern muss herausfinden, für welche Aktivität man im jeweiligen Umfeld besondere Anerkennung erwarten kann. Menschen, die ihre Umwelt nicht aufmerksam wahrnehmen, werden demnach nicht erfolgsintelligent sein. Aller Kritik zum Trotz ist Erfolgsintelligenz aber nicht einfach ein tautologisches Konstrukt, wie etwa »Ein guter Schüler ist jemand, der gute Noten hat«. Erfolgsintelligenz zeichnet sich dadurch aus, dass man seine Stärken und Schwächen kennt und sich Umwelten sucht, in denen man seine Stärken ausleben kann. Zweifellos unterscheiden sich die Menschen in diesem Punkt: Wir alle kennen Zeitgenossen, die sich mit großer Energie auf Dinge stürzen, die ihnen nicht liegen. Zweifellos ist die Strategie, sich Bereiche zu suchen, in denen man seine Stärken zum Ausdruck bringen kann, eine notwendige Voraussetzung für Höchstleistung in allen Bereichen. Dass die Passung von individuellen Voraussetzungen und Umweltbedingungen eine spannende Frage ist, wird später in Kapitel 5 noch deutlich.

Die Kritik von Robert Sternberg und Howard Gardner am konventionellen Intelligenzbegriff teilen wir. Gleichzeitig glauben wir aber auch, dass uns die Relativierung des Intelligenzbegriffes nicht weiterbringt. Sicherlich gibt es Menschen, die in IQ-Tests sehr gut abschneiden, aber in anderen Bereichen des Lebens alles andere als erfolgreich sind. Aber hochintelligente Soziopathen oder Neurotiker stellen nicht das Konzept der kognitiven Intelligenz in Frage, sondern zeigen lediglich, dass sich Menschen nicht auf ihre Intelligenz reduzieren lassen.

Zu den Anfängen der Intelligenzforschung

Die Auseinandersetzung mit menschlicher Intelligenz und Begabung kann bis ca. 1100 vor Christus zurückverfolgt werden. Bereits im alten China hat man Leistungsprüfungen für Bewerber im gehobenen Staatsdienst durchgeführt, um die Bestgeeigneten herauszufinden. Dazu wurden die Bewerber mit Aufgaben konfrontiert, die man heute in der Personalpsychologie als Arbeitsproben bezeichnen würde: Bogenschießen, Musizieren, Schreiben, Rechnen und Reiten (die fünf Künste). Schon Plato hat in seinem Werk *Der Staat* vorgeschlagen, Menschen selektiv nach ihren Begabungen und Neigungen zu platzieren. So solle man zum Beispiel zur Auslese von Wächtern Personen in Situationen beobachten, die Mut, Unbestechlichkeit und Selbstdisziplin erfordern.

Diese Ideen erscheinen im Lichte gegenwärtiger Ansätze der Personalpsychologie erstaunlich modern. Nicht viel anders wird auch heute in vielen Bereichen der Personalauswahl vorgegangen, wenn es darum geht, die bestgeeigneten Personen für bestimmte Positionen herauszufinden. Vor allem Assessment-Center führen derartige, stark simulationsorientierte Aufgaben durch.

Im Gegensatz zu diesen frühen, noch vorwissenschaftlichen Methoden, Begabung festzustellen, lassen sich erstaunlicherweise im Mittelalter kaum Auseinandersetzungen mit Konzepten unterschiedlicher Begabungen, Fähigkeiten oder auch Persönlichkeiten oder Charakteren ausmachen. Nach Amelang und Bartussek, den Verfassern eines der wichtigsten Lehrbücher auf dem Gebiet der differentiellen und Persönlichkeitspsychologie, ist im Mittelalter sogar »ein ausgesprochenes Desinteresse an individuellen Differenzen zu vermerken«. Erst in der Neuzeit hat man sich wieder stärker mit den Unterschieden zwischen den Menschen auseinandergesetzt, wobei vor allem Franz Joseph Gall (1758–1828) als Begründer der so genannten Phrenologie bekannt geworden ist. Nach Galls Vorstellung ließen sich Begabungen und Persönlichkeit eines Menschen durch die Vermessung oder durch Abtasten der Kopfform feststellen, da er vermutete, dass die verschiedenen Sinne eines Menschen (für Farben, Frohsinn, Zerstörung etc.) in bestimmten Teilen des Gehirns lokalisiert seien. Diese Annahme ist, wie im Laufe des Buchs auch noch deutlicher werden wird, ohne jegliche wissenschaftliche Unterstützung geblieben und hat daher heute nur mehr historische Bedeutung.

Als der erste wissenschaftliche Vertreter der Intelligenz- und Begabungsforschung gilt Francis Galton (1822–1911), ein Vetter Darwins. Der Universalgelehrte (Biologe, Geograf, Statistiker, Meteorologe und Weltreisender) versuchte als Erster, mittels Stammbaumanalysen und statistischer Methoden die Häufung besonderer Begabungen in bestimmten Familien zu erklären. Er entwickelte eine Reihe von Tests zur Messung sensorischer und motorischer Fähigkeiten, wie zum Beispiel Reaktionsgeschwindigkeit, Unterscheidung einfacher Reize oder auch simple physische Kraft. Diese Tests bot er in seinem Londoner »Anthropometrischen Laboratorium« potenziellen Versuchsteilnehmern gegen Bezahlung an, um ihre Stärken und Schwächen kennen zu lernen. Gleichzeitig nutzte er die dabei gewonnenen Daten für wissenschaftliche Zwecke. Galton war also vermutlich der erste Wissenschaftler, der sich von seinen Probanden bezahlen ließ und dabei noch wissenschaftlich verwertbare Daten erhob. Im Gegensatz zu seiner anderen Forschungstätigkeit war ihm hier jedoch nur geringer Erfolg beschieden. Die anthropometrischen Tests wiesen kaum Zusammenhänge mit unabhängig erhobenen Indikatoren für Begabung oder Bildung auf. Dennoch ist Galtons Ansatz, elementare kognitive Grundlagen der Begabung zu messen, im 20. Jahrhundert auch nach der Erfindung der Intelligenztests weiterverfolgt worden.

Die »Erfindung« des Intelligenztests geht im Wesentlichen auf drei andere Pioniere der Intelligenzforschung zurück: Alfred Binet (1857–1911), Victor Henri (1872–1940) und Théophile Simon (1873–1961). Sie schlugen im Vergleich zu Galton gänzlich anders konzipierte »Intelligenztests« vor, die weniger »spezifisch« sein und die Prüfung höherer psychischer Funktionen wie Gedächtnis, Vorstellungskraft, Aufmerksamkeit, Verständnis, Willensstärke, motorische Fertigkeiten und moralische Haltungen erlauben sollten. Derartige psychische Leistungen können natürlich physikalisch nicht so exakt bestimmt werden wie Galtons Reaktionszeit- oder Reizunterscheidungsmessungen. Aber man versuchte die geringere Messpräzision dadurch wettzumachen, dass in diesen Funktionen größere individuelle Differenzen, also Unterschiede zwischen den Menschen, beobachtbar sein sollten. Aus Anlass einer Verfügung des Pariser Unterrichtsministeriums, wonach Kinder nur auf der Basis medizinisch-pädagogischer Gutachten in Sonderschulen eingewiesen werden durften, erhielten Binet und Simon die Gelegenheit, den von ihnen entwickelten Intelligenztest zur Unterscheidung minderbegabter von normal begabten Kindern einzusetzen.

Diese Tests wurden in der Folge weiterentwickelt, so dass ab 1911 Aufgabengruppen für 3- bis 15-jährige Kinder zur Verfügung standen (siehe Kasten 1). Aus der Darstellung der Aufgaben ist ersichtlich, dass es für jedes Alter (in Jahresschritten) bestimmte Aufgaben gab, die so zusammengestellt worden waren, dass 50 bis 75 % der Kinder des betreffenden Alters sie lösen können sollten. Auf der Basis der richtigen Lösungen pro Altersstufe wurde das so genannte Intelligenzalter (IA) berechnet, indem man ausgehend von der Altersstufe, auf der ein Kind noch alle Aufgaben gelöst hat, für jede weitere gelöste Aufgabe jeweils ein Fünftel »Intelligenzjahr« (da es jeweils fünf Aufgaben pro Jahresstufe gab) addiert hat.

Kasten 1: **Beispiele für Binet-Aufgaben**

Einige Aufgaben für die Altersgruppe 6:

(1) Wiederholt einen Satz von 16 Silben.

(2) Kennt Morgen und Nachmittag.

...

Einige Aufgaben für die Altersgruppe 8:

(1) Liest eine Textpassage und erinnert sich an zwei Details.

(2) Zählt rückwärts von 20 bis null.

...

Einige Aufgaben für die Altersgruppe 10:

(1) Kennt die Monate des Jahres in der richtigen Reihenfolge.

(2) Konstruiert einen Satz nach drei vorgegebenen Wörtern.

...

Beispiel: Ein Kind, das alle fünf Aufgaben der Stufe 8 plus drei der Stufe 9 und eine der Stufe 10 löst, würde ein Intelligenzalter von $8 * 12$ Monaten plus $4 * 12/5 = 106$ Monate (gerundet), also ein Intelligenzalter von 8 Jahren und 10 Monaten (gerundet) erhalten. Dieses Intelligenzalter wurde zum tatsächlichen Lebensalter (LA) in Beziehung gesetzt, das heißt, wäre dieses Kind chronologisch 7 Jahre und 2 Monate alt, so hätte es einen Entwicklungsvorsprung von 1 Jahr und 8 Monaten, würde also als ziemlich überdurchschnittlich intelligent betrachtet werden.

Die Intelligenzmessung nach Binet und Simon blieb allerdings aus zwei Gründen nicht unumstritten: Zum einen sind die Tests relativ stark sprach- und bildungsabhängig, womit Kinder mit besseren sozioökonomischen Bedingungen größere Chancen haben, gut abzuschneiden, als solche mit schlechteren sozioökonomischen Bedingungen. Zum anderen wurde die Art der Berechnung von Vorsprüngen oder Rückständen in der Intelligenzentwicklung dahingehend kritisiert, dass ein und demselben Unterschied zwischen IA und LA in verschiedenen Altersbereichen eine ganz andere Bedeutung zukommt. So ist ein einjähriger Entwicklungsrückstand bei einem 4-jährigen Kind sicherlich gravierender als bei einem 12-jährigen Kind.

Um diesem Problem beizukommen, schlug der Hamburger Psychologe William Stern 1911 vor, IA und LA in Form eines Quotienten zueinander in Beziehung zu setzen (und schuf damit die Urform des Intelligenzquotienten, IQ, der heute in aller Munde ist):

$$IQ = \frac{IA}{LA} * 100$$

Mit diesem Quotienten werden Abweichungen des Intelligenzalters auf das Lebensalter relativiert, so dass Entwicklungsvorsprünge und -rückstände auf allen Altersstufen besser vergleichbar sind: Ein 6-jähriges Kind mit Intelligenzalter 4,5 erhält den gleichen (unterdurchschnittlichen) IQ von 75 wie ein 12-jähriges Kind mit einem Intelligenzalter von 9 Jahren. Durch diese Art der Berechnung wurde auch festgelegt, was heute schon fast Allgemeinwissen ist: Ein IQ von 100 zeigt genau durchschnittliche Intelligenz an (bezogen auf die Altersstufe); Werte, die deutlich darunter liegen, zeigen Grade unterdurchschnittlicher Intelligenz, Werte, die deutlich darüber liegen, überdurchschnittliche Ausprägungen an.

Die von Binet und Simon vorgeschlagene und von Stern modifizierte Vorgehensweise bei der Intelligenzmessung ist allerdings nicht geeignet, Intelligenzunterschiede bei Erwachsenen abzubilden. Über dem Alter von 15 Jahren fanden auch Binet und Simon keine Aufgaben mehr, die Personen unterschiedlichen Alters differenzieren können, aus dem einfachen Grund, dass die Intelligenzentwicklung in diesem Alter abgeschlossen sein dürfte (zumindest was die positive Intelligenzentwicklung, also die Leistungszunahmen, betrifft). Wie der IQ bei Erwachsenen berechnet wird, soll im Kapitel Messung der Intelligenz dargelegt werden.

KAPITEL 2

Die Entwicklung der Intelligenz über die Lebensspanne

Den Menschen ist ihre Intelligenz in die Wiege gelegt, doch sie können sie nicht von Anfang an zeigen. Man schreibt Kindern deshalb eine relative, aber keine absolute Intelligenz zu. Sie verfügen über ein geistiges Potenzial, das sich erst noch entwickeln muss. Auch wenn Unterschiede im geistigen Potenzial bereits in der Kindheit sichtbar werden, erreicht die Intelligenz erst im frühen Erwachsenenalter ihren Höhepunkt. Wie sich die Intelligenz über die Lebenspanne hinweg verändert, lässt sich aus einer *universellen* und einer *differentiellen* Perspektive betrachten. Universell gesehen stellt sich die Frage nach dem *Was* und dem *Wie* der Veränderung mit dem Alter. Aus der differentiellen Perspektive hingegen ergibt sich die Frage nach der Stabilität interindividueller Unterschiede: Behalten Menschen, die als Kinder überdurchschnittlich intelligent waren, ihren Vorsprung auch im Erwachsenenalter? Solche und ähnliche Themen werden weiter hinten behandelt. In diesem Abschnitt steht die universelle Entwicklung im Mittelpunkt. Welche Voraussetzungen für die Intelligenzentwicklung bringen Menschen mit, und wie verändern sich diese im Laufe der Kindheit?

Die Entwicklung der Intelligenz in der Kindheit

Der bekannte Entwicklungspsychologe Jean Piaget ging davon aus, dass Säuglinge noch kein Gedächtnis haben, Vorschulkinder noch ganz unflexibel in ihrem Denken sind und Grundschulkinder noch nicht abstrakt denken können. Piaget hatte tatsächlich Beobachtungen an Kindern gemacht, die solche Schlüsse nahelegten. Einer seiner bekanntesten Versuche war der zur so genannten Objektpermanenz. Was Piaget darunter verstand, lässt sich anhand eines sieben Monate alten Babys, das mit einem Gegenstand spielt, nachvollziehen. Setzt man sich mit dem Kind an einen Tisch, legt den Gegenstand in dessen Reichweite und verdeckt ihn mit einem Tuch, wird man feststellen, dass das Kind nicht einfach das Tuch lüftet und sich das Spielzeug wieder holt, sondern hilflos herumschaut. Warum holt sich das Kind, das motorisch längst dazu in der Lage ist, das Spielzeug nicht wieder? Piaget würde sagen: Das Kind weiß noch nicht, dass der Gegenstand, der dem Blickfeld entschwunden ist, weiter existiert. Er ging davon aus, dass während der ersten Lebensmonate in den Köpfen der Kinder nicht viel vor sich geht und sie nur das verarbeiten können, was durch ihre Sinnesorgane aufgenommen wird und präsent ist. Seiner Ansicht nach können Kinder noch keine Ursache-Wirkungs-Zusammenhänge erschließen, die nicht ganz offensichtlich sind. Anfänge des abstrakten Denkens zeigen sich nach Piaget gegen Ende des ersten Lebensjahres, aber auch Kleinkinder hält er noch für recht eingeschränkt in den Prinzipien des Denkens. Piagets Beobachtungen an Vorschulkindern werden später näher erörtert werden, aber bereits an dieser Stelle sei angedeutet, dass die geistigen Fähigkeiten von Kindern dieser Altersstufe sehr viel optimistischer gesehen werden können. Inzwischen wissen wir, dass bereits Säuglinge Ursache-Wirkungs-Zusammenhänge erschließen können. Im Lehrbuch von Usha Goswami sind viele interessante Experimente mit Säuglingen dargestellt, die deren Kompetenzen belegen.

Menschen müssen, was den Erwerb des Wissens angeht, das ihren Kompetenzen zugrunde liegt, nicht in allem bei null anfangen. Wie Vögel mit Wissen über das Fliegen und Löwen mit Wissen über das Jagen ausgestattet sind, so bringen auch die Menschen Wissen mit, das sie nicht allein durch Erfahrung und Lernen erwerben mussten. Schon als wenige

Monate alte Kinder wissen sie mehr über die Welt, als Piaget sich auch nur ansatzweise vorstellen konnte. Allerdings können sie zu dem Zeitpunkt ihr Wissen weder durch Sprache noch durch Handlung ausdrücken. Im so genannten Habituationsparadigma, das Entwicklungspsychologinnen wie Liz Spelke und Renée Baillargeon ausgiebig eingesetzt haben, zeigte sich, über welche erstaunlichen Kompetenzen kleine Kinder verfügen. In diesem Forschungsparadigma werden Säuglinge zunächst für einen längeren Zeitraum mit einem für sie interessanten Ereignis konfrontiert, etwa einem rollenden Ball.

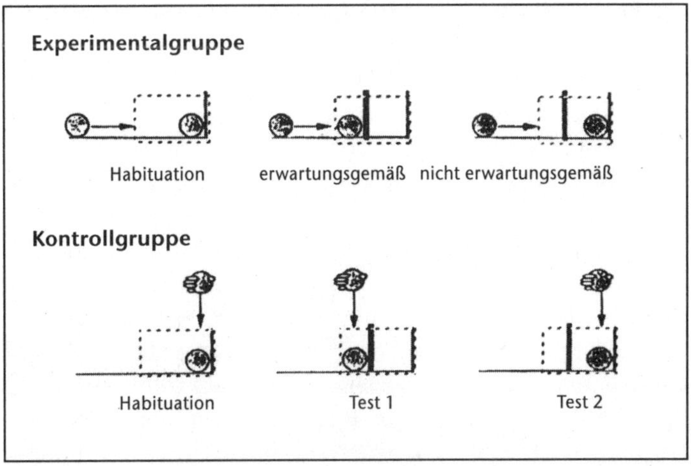

Abbildung 2.1: Die Versuchsanordnung in Habituationsstudien

Die Dauer, mit der die Kinder das Ereignis beobachten, gilt als Indikator für ihr Interesse. Nachdem das Kind durch kurze Blickdauer signalisiert hat, dass es nicht länger an dem Ball interessiert ist, stellt der Versuchsleiter in der Experimentalgruppe unter Anwendung eines Tricks ein physikalisch unmögliches Ereignis her. Im Beispiel der obigen Abbildung wird der Eindruck vermittelt, als hätte der Ball eine feste Wand durchdrungen, während in der Kontrollgruppe der Ball über die Wand gehoben wird. Wenn die Kinder der Experimentalgruppe das neue Ereignis deutlich länger fixieren als die Kinder der Kontrollgruppe, signalisieren sie damit Erstaunen über ein nicht erwartungsgemäß eingetretenes Ereignis. Diese Methode der Messung der Aufmerksamkeitsspanne hat den entscheidenden Vorteil, dass sie auch die Reaktionen von Kindern untersucht, die noch nicht zu koordinierten Handlungen in der Lage sind. Wie das Erstaunen der Kinder im dargestellten Fall erkennen lässt, wissen sie bereits, dass feste Körper einander nicht durchdringen können. Folglich belegt dieses Experiment, dass Kinder bereits im Säuglingsalter über das *Konzept der Undurchdringlichkeit fester Körper* verfügen.

In diesem Zusammenhang stellt sich natürlich die Frage, warum sieben Monate alte Kinder bei der beschriebenen Aufgabe zur Objektpermanenz versagen. Denn Piaget hatte seine Überlegungen zum Fehlen des Konzepts der Objektpermanenz im Säuglingsalter vor allem darauf gestützt, dass Säuglinge aufhören, nach Gegenständen zu greifen, wenn diese vor ihren Augen unter einem Tuch versteckt werden. Tatsächlich mehren sich Befunde, die darauf hindeuten, dass diese Tatsache in erster Linie auf die bei Kindern aufgrund der fehlenden Frontalhirnreifung noch nicht ausgebildete Fähigkeit zur *Koordination von Handlungsplänen* zurückzuführen ist. Mit anderen Worten, sie können ihre Absicht, an einer bestimmten Stelle nach einem Objekt zu suchen, noch nicht mit ihren Greifhandlungen koordinieren. Dies zeigt sich in einer Versuchsanordnung, an der auch einjährige Kleinkinder, die bereits nach Objekten außerhalb ihres Gesichtsfeldes suchen können, noch scheitern. Zunächst wird ein Objekt an einem bestimmten Platz A mit einem Tuch bedeckt und anschließend von den Kindern wiedergefunden. Dann wird das Objekt vor ihren Augen an einem anderen Platz B mit einem Tuch bedeckt. Erstaunlicherweise greifen die Kleinen zwar nach dem Tuch, das an Platz A liegt, haben dabei aber ständig Platz B im Blick. Indem sie ihre Aufmerksamkeit also auf Platz B richten, signalisieren sie ihre Kenntnis darüber, dass sich das gesucht Objekt an diesem Platz befindet.

Was aber hindert Kinder daran, sich den Gegenstand wieder zu holen, obwohl sie wissen, wo er liegt, und sie imstande sind, die Greifhandlung problemlos auszuführen? Sie können die beiden Vorgänge noch nicht koordinieren, unter anderem weil die Hemmungsvorgänge bis jetzt nicht hinreichend entwickelt sind. Die Koordination von Hemmung und Aktivierung macht die Kompetenz des Menschen aus. Indem der Gegenstand an eine andere Stelle gelegt wurde, sollte das Wissen über die alte Stelle gehemmt und das über die neue Stelle aktiviert werden. Wenn die Hemmung nicht ausreichend funktioniert, wird überholtes Wissen – in unserem Fall der ehemalige Ort des Gegenstandes – aktiviert und verhindert damit sachgerechtes Handeln. Wir wissen inzwischen, dass solche grundlegenden geistigen Prozesse ganz entscheidend in den Bereichen des Frontalhirns gesteuert werden, also dem Areal unseres Kortex, das sich hinter der Stirn verbirgt. Wie später noch genauer ausgeführt wird, kommt dieser Gehirnregion eine besondere Bedeutung bei der Intelligenz zu, weil sie an der Handlungssteuerung und der Ausblendung von irrelevanter Information beteiligt ist. In der hier beschriebenen Aufgabe zeigen sich die entwicklungsbedingten Defizite darin, dass die Kinder noch nicht in der Lage sind, die Handlung des Greifens nach dem Tuch mit ihrer Absicht zu koordinieren, das Objekt an Platz B zu suchen.

Inzwischen ist vielfach belegt, dass Kinder über sehr viel Wissen verfügen, das sie nicht durch eigene Erfahrung erworben haben können. Auch ein so genannter Zahlensinn ist ihnen angeboren, wie Reaktionen von Säuglingen auf Mengenveränderungen zeigen.

Die Entwicklung der geistigen Fähigkeiten bei Klein- und Schulkindern

Selbst bei Klein- und Schulkindern nahm Jean Piaget noch eine massive Beeinträchtigung in der geistigen Leistungsfähigkeit an. Beispielsweise verfügen sie noch nicht über das *Konzept der Invarianz von Mengen,* verstehen also nicht, dass eine Veränderung der Anordnung von Objekten keinen Einfluss auf ihre Menge bzw. Anzahl hat. Aus diesem Grund bereitet es kleinen Kindern Schwierigkeiten, einzuschätzen, ob sich zum Beispiel die Mengen von Flüssigkeiten ändern, wenn man sie in Gefäße mit unterschiedlichen Formen füllt. Wären die Kinder bereits in der Lage, diese Umfüllvorgänge im Geist wieder rückgängig zu machen, würden sie zu der korrekten Lösung gelangen, nämlich dass das Umfüllen keinerlei Einfluss auf die Flüssigkeitsmenge hat.

Experimente wie in Abbildung 2.2 dargestellt waren für Piaget der Beleg dafür, dass Vorschulkinder noch nicht wissen, dass sich Flüssigkeitsmengen, Mengen von festen Körpern sowie die Anzahl von Objekten nicht in Abhängigkeit von ihrer Anordnung verändern: In der ersten Phase dieser Experimente wurden den Kindern zunächst jeweils zwei Objekte gezeigt, die die gleichen Mengen bzw. die gleiche Anzahl aufwiesen – beispielsweise zwei gleich volle Gläser Orangensaft, zwei gleich große Stücke Knetmasse oder zwei gleich lange Reihen mit der gleichen Anzahl Geldstücke. Nachdem die Kinder zugestimmt hatten, dass diese Objektpaare in ihren jeweiligen Quantitäten übereinstimmen, wurde jeweils bei einem dieser Objekte die Anordnung verändert: Der Orangensaft wurde in ein schmaleres und höheres Glas umgefüllt, das Stück Knetmasse wurde zu einer Wurst auseinandergezogen, und die Abstände zwischen den Geldstücken wurden vergrößert. In der dritten Phase wurden die Kinder gefragt, ob die Mengen bzw. die Anzahl dieser veränderten Objekte gleich geblieben seien. Es zeigte sich, dass die überwiegende Anzahl der 4 bis

5 Jahre alten Kinder diese Frage mit »Nein« beantwortete. Erst ab 7 Jahren beantworteten sie diese Frage mehrheitlich korrekt mit »Ja«.

Ein weiteres kognitives Defizit, das laut Piaget für Vorschulkinder charakteristisch ist, besteht darin, dass diese bei der Bewältigung komplexer Aufgaben ihre Aufmerksamkeit nur auf einen einzigen Aspekt richten können, der in der Wahr-

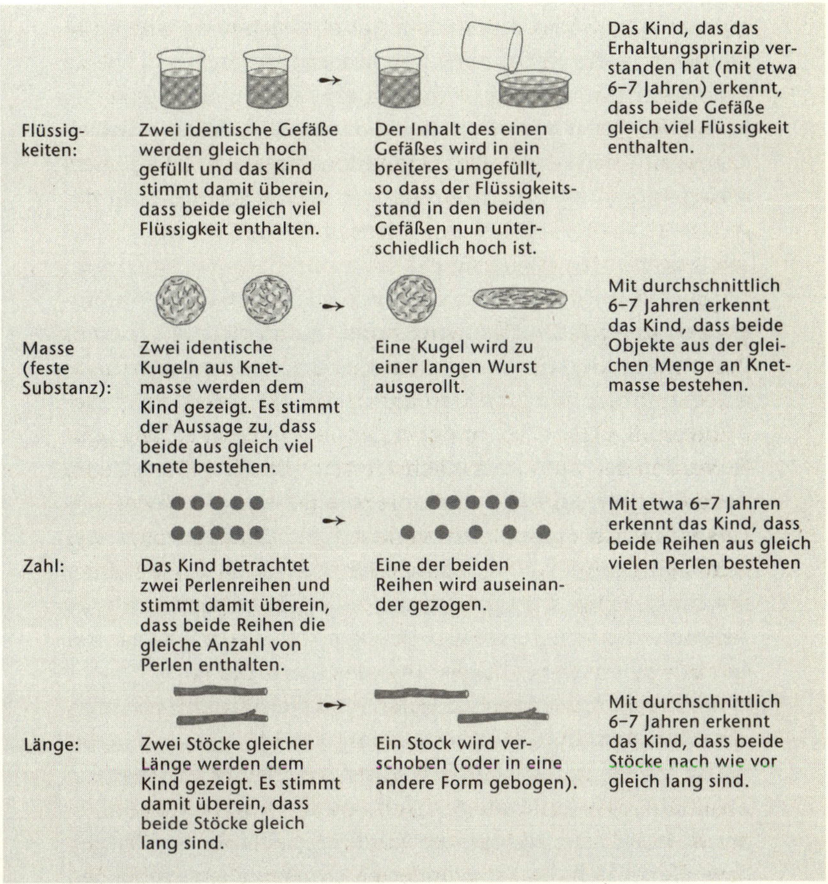

Abbildung 2.2: Aufgaben zur Invarianz von Mengen

nehmung besonders präsent ist, anstatt mehrere relevante Faktoren in ihre Überlegungen einzubeziehen. Piaget bezeichnet dies als *Zentrierung*.

Warum Kinder dennoch besser denken, als Piaget annahm

Obwohl Piagets Erkenntnisse nur auf der Beobachtung seiner eigenen drei Kinder basierten, bestätigten sich seine Ergebnisse später an größeren Gruppen von Kindern und haben bis heute Gültigkeit. Gleichzeitig stellte sich aber auch heraus, dass viele der Aufgaben unnötig schwer waren. Die Kinder scheiterten nicht – wie Piaget annahm – am mangelnden Verständnis von geistigen Operationen, sondern an der Komplexität der Aufgaben. Untersuchungen zeigten, dass die Lösungsrate bei allen bekannten Piaget-Aufgaben immer dann anstieg, wenn die gleiche geistige Operation unter einfacheren Rahmenbedingungen durchgeführt werden konnte. Eine einfachere Methode, um bei Kindern das Verständnis des Konzepts der Invarianz zu überprüfen, besteht darin, den Kindern eine *einzige* Menge zu zeigen – wie etwa *ein* Glas mit Flüssigkeit oder *eine* Reihe Perlen – und anschließend das Aussehen dieser einen Menge zu verändern, indem man die Flüssigkeit in ein niedrigeres und breiteres Glas umfüllt bzw. die Reihe der Perlen auseinanderzieht. Anschließend werden die Kinder zu der Invarianz dieser Mengen befragt. Es zeigte sich, dass Kinder bei dieser einfacheren Fragestellung das Invarianzprinzip früher verstehen als bei Piagets Invarianzaufgaben.

Auch Piagets Auffassung, dass Äquivalenzerhaltungsaufgaben die logischen Fähigkeiten von Kindern unter fünf bis sechs Jahren grundsätzlich übersteigen, wurde in Frage gestellt. Die Einwände stützen sich vor allem auf die *pragmatischen Aspekte* der klassischen Erhaltungsaufgabe von Piaget. Dabei sieht sich das Kind einem Erwachsenen gegenüber, der ihm Fragen über zwei Mengen stellt, dann die Erscheinungsweise einer der beiden Mengen verändert und die gleiche Frage noch einmal stellt. Stellt jemand die gleiche Frage zweimal, dann bedeutet das meistens, dass beim zweiten Mal eine andere Antwort erwartet wird. Dies gilt umso mehr, wenn das Gegenüber älter ist als man selbst und gerade etwas anscheinend Bedeutungsvolles getan hat. Aus pragmatischer Sicht könnten die Kinder also schließen, dass der Versuchsleiter mit ihnen über die Veränderung sprechen will, die er soeben durchgeführt hat. Möglicherweise antworten sie dann auf die Frage, von der sie *glauben*, dass ihr Gegenüber sie stellen will, anstatt darauf zu achten, was *tatsächlich* gefragt wird. Demzufolge sind also in erster Linie pragmatische Aspekte der Invarianzaufgabe für die falschen Antworten der Kinder verantwortlich.

Um diese Hypothese zu überprüfen, wurde *das Experiment des »ungezogenen Teddys«* entwickelt (kann bei Goswami nachgelesen werden). Der Versuchsleiter sagte den Kindern, dass er ein besonderes Spiel mit ihnen spielen würde, und zeigte ihnen einen Teddy in einem Pappkarton. Er teilte den Kindern mit, dass der Teddy ungezogen sei und sie damit rechnen müssten, dass er gelegentlich aus seinem Karton herauskommen und versuchen würde, ihre Spielsachen durcheinanderzubringen und ihr Spiel zu stören. Anschließend wurden die Materialien für die Erhaltungsaufgabe vor den Kindern ausgebreitet (z.B. legte der Versuchsleiter die Spielsteine in zwei Reihen hin, so dass die Steine beider Reihen stets auf gleicher Höhe lagen) und fragte: »Sind in dieser oder in jener Reihe mehr Steine, oder sind es gleich viele Steine?« Da erschien der ungezogene Teddy auf der Bildfläche und veränderte die Länge einer der beiden Reihen, indem er sie ein wenig zusammenschob. Nachdem der Teddy ausgeschimpft worden war, wurden die Kinder erneut nach der Anzahl der Steine in den beiden Reihen befragt. Nach dieser *unbeabsichtigten* Veränderung der Reihen antworteten die meisten der vier bis fünf Jahre alten Kinder dem Konzept der Erhaltung entsprechend und bestätigten damit die Hypothese, dass sich pragmatische

Aspekte darauf auswirken, wie die Kinder die Fragen des Versuchsleiters interpretieren.

Diese und andere Befunde zeigen, dass Kinder beim Erwerb des Konzepts der Erhaltung nicht eine Folge klar voneinander abgrenzbarer Erkenntnisstufen durchlaufen, auf denen sie jeweils eine ganz bestimmte Auffassung von einem bestimmten Problem haben. Stattdessen kennen und nutzen sie sowohl während kognitiver Übergangsstadien als auch bereits vorher verschiedene Denkweisen. Piagets Stufenmodell der kognitiven Entwicklung gilt inzwischen als widerlegt. Die kognitive Entwicklung vollzieht sich nicht in diskreten Schritten, sondern eher als ein Prozess, bei dem zu einem frühen Zeitpunkt bestimmte Denkweisen vorherrschen, die später an Häufigkeit abnehmen, während andere Denkweisen häufiger werden.

Die Entwicklung des schlussfolgernden Denkens

Wie ausgeführt, bilden Aufgaben zum schlussfolgernden Denken den Kern von Intelligenztests. Beim induktiven Denken werden aus bestehendem Wissen allgemeine Gesetzmäßigkeiten abgeleitet, während beim deduktiven Denken aus allgemeineren Aussagen nicht zugängliches Wissen über den Einzelfall abgeleitet wird. Wie entwickeln sich diese zentralen Fähigkeiten? Und ab welchem Alter sind sie nachweisbar?

Deduktives Schlussfolgern: Der Aufbau von neuem Wissen aus bestehendem Wissen

Beim deduktiven Schlussfolgern werden die Konklusionen (Schlussfolgerungen) aus den zugrunde liegenden Prämissen logisch abgeleitet, wie folgendes Beispiel zeigt:

(1) Alle Katzen bellen. (1. Prämisse)
(2) Rex ist eine Katze. (2. Prämisse)
(3) Rex bellt. (Konklusion)

Unter diesen beiden Prämissen kann die Antwort auf die Frage »Bellt Rex?« nur lauten »Rex bellt«. Zwar entsprechen die Prämissen nicht den Tatsachen, denn Katzen bellen bekanntermaßen nicht, aber für die Korrektheit einer Deduktion ist die Plausibilität ihrer Prämissen nicht von Belang. Stellt man Aufgaben dieses Typs, dann geht es nicht darum, ob die Prämissen wahr oder falsch sind. Die eigentliche Frage ist, ob aus gegebenen Prämissen korrekte Schlüsse gezogen werden können. Wir wissen inzwischen, dass auch Erwachsene beim schlussfolgernden Denken nicht immer abstrakte Regeln anwenden. Zu den am häufigsten durchgeführten Untersuchungen in der Psychologie gehört die so genannte Wason-Selection-Aufgabe, die nach ihrem Urheber benannt wurde.

Deduktives Schlussfolgern: Wason-Selection-Aufgabe

Welche Karten muss man umdrehen, um folgende Regel zu überprüfen:
Wenn auf einer Seite der Karte ein Vokal steht, muss auf der anderen Seite eine gerade Zahl stehen.

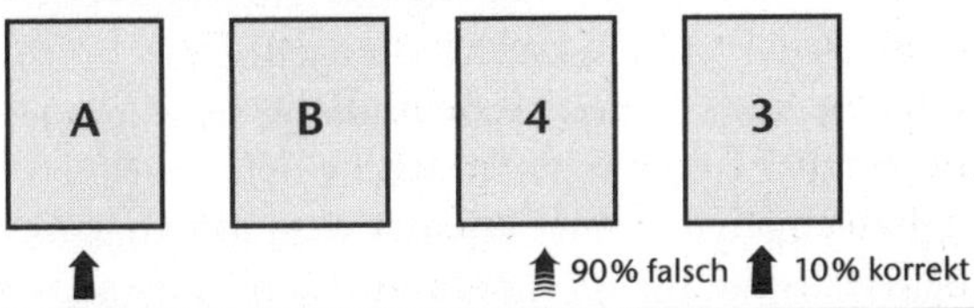

Wessen Getränk bzw. wessen Alter muss die Polizei überprüfen, um die Einhaltung des Jugendschutzgesetzes in der Disco zu gewährleisten:
Wenn man Bier bestellt, muss man mindestens 16 Jahre alt sein.

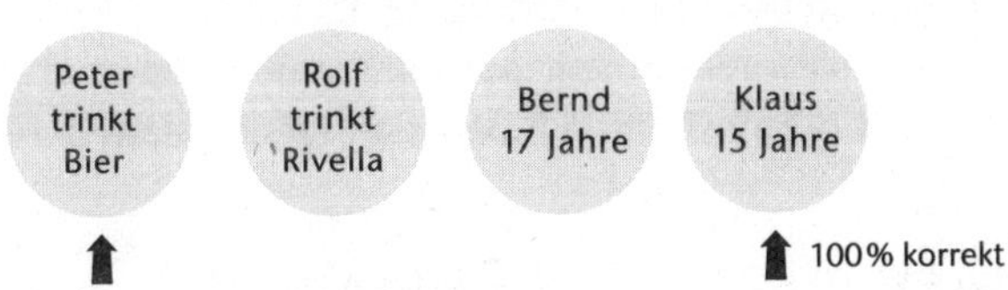

Abbildung 2.3: Die Wason-Selection-Aufgabe in zwei Versionen

An der Universität Cambridge, wo man von einer weit überdurchschnittlich intelligenten Population ausgehen kann, lösten bestenfalls 10 % der Studierenden die erste Aufgabe, die in Abbildung 2.3 beschrieben wird, korrekt (da die Aufgabe in sehr vielen Studien gestellt wurde, variieren die Lösungen natürlich, aber es zeigte sich in allen Studien eine sehr niedrige Lösungsrate). Wie zu sehen ist, wählte der überwiegende Teil der Studierenden auch die Karte mit der »4«, die man gar nicht hätte umdrehen müssen. Es würde nicht gegen die Regel verstoßen, wenn auf der einen Seite eine gerade Zahl und auf der anderen kein Vokal stünde. Aber genau das haben sich die Versuchspersonen nicht vergegenwärtigt. Eine große Zahl von Untersuchungen hat gezeigt, dass die gleiche Aufgabe sehr einfach wird, wenn sie in einen konkreten Kontext eingebettet wird. In dem hier aufgeführten Beispiel geht es darum, dass die Polizei in der Disco die Einhaltung des Jugendschutzgesetzes überprüfen muss. Von einigen Jugendlichen kennen die Polizisten das Alter, von anderen wissen sie, was sie trinken. Welche der vier Jugendlichen muss sich die Polizei vorknöpfen? In dieser Form präsentiert, wird die Aufgabe von 100 % aller Versuchspersonen gelöst, selbst wenn die Gruppe nicht aus überdurchschnittlich intelligenten Personen zusammengesetzt ist. Warum wird die Aufgabe so leicht? Niemand käme auf die Idee, die Regel umzukehren: Wenn man 16 Jahre alt ist, muss man Bier bestellen. Im Gegensatz zu den willkürlichen Regeln des »Kartenspiels« sind die Regeln der zweiten Aufgabe in den »Discokontext« eingebettet und damit in ein Wissensnetzwerk, in dem es um soziale Regeln, Verbote und deren Einhaltung geht.

Ob Schlussfolgerungen gezogen werden können oder nicht, hängt ganz entscheidend von der Vielfalt und Struktur des Wissens in dem jeweiligen Inhaltsgebiet ab. Das gilt auch für Kinder. Während Piaget noch annahm, dass Kinder erst mit etwa 12 Jahren (also in seinem Theoriemodell mit Erreichen der letzten Stufe des Denkens, der formalen Operationen) zum deduktiven Schlussfolgern in der Lage seien und erst dann hypothetische und sogar unrealistische Situationen durchdenken können, ist inzwischen durch verschiedene Untersuchungen belegt, dass bereits Vorschulkinder aus nicht zutreffenden Prämissen richtige Schlussfolgerungen ableiten können. Beispielsweise wurde 5 und 6 Jahre alten Kindern die bereits erwähnte Aufgabe gestellt:

Alle Katzen bellen.
Rex ist eine Katze.
Bellt Rex?

Die Prämissen, aus denen sie ihre Schlüsse ziehen sollten, waren dabei entweder *unzutreffend* (»Alle Katzen bellen.«), *bekannt* (»Alle Katzen miauen. Rex ist eine Katze. Miaut Rex?«) oder *unbekannt* (»Alle Hyänen lachen. Rex ist eine Hyäne. Lacht Rex?«). Während den Kindern der Experimentalgruppe die Prämissen mit Spielzeugfiguren veranschaulicht wurden, wurden sie den Kindern der Kontrollgruppe einfach nur mitgeteilt. Es zeigte sich, dass die Kinder aus der Experimentalgruppe im Allgemeinen Aufgaben aller drei Typen lösen konnten, während die Kinder aus der Kontrollgruppe meist nur die Fragen mit den bekannten Prämissen richtig beantworteten. Da es für diese Aufgaben ausreichte, auf das eigene Wissen zurückzugreifen, ließen sie sich auch ohne deduktives Schließen lösen.

In einer weiteren Untersuchung, in der nur Syllogismen mit unzutreffenden Prämissen verwendet wurden, wurden auch den Kindern in der Experimentalgruppe die Aufgaben nur in verbaler Form gestellt, um auszuschließen, dass ihnen Spielzeugfiguren als Gedächtnisstütze dienten. Stattdessen sollten sie sich vorstellen, der Versuchsleiter sei auf einem anderen Planeten gewesen, auf dem zum Beispiel Katzen bellen. Auch unter diesen Voraussetzungen konnten die Kinder der Experimentalgruppe die Aufgaben im Allgemeinen korrekt lösen. Kinder sind also bereits im Vorschulalter in der

Lage, deduktive Schlüsse zu ziehen, wenn ihnen die logischen Probleme in einem vertrauten spielerischen Kontext präsentiert werden.

Wie so oft bei den von Piaget entwickelten Aufgaben war es die komplizierte und ungewohnte Aufgabenstellung, die die Kinder von der richtigen Antwort abhielt. Ohne Vorbereitung und Einbettung in einen bekannten Kontext waren die Kinder wahrscheinlich etwas perplex, als sie von bellenden Katzen hörten. In einem Kontext hingegen, in dem die spielerische Natur der Aufgabe deutlich wurde, nahmen die Kinder die intellektuelle Herausforderung an.

Induktives Schlussfolgern: Denken in Analogien

Induktives Schlussfolgern setzt Denken in Analogien auf der Ebene von Beziehungen voraus. Eine typische Aufgabe zum analogen Denken lautet A : B = C : D. Es gilt, ein Objekt D zu finden, das im gleichen Verhältnis zu einem Objekt C steht wie zwei vorgegebene Objekte A und B. Um zum Beispiel die Aufgabe »*Vogel* verhält sich zu *Nest* wie *Hund* zu … ?« zu lösen, muss das Kind die Relation *lebt in*, welche zwischen den Objekten *Vogel* und *Nest* besteht, auf den *Hund* übertra-

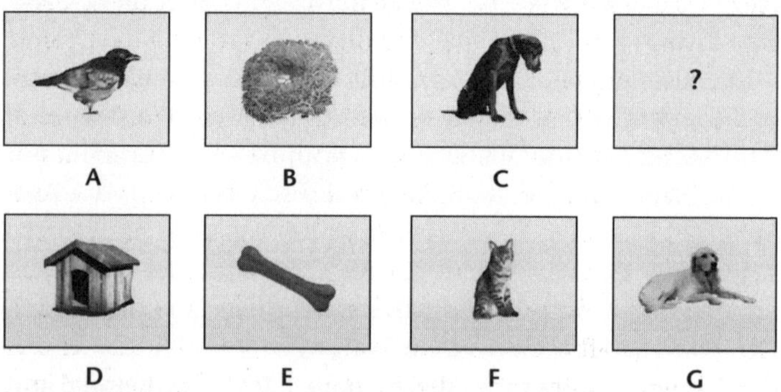

Abbildung 2.4: Vogel verhält sich zu Nest wie Hund zu …

gen, um auf die richtige Lösung *Hundehütte* zu kommen. Entstammen solche Aufgaben Inhaltsbereichen, die den Kindern vertraut sind, können sie schon von 4-Jährigen gelöst werden. Baut man die obige Aufgabe etwa in ein Spiel ein, bei dem die Kinder Bilderfolgen legen, können sie auch die Analogie bilden, dass sich *Hund* zu *Hundehütte* verhält wie *Vogel* zu *Nest*.

Andere Untersuchungen befassen sich mit Analogien zwischen Problemen. In diesem Zusammenhang geht es um die Frage, ab wann Kinder mit Hilfe von Analogieschlüssen die Lösung bereits bekannter Probleme auf neue anwenden können. Um herauszufinden, ob Kinder zur Bildung solcher Analogien in der Lage sind, werden sie mit einem bestimmten Problem konfrontiert und müssen dieses bewältigen, indem sie die Lösung eines ihnen bekannten Problems auf das neue Problem übertragen. In einigen Experimenten mussten Säuglinge und Kleinkinder beispielsweise Analogieschlüsse ziehen, um an ein bestimmtes Spielzeug zu kommen, das sich außerhalb ihrer Reichweite befand.

In anderen Untersuchungen wurden 2-jährigen Kindern Problemanalogie-Aufgaben gestellt, bei denen reale Objekte und Modelle verwendet wurden. Der Versuchsleiter zeigte den Kindern zunächst, wie er ein Gummiband zwischen zwei Plexiglasstangen wie eine Brücke aufspannte, über die er dann eine Orange rollte. Anschließend durften die Kinder die Orange über diese Brücke rollen. Danach wurde ihnen ein Transferproblem gestellt: Man zeigte den Kindern ein Gummiband, eine Vogelfigur und ein Landschaftsmodell mit einem Baum auf der einen und einem Stein auf der anderen Seite. Die Aufgabe bestand darin, den Vogel »zum Fliegen zu bringen«. Um sie zu lösen, mussten die Kinder das Band zwischen dem Baum und dem Stein aufspannen und den Vogel auf dem Gummiband »fliegen« lassen. Während 28 % der Kinder aus der Experimentalgruppe, denen man zuvor das Beispiel mit der rollenden Orange gezeigt hatte, die Analogie erkannten und das Gummiband zwischen den Objekten aufspannten, kamen nur 6 % der Kinder aus der Kontrollgruppe, denen man die rollende Orange vorher nicht gezeigt hatte, auf diese Lösung.

Ein bekanntes Beispiel für ein Experiment, mit dem untersucht wurde, ob Vorschulkinder Problemanalogien erkennen können, ist die so genannte *Flaschengeist-Aufgabe.* Dabei stellt sich dem Geist das Problem, Edelsteine in seine Flasche zu füllen, ohne sie dabei zu beschädigen. Die Lösung besteht darin, dass er seinen Teppich zusammenrollt und die Edelsteine hindurchrutschen lässt. In dem Experiment wurde 4 und 5 Jahre alten Kindern das Flaschengeist-Problem anhand von Spielsachen erklärt. Ein Stück Papier stellte dabei den Zauberteppich dar, der zu einem Rohr zusammengerollt wurde, so dass die Edelsteine durch dieses Rohr in die Flasche gelangen konnten. Damit sich die Kinder die Zielstruktur des Problems verdeutlichen konnten, wurden sie währenddessen gefragt, worin das Problem bestehe und was der Flaschengeist unternehmen müsse, um sein Transportproblem zu lösen. Anschließend wurde untersucht, unter welchen Bedingungen die Kinder Übereinstimmungen zwischen der Flaschengeist-Aufgabe und ähnlichen erkennen konnten.

Dazu wurde den Kindern eine neue Aufgabe gestellt: das so genannte *Osterhasen-Problem.* Dabei ging es darum, dass der Osterhase Eier von einer Seite eines Flusses auf die andere Seite bringen musste, ohne dass sie dabei nass wurden. Die zum Flaschengeist-Problem analoge Lösung bestand darin, dass der Osterhase seine Decke zusammenrollte und die Eier hindurchrollen ließ. 70 % der Kinder aus der Experimentalgruppe erkannten die Analogie. Von den Kindern der Kontrollgruppe dagegen, denen man zwar ebenfalls die Flaschengeist-Aufgabe vorgeführt hatte, aber ohne zu fragen, was der Flaschengeist unternehmen muss, um das Problem zu lösen, stellten nur 20 % die Analogie her. Daraus folgt, dass Kindern das Erkennen von Ähnlichkeiten zwischen bereits bekannten und neuen Problemen dann leichter fällt, wenn die Strukturen des früheren Problems in ihrem Gedächtnis repräsentiert sind. Indem die Kinder aus der Experimentalgruppe durch die Fragen des Versuchsleiters dazu angeregt wurden, zu überlegen, wie der Flaschengeist sein Problem lösen könne, wurde bei ihnen die Bildung entsprechender Gedächtnisinhalte angeregt.

Die Bewältigung von Anforderungen auf der Grundlage des analogen Schlussfolgerns gehört zum Kernpunkt menschlicher Intelligenzleistung, die sich von der frühen Kindheit an entwickelt und durch zunehmende Lernerfahrung perfektioniert wird.

Zusammenfassende Betrachtung der universellen Entwicklung der Intelligenz im Kindesalter: Was verändert sich?

Zweifellos werden Kinder mit zunehmendem Alter intelligenter: Ihre geistigen Fähigkeiten nehmen zu, sie werden in zahlreichen Gebieten kompetenter. Was aber geht in den Köpfen der Kinder vor sich, also was verändert sich? Piaget hätte wohl geantwortet: »die allgemeine Abstraktionsfähigkeit«. Aber wir wissen inzwischen, dass dies keine befriedigende Antwort ist. Die Ergebnisse zur Säuglingsforschung zeigen, welche Abstraktionsprozesse bereits Kleinkinder vornehmen. Piagets Theorie der geistigen Entwicklung wurde als strukturalistische Entwicklungstheorie bezeichnet, insofern als er eine Veränderung bei einer einzigen geistigen Struktur annahm. Nachdem aber in den 1970er und 1980er Jahren sehr viele Experimente mit Kindern zeigten, dass es vor allem das fehlende Wissen war, welches die Kinder davon abhielt, bestimmte Aufgaben zu lösen, stellte sich die Frage, ob es überhaupt sinnvoll sei, prinzipielle Unterschiede in der Informationsverarbeitung und der Art des Denkens von Kindern und Erwachsenen anzunehmen, oder ob es nicht allein die Diskrepanzen in quantitativen und qualitativen Aspekten des Wissens sind, die die Unterschiede im Denken ausmachen. Für die Annahme, dass Kinder aufgrund ihres defizitären Wissens im Allgemeinen schlechtere Leistungen erbringen als Erwachsene, sprechen Untersuchungen an Kindern, die weit überdurchschnittliche Expertise in einem bestimmten Inhaltsgebiet erbracht haben. Ein häufig untersuchtes Inhaltsgebiet ist das Schachspiel, auf das auch in einer am Max-Planck-Institut für psychologische Forschung durchgeführten Studie zurückgegriffen wurde. Es zeigte, dass Kinder erwachsene Novizen, also Personen, die keine Spezialkenntnisse in diesem Gebiet mitbrachten, in der Gedächtnisleistung für Schachstellungen übertrafen.

Zweifellos sind schlechtere Denkleistungen von Kindern auch darauf zurückzuführen, dass sie im Gegensatz zu Erwachsenen weniger Zeit hatten, Wissen zu erwerben und durch vielfältige Erfahrungen umzustrukturieren. Es fehlen ihnen einfach die Inhalte zum Denken. Aber lässt sich mit nicht vorhandenem Wissen wirklich die gesamte Altersdiskrepanz erklären? Dies darf bezweifelt werden. Auch im Umgang mit vertrautem Material zeigen sich Unterschiede zwischen Kindern und Erwachsenen. Obwohl Schulkinder im Mathematikunterricht sich sehr viel mit Zahlen beschäftigen, ist ihre Zahlspanne doch deutlich niedriger als die von Erwachsenen. Auch in der Geschwindigkeit der Informationsverarbeitung gibt es Unterschiede: Jüngere Kinder verarbeiten vertrautes Material langsamer als ältere Kinder, und diese hinken wiederum Erwachsenen hinterher. Es gibt also gute Gründe für die Annahme, dass sich Kinder und Erwachsene in der Effizienz des Arbeitsgedächtnisses unterscheiden. Dass es dafür auch neurophysiologische Belege gibt, wird am Ende dieses Kapitels gezeigt.

Gehirnentwicklung und Intelligenz

Das Gehirn eines erwachsenen Menschen wiegt ungefähr 1,4 Kilogramm und besteht hauptsächlich aus Nervenzellen (Neuronen). Die geschätzte Anzahl der Neuronen wurde in den vergangenen Jahrzehnten immer wieder nach oben korrigiert; derzeit geht man von rund 100 Milliarden Nervenzellen aus. Jede dieser Nervenzellen hat vermutlich Verbindungen zu rund 10 000 anderen Nervenzellen, was die Gesamtsumme von fast unvorstellbaren 100 Billionen (10^{14}) Verbindungen ergibt.

Abbildung 2.5 zeigt den typischen Aufbau einer Nervenzelle mit dem Zellkern (Soma), den Dendriten (Eingangsorgane der Nervenzelle), dem Axon (Ausgangsleitung der Nervenzelle) und den Synapsen am Ende des Axons. Diese Synapsen sind die Umschaltstellen, an denen einzelne Nervenzellen über die Axonen Kontakt zu anderen Nervenzellen (oder deren Dendriten) aufnehmen. Dabei findet eine Umwandlung der Informationsübertragung von der elektrischen Energie zur Ausschüttung von chemischen Substanzen statt, den so genannten Transmittersubstanzen, die bei der nachfolgenden Zelle wiederum elektrische Aktivität stimulieren.

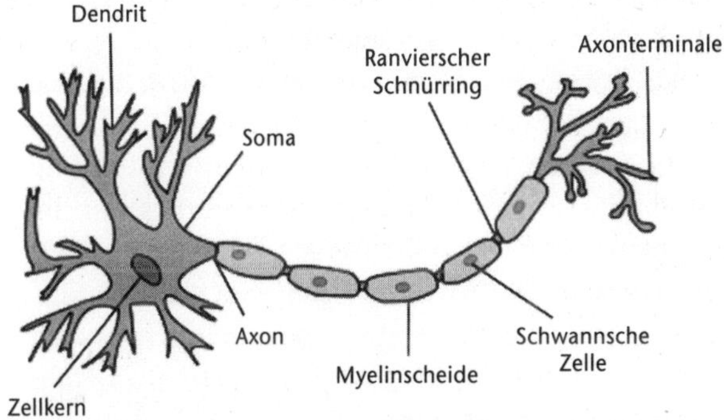

Abbildung 2.5: Der Aufbau einer Nervenzelle (Neuron)

Die Gehirnentwicklung muss für die verschiedenen Teile des Neurons getrennt betrachtet werden, da sich die Entwicklungsverläufe deutlich unterscheiden. Aus ontogenetischer Perspektive (also den Altersverlauf betreffend) vergleichsweise gut untersucht sind vor allem drei Aspekte:

- die Anzahl der Neuronen an sich;
- die Anzahl der Synapsen, also der Verbindungen zwischen den Neuronen;
- die Entwicklung der Myelinisierung, also der »Schutzschicht«, die die Axonen umgibt und sie gleichsam isoliert (so wie ein Elektrokabel isoliert ist).

Die Anzahl der Neuronen im Altersverlauf

Der Aufbau der Neuronen erfolgt primär während der Entwicklung des Fötus im Uterus. Nach bisheriger Erkenntnis ist die Neubildung von Neuronen vermutlich mit der Geburt abgeschlossen. Dass das Gehirn nach der Geburt noch neue Neuronen bildet, galt bislang als eher unwahrscheinlich. Dies bedeutet allerdings nicht, dass die Zahl der Neuronen nach der Geburt konstant bleibt. Vielmehr weiß man, dass Umwelteinflüsse einen deutlichen Einfluss auf das Überleben von Neuronen haben. So dürfte sich Lernen grundsätzlich positiv, unangenehmer Stress hingegen negativ auf das Überleben von Neuronen auswirken.

Diese grundlegenden Erkenntnisse sind jedoch in jüngster Zeit hinterfragt worden: durch eine Studie, die nahelegt, dass Personen durch intensive Beschäftigung mit einer (kognitiven) Tätigkeit mehr Neuronen in einem bestimmten Gehirnareal entwickeln. Da es sich hier um die erste Studie handelt, die von einem Einfluss des Lernens auf die Anzahl der Neuronen ausgeht, soll sie weiter unten näher erläutert werden, wenn es darum geht, mögliche Einflüsse des Lernens auf die Gehirnstruktur zu erörtern.

Jedes Neuron nimmt über die Axonen (die Outputleitungen) und die Dendriten (Inputleitungen) Kontakt zu anderen Neuronen auf. Diese Kontakte werden aber nicht direkt hergestellt, sondern über Umschaltstellen, die man Synapsen nennt. An diesen wird die eigentlich elektrische Information in eine chemische Information umgewandelt: Es erfolgt eine Ausschüttung von so genannten Transmittersubstanzen oder Neurotransmittern in den synaptischen Spalt; diese Stoffe bewirken am postsynaptischen Teil der Synapse wiederum die Generierung eines elektrischen Signals, welches dann weitergeleitet wird.

Zum Zeitpunkt der Geburt eines Menschen verfügt dieser noch über relativ wenige synaptische Verbindungen. In den ersten Lebensjahren nimmt die Anzahl der Synapsen im Gehirn dramatisch zu, als Folge der Verarbeitung vieler – für das Baby bzw. Kleinkind neuer – Umweltreize. Dieses Synapsenwachstum setzt sich allerdings nicht dauerhaft fort, vielmehr kehrt sich ab einem bestimmten Alter dieser Prozess um, und es kommt zu einer Art Bereinigung des Gehirns (englisch: *neural pruning*). Dabei werden Synapsen wieder abgebaut bzw. eliminiert, vermutlich solche, die ursprünglich die Funktion hatten, gleichsam alternative Wege zwischen Neuronen herzustellen (gewissermaßen Umleitungen). Diese redundanten Verbindungen machen das Gehirn aber ineffizienter im Sinne eines höheren Energieverbrauchs (der elektrisch-chemisch-elektrische Prozess an den Synapsen verbraucht relativ viel Energie).

Wann dieser »Reinigungsprozess« im Gehirn einsetzt, scheint derzeit noch unklar und kann vermutlich auch nicht einheitlich für alle Gehirnareale beantwortet werden. So legen neueste Befunde den in Abbildung 2.6 dargestellten Verlauf nahe: Im visuellen Kortex würde das Synapsenwachstum nur die ersten drei Lebensjahre andauern, danach würden die visuellen Areale des Kortex bereinigt. Demgegenüber würde im frontalen Kortex die Synapsenzahl ungefähr bis zur Pubertät steigen, und erst danach würde die Bereinigung einsetzen. Dies macht insofern Sinn, als gerade der hinter der Stirn angesiedelte frontale Kortex (bzw. seine verschiedenen Teilgebiete) für viele höhere kognitive Funktionen verantwortlich ist, die sich erst mit bzw. im Laufe der Pubertät entwickeln. Dazu gehören zum einen höhere kognitive Funktionen, wie Arbeitsgedächtnis bzw. die in Kapitel 5 noch ausführlich zu erörternde zentrale Exekutive (quasi der kleine »Dirigent« des Gehirns, wenn es um das Denken geht), aber auch generelle Prozesse der Handlungsplanung und Entscheidungsfindung. In speziellen Teilen des frontalen Kortex liegt zudem das für Sozialverhalten wichtige Gebiet, der so genannte orbitofrontale Kortex. Dieser ist vor allem auch wichtig, wenn es darum geht, das Denken, Fühlen und Verhalten anderer Menschen zu verstehen bzw. nachzuvollziehen, also für die Fähigkeit des Menschen zur *Empathie*.

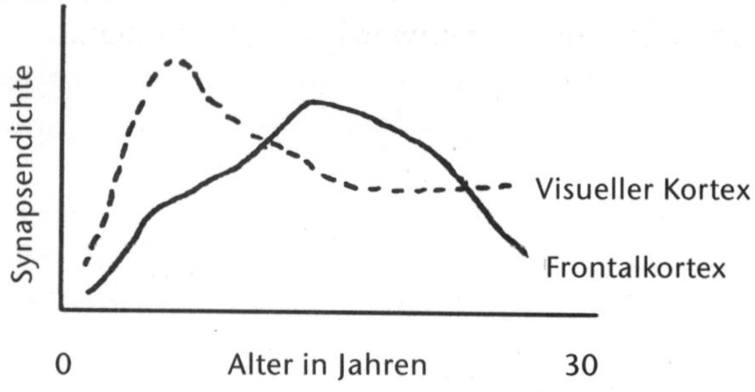

Abbildung 2.6: Gehirnentwicklung: Synapsen

Die Altersentwicklung der Myelinisierung

Myelin ist eine aus Lipiden und Proteinen bestehende »Isolierschicht«, die die Axonen umgibt und damit die Geschwindigkeit und Zuverlässigkeit der (elektrischen) Informationsübertragung erhöht (für die Geschwindigkeit wurden Unterschiede bis zum Faktor 10 und mehr gemessen). Auch der Prozess der Myelinisierung folgt einer ontogenetisch nicht-monotonen Entwicklung vom Myelinaufbau zum Myelinabbau, nur dass hier der Prozess der positiven Entwicklung (Zunahme) jedenfalls länger, vielleicht sogar deutlich länger als bei den Synapsen andauert. Der Prozess des Myelinaufbaus scheint in etwa bis zum 40. Lebensjahr anzudauern, und das Ausmaß an Myelinisierung bleibt in den folgenden drei Jahrzehnten weitgehend unverändert, bis erst im fortgeschrittenen Alter, ab ca. 70 Jahren, Myelin wieder abgebaut wird. Neben diesem ontogenetischen Verlauf gibt es aber auch eine beträchtliche Variation innerhalb einer Altersgruppe. Im Kapitel zu den neurobiologischen Grundlagen der Intelligenz wird später eine Hypothese vorgestellt, der zufolge diese individuellen Unterschiede in der Myelinisierung für Intelligenzunterschiede zwischen Menschen (mit-)verantwortlich sein könnten.

KAPITEL 3
Wie viele Intelligenzen gibt es?

Menschliche Leistungen sind extrem vielfältig: So bestehen zwischen den verschiedenen Menschen deutliche Unterschiede in ihren Begabungsschwerpunkten. Neben eher kognitiven Begabungen (die sich zum Beispiel in sprachliche, mathematische und visuell-räumliche Leistungen unterteilen lassen) sind auch in künstlerischen, kreativen, sportlichen, sozialen und anderen Leistungsbereichen erstaunliche Unterschiede auszumachen. Aber ist es in Anbetracht der Vielfältigkeit menschlicher Leistungen allein im kognitiven Bereich (man vergleiche die Leistungen eines Einstein mit denen eines Goethe) überhaupt legitim, nur ein Globalmaß, den IQ, aus Intelligenztests abzuleiten und anhand dieses Maßes Menschen in – zwangsläufig mit einer Wertung verbundene – Kategorien einzuteilen?

Die Frage, ob es eine generelle Intelligenz (ausgedrückt mittels eines IQ) oder mehrere, mehr oder weniger unverbundene Teilfähigkeiten oder Begabungen gibt, zieht sich als roter Faden durch die mehr als 100-jährige Geschichte der empirischen Intelligenzforschung. Immer wieder haben Wissenschaftler versucht, verschiedenartigste Aufgaben zur Messung sprachlicher, rechnerischer, visuell-räumlicher oder anderer Fähigkeiten zu entwickeln, diese den zu testenden Personen unter möglichst standardisierten (d. h. vereinheitlichten) Bedingungen vorzugeben und ihre Leistungen beim Lösen oder auch Nicht-Lösen dieser Aufgaben zu messen. Aus dem Muster der Aufgabenlösungen bzw. Nicht-Lösungen versuchte man dann mittels statistischer Verfahren herauszufinden, ob zwischen den Fähigkeiten zum Lösen bestimmter, ähnlicher Aufgaben ein höherer Zusammenhang besteht als zwischen den Fähigkeiten zum Lösen einander weniger ähnlicher Aufgaben. Die statistischen Verfahren, die hier zum Einsatz gelangen, sind die Korrelationsanalyse und die Faktorenanalyse (siehe Kasten 2).

Kasten 2: **Der Korrelationskoeffizient als Maß des Zusammenhangs zwischen Tests und der Stabilität über die Zeit**

Ein wichtiges Ziel der Untersuchung geistiger Leistungsfähigkeit von Menschen ist es, herauszufinden, welche Fähigkeiten miteinander zusammenhängen und zwischen welchen Fähigkeiten darüber hinaus Ursache-Wirkung-Beziehungen – das heißt kausale Relationen – bestehen. Mit Hilfe so genannter Korrelationsstudien versucht man herauszubekommen, ob bei einer Person zwei Merkmale ähnlich sind. Oder mit anderen Worten: Sind die Leistungen eines Menschen, der in dem einen Bereich unterdurchschnittliche Leistungen aufweist, auch in einem anderen Bereich unterdurchschnittlich? Bzw. sind die Leistungen eines Menschen, der in einem Bereich überdurchschnittliche Leistungen aufweist, auch in einem anderen Bereich überdurchschnittlich?

Korrelationsstudien werden beispielsweise durchgeführt, um auszumachen, ob es einen Zusammenhang zwischen der Aggressivität von Kleinkindern und der Anzahl der Stunden, die sie täglich im Kindergarten verbringen, gibt. Eine andere Fragestellung wäre, ob ein Zusammenhang zwischen der Intelligenz von Personen und ihrer Beliebtheit besteht. Das Ausmaß des Zusammenhangs zwischen zwei Merkmalen lässt sich mathematisch eindeutig bestimmen und wird als ihre Korrelation bezeichnet. Man kann auch sagen: Wenn zwei Variablen in hohem Maße miteinander korrelieren, dann ist es möglich, vom Vorliegen des einen Merkmals auf das Vorliegen des anderen Merkmals zu schließen. Ergibt eine Studie etwa, dass die Anzahl der Stunden, die Kinder pro Woche mit Lesen zubringen, deutlich mit ihren Leistungen in Lesetests korrelieren, bietet das eine gute Grundlage für Vorhersagen. Das heißt, wenn man von einem Kind, das nicht an der Studie teilgenommen hat, die Anzahl der Lesestunden pro Woche kennen würde, ließe sich seine Leistung im Lesetest prognostizieren. Wie gut die Vorhersage ist, hängt von der Enge des Zusammenhangs, also der Höhe der Korrelation ab. Korrelationen können positiv oder negativ sein. Sie sind positiv, wenn hohe Messwerte für das eine Merkmal mit hohen Messwerten für ein anderes Merkmal einhergehen. Hingegen sind sie negativ, wenn hohe Messwerte für das eine Merkmal mit niedrigen Messwerten für das andere Merkmal einhergehen. Die Korrelation zwischen der wöchentlichen Lesezeit und den Leistungen bei Lesetests ist demnach positiv, weil Kinder, die viel Zeit mit Lesen zubringen, auch bei Lesetests gut abschneiden. Ein anschauliches Beispiel für eine negative Korrelation ist der Zusammenhang zwischen dem Body-Mass-Index und der Laufgeschwindigkeit. Je mehr Übergewicht eine Person hat, umso geringer wird ihre Laufgeschwindigkeit sein.

Die Stärke sowie die Richtung eines Zusammenhangs wird durch den so genannten Korrelationskoeffizienten bestimmt. In (a) und (b) der Abbildung 3.1 (so genannte Scatterdiagramme) sind die Merkmale 1 und 2 also positiv miteinander korreliert, denn je größer der Wert für Merkmal 1 ist, umso höher ist der Wert für Merkmal 2. Hingegen verhält es sich in (c) und (d) gerade umgekehrt, denn hier sind die beiden Merkmale negativ miteinander korreliert: Je höher der Wert für Merkmal 1 ist, umso niedriger ist er für Merkmal 2. Die Stärke einer Korrelation wird durch den Zahlenwert des Korrelationskoeffizienten angegeben. Korrelationen können im Bereich von 1.0 bis −1.0 liegen. Je höher der

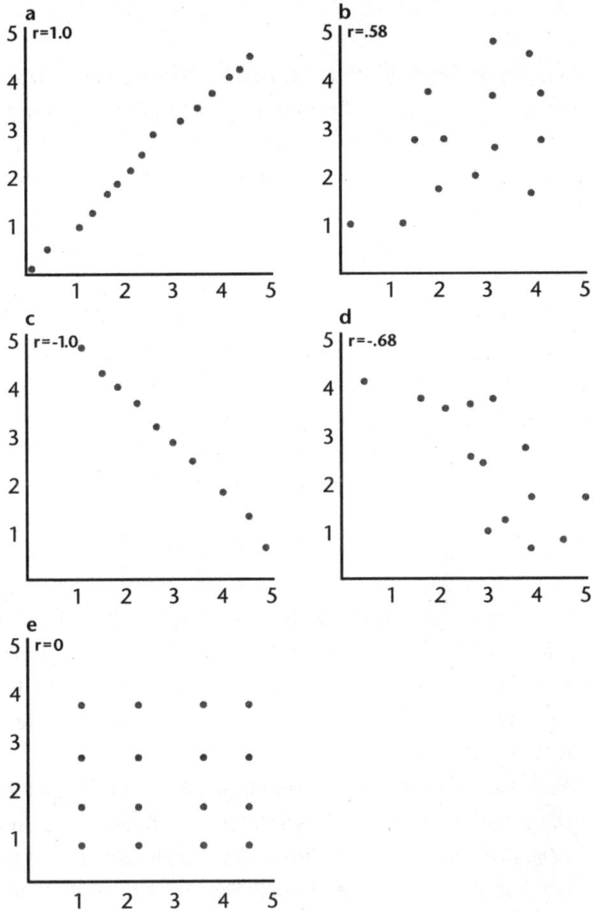

Abbildung 3.1: Darstellung von fünf verschiedenen Korrelationskoeffizienten (abgekürzt r). An den Achsen sind die Ausprägungen der Merkmale dargestellt, und jeder Punkt kann als eine Person verstanden werden, von der man zwei Merkmale erfasst hat. So könnten an der x-Achse die Durchschnittsnoten der Deutscharbeiten und an der y-Achse die Durchschnittsnoten der Mathematikarbeiten jeweils eines Schülers abgetragen sein. Für nähere Erläuterungen siehe Text.

Korrelationskoeffizient ist (d. h., je näher er bei 1.0 bzw. −1.0 liegt), umso stärker ist der – positive bzw. negative – Zusammenhang zwischen den beiden Variablen. Entsprechend gilt, dass der Zusammenhang umso schwächer ist, je näher der Wert des Korrelationskoeffizienten bei 0 liegt. Die beiden Korrelationen, die in (a) und (c) dargestellt sind, sind also beide hoch (1.00 bzw. −1.00), obwohl ihre Richtungen einander entgegengesetzt sind. Für beide Korrelationen gilt, dass sich der Wert für das eine Merkmal voraussagen lässt, wenn man den Wert des anderen Merkmals kennt. Die in (b) und (d) dargestellten Korrelationen sind zwar schwächer, eignen sich aber immer noch, um ausgehend von der Kenntnis der einen Variablen die Werte für die andere Variable einigermaßen genau vorherzusagen. Wenn man zum Beispiel im Fall der in (d) abgebildeten Korrelation weiß, dass der Wert für Merkmal 1 recht hoch ist, dann lässt sich vorhersagen, dass der entsprechende Wert für Merkmal 2 recht niedrig sein wird. Der Wert des Korrelationskoeffizienten in (e) hingegen ist 0. In diesem Fall ist es also nicht möglich, den Wert des einen Merkmals auf der Grundlage der Kenntnis des Wertes des anderen Merkmals vorherzusagen.

Wenn zwei Merkmale hoch miteinander korrelieren, neigt man manchmal voreilig dazu, eine Ursache-Wirkung-Beziehung anzunehmen, das heißt davon auszugehen, dass ein Merkmal das andere verursacht. Dieser Schluss ist aber aus zwei Gründen nicht gerechtfertigt. Der erste Grund hat mit der Richtung der Kausalität zu tun. Korrelationen können grundsätzlich nicht Auskunft darüber geben, welche von zwei Variablen die Ursache und welche die Wirkung ist. In dem oben dargestellten Beispiel der Korrelation zwischen der wöchentlich zum Lesen aufgewendeten Zeit und den Leistungen in Lesetests ist häufiges Lesen möglicherweise die Ursache für die guten Leistungen in Lesetests. Ebenso denkbar ist aber, dass die kausale Relation gerade andersherum ausgerichtet ist: Bessere Lesefähigkeiten können durchaus die Ursache dafür sein, dass Kinder mehr Zeit mit Lesen verbringen, denn es fällt ihnen leichter und macht ihnen mehr Spaß. Der zweite Grund dafür, warum Korrelation nicht Kausalität impliziert, liegt in dem Problem der dritten Variablen: Es besteht grundsätzlich die Möglichkeit, dass die Korrelation zwischen zwei Merkmalen die Wirkung eines dritten Merkmals ist, welches diese Korrelation verursacht. Bezogen auf das obige Beispiel bedeutet dies, dass die gemeinsame Ursache für ein hohes Lesepensum und für gute Leistungen bei Lesetests die ist, dass die betreffende Person in einem intellektuell stimulierenden familiären Umfeld aufwächst. Aus diesen beiden Gründen reicht das Vorliegen einer starken Korrelation nicht hin, um auf das Vorliegen einer kausalen Beziehung zu schließen.

Hat man sehr viele Variablen (z. B. verschiedene Intelligenztests) in einer Stichprobe erhoben und die Korrelationen zwischen allen Variablen berechnet, so ist das Ergebnis, die so genannte Interkorrelationsmatrix (sie besteht aus $[M*(M-1)]/2$ Interkorrelationen; M steht für die Anzahl der Variablen), rasch sehr unübersichtlich und schwer zu interpretieren. In diesem Fall bietet sich ein weiteres statistisches Verfahren an, die so genannte *Faktorenanalyse* (deren Wurzeln ebenfalls auf einen der Pioniere der Intelligenzforschung zurückgehen, den Briten Charles Spearman). Dieses – im Vergleich zur Korrelationsanalyse ungleich komplexere – Verfahren sei hier nur kurz anhand eines anschaulichen Beispiels demonstriert:

Angenommen, wir müssten in einer größeren Firma die Tätigkeit der Mitarbeiter in verschiedenen Stellungen analysieren, um so ihre Beanspruchung erfassen zu können (z. B. um darauf basierend ein Entlohnungssystem aufzubauen). Um zu einer überschaubaren Zahl von Kategorien der Arbeitstätigkeit zu gelangen, würden wir zunächst einmal ausgewählte Mitarbeiter in verschiedensten Positionen bei ihrer Tätigkeit beobachten (oder die Mitarbeiter selbst über einen typischen Arbeitstag hinweg ihre Tätigkeiten protokollieren lassen). Diese Tätigkeiten würden sich vielleicht so gruppieren lassen, dass manche Personen ihre Arbeitszeit vorwiegend mit manuellen Tätigkeiten, andere mehr mit einfachen administrativen Tätigkeiten (z. B. Briefe schreiben oder Zeitpläne erstellen) und wieder andere ihre Arbeitszeit hauptsächlich mit Kommunikation verbringen würden (z. B. Gespräche mit Kunden der Firma, Meetings mit Vertretern anderer Abteilungen etc.).

Die Analyse der Zusammenhänge zwischen diesen Beobachtungseinheiten (wir nennen sie Variablen) könnte dann mittels der Faktorenanalyse durchgeführt werden. Auf der Basis der Korrelationen zwischen den Einzeltätigkeiten (Sind diejenigen, die mehr Briefe schreiben, identisch mit denjenigen, die mehr mit der Erstellung von Tabellen beschäftigt sind?) wird in einer komplexen statistischen Prozedur die Vielzahl der Einzelbeobachtungen von Verhaltensweisen auf eine überschaubare Anzahl grundlegender Kategorien reduziert, und zwar nicht auf der Basis eines mehr oder minder willkürlich zusammengestellten Kategoriensystems, sondern eben aufgrund empirischer Zusammenhänge oder Korrelationen zwischen den einzelnen Beobachtungen bzw. Variablen. So könnten beispielsweise 50 Verhaltensweisen bzw. Variablen in sechs grundlegende Oberkategorien (Faktoren) eingeteilt werden, was eine erhebliche Informationsreduktion darstellt.

Im Prinzip die gleiche Vorgehensweise wird in der Intelligenzforschung (und nicht nur dort) angewandt. Aus einer Vielzahl von Aufgaben versucht man herauszufinden, ob Personen, die Aufgabe x besser lösen, auch Aufgabe y lösen und umgekehrt. Die Aufgaben x und y würden dann demselben Faktor zugeordnet, andere Aufgaben a, b und c würden hingegen einem anderen Faktor zugeordnet. So ist in der Intelligenzforschung von den verschiedenen Wissenschaftlern, die sich mit der Erforschung der Struktur der Intelligenz beschäftigt haben, eine größere Zahl von Intelligenzfaktoren mal mehr, mal weniger übereinstimmend identifiziert worden.

Die Frage, welche Intelligenzfaktoren es gibt, wurde im Laufe der Intelligenzforschung immer wieder recht unterschiedlich beantwortet. Eine Darstellung der vielleicht zehn bis 15 wichtigsten Intelligenzmodelle, die von verschiedenen Wissenschaftlern entwickelt wurden, liegt aber nicht im Interesse dieses Buches; die Leserinnen und Leser seien hierfür auf einschlägige Lehrbücher für Persönlichkeitspsychologie wie jene von Amelang und Bartussek und von Asendorpf verwiesen. Hier seien nur die wichtigsten, immer wieder gefundenen und daher auch häufig in der einschlägigen Literatur anzutreffenden Intelligenzfaktoren bzw. Unterscheidungen solcher Faktoren beschrieben:

Kristallisierte und fluide Intelligenz

Eine bewährte Unterscheidung ist die zwischen *kristallisierter* und *fluider Intelligenz,* die 1941 von Raymond B. Cattell vorgestellt und später von ihm gemeinsam mit John L. Horn weiterentwickelt wurde. Unter kristallisierter Intelligenz versteht man unser Wissen von der Wirklichkeit: Wissen von Wortbedeutungen, von mathematischen Gesetzen, von Hauptstädten verschiedener Länder, etc. Fluide Intelligenz hingegen bedeutet die Fähigkeit, spontan durch Schlussfolgerungen, Hypothesenbildungen und andere Verstehensleistungen neue kognitive Anforderungen zu bewältigen, denen man bislang noch nicht begegnet ist. In Intelligenztests soll sich die fluide Intelligenz zum Beispiel in der Fähigkeit zeigen, neue Puzzles zusammenzusetzen, die nächste Zahl in einer Zahlenreihe zu bestimmen, etc.

Die Unterscheidung zwischen fluider und kristallisierter Intelligenz wird dadurch gestützt, dass die Ergebnisse von Intelligenztests eines bestimmten Typs *untereinander* höher korrelieren – also in einem engeren Zusammenhang miteinander stehen – als die Ergebnisse von Intelligenztests *verschiedener* Typen. Personen, die in bestimmten Tests zur fluiden Intelligenz gut abschneiden, schneiden demnach im Allgemeinen auch in anderen Tests zur fluiden Intelligenz gut ab – aber nicht zwangsläufig in Tests zur kristallisierten Intelligenz. Hinzu kommt, dass die Entwicklung der kristallisierten und der fluiden Intelligenz unterschiedlich verläuft, wie im Kapitel »Entwicklung der Intelligenz über die Lebensspanne« noch ausführlich behandelt wird. Während die kristallisierte Intelligenz im Zuge der kognitiven Entwicklung beständig zunimmt, erreicht die fluide Intelligenz im frühen Erwachsenenalter ihren Höhepunkt und nimmt von da an zunächst leicht, später dann stärker ab.

Primary Mental Abilities

Eine andere, etwas komplexere Theorie der Intelligenz ist die der *Primary Mental Abilities,* die der amerikanische Wissenschaftler Louis Thurstone aufgestellt hat. Sie besagt, dass sich die menschliche Intelligenz aus einer Reihe von unterschiedlichen Fähigkeiten zusammensetzt. Nach einer Variante dieser Theorie lässt sich Intelligenz auf die folgenden sieben kognitiven Grundfähigkeiten zurückführen: Wortflüssigkeit, das Verstehen von Wortbedeutungen, schlussfolgerndes Denken, räumliches Vorstellungsvermögen, numerisches Verständnis, Gedächtnis und Geschwindigkeit der visuellen Wahrnehmung. Die entscheidenden Belege für diese Gliederung in sieben Grundfähigkeiten gleichen denen, die auch für die Differenzierung zwischen kristallisierter und fluider Intelligenz sprechen. Die Leistungen bei verschiedenen Tests zu einer einzelnen

Fähigkeit sind einander nämlich ähnlicher als die Leistungen bei Tests zu verschiedenen Fähigkeiten. Obwohl zum Beispiel sowohl das räumliche Vorstellungsvermögen als auch die Wahrnehmungsgeschwindigkeit gleichermaßen Indikatoren für die fluide Intelligenz sind, fallen die Ergebnisse von verschiedenen Tests zum räumlichen Vorstellungsvermögen in der Regel ähnlicher aus als die Ergebnisse von Tests zum räumlichen Vorstellungsvermögen einerseits und zur Wahrnehmungsgeschwindigkeit andererseits.

Eine moderne Version der *Primary-Mental-Abilities*-Theorie stammt von dem Entwicklungspsychologen Stephen Ceci. In seinem Buch *Intelligence – a Bioecological Treatise* macht sich Ceci stark für die Position, wonach Menschen mit vielen geistigen Basisressourcen ausgestattet sind, die unabhängig voneinander sind. Das im vorangegangenen Kapitel beschriebene angeborene Wissen über Quantitäten und über physikalische Gegebenheiten kann beispielsweise als Basisressource verstanden werden. Zwar handelt es sich hierbei um so genannte universell verfügbare Grundkomponenten, mit denen alle Menschen ausgestattet sind, aber natürlich können sie im Ausmaß variieren. So verfügen etwa alle Menschen über eine genetische Ausstattung, die dafür sorgt, dass sie eine Nase haben; zwar werden Form und Größe dieser Nase durch die Gene gesteuert, sie unterliegen aber individuellen Variationen. Ähnlich könnte es sich auch mit den geistigen Kompetenzen verhalten.

Dimensionale Intelligenzmodelle

Neben sehr einfachen Intelligenzmodellen wie dem der fluiden und der kristallisierten Intelligenz und komplexeren Theorien wie jener von Thurstone gibt es noch eine dritte Gruppe: die der dimensionalen Intelligenzmodelle. Diese unterscheiden mehrere Intelligenzkomponenten, die aber – anders als bei Thurstone etwa – nicht auf gleicher Ebene nebeneinander stehen. Vielmehr nimmt man mehrere grundlegende Dimensionen an, die dann weiter differenziert werden. Der erste Vertreter dieses Ansatzes war Joy Paul Guilford mit seinem *Structure-of-Intellect*-Modell, das gleichzeitig das komplexeste Modell der Geschichte der Intelligenzforschung überhaupt darstellt. Er ordnete die kognitiven Fähigkeiten in einem Würfel an (siehe Abbildung 3.2), wobei er die drei Dimensionen Inhalt, Vorgang und Produkt unterschied. Diese waren jeweils weiter untergliedert, und zwar in vier verschiedene Inhalte, fünf Vorgänge und sechs Produkte. Aus der vollständigen Kombination dieser Komponenten würden sich somit 120 Teilfähigkeiten ergeben, wobei es allerdings nie gelungen ist, sepa-

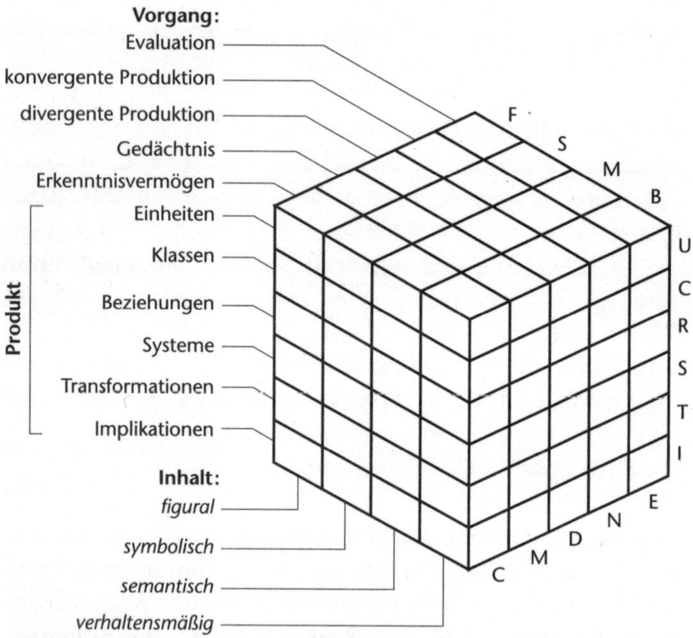

Abbildung 3.2: Intelligenzstrukturmodell von Guilford

rate Tests für jede dieser hypothetisch angenommenen Teilfähigkeiten zu entwickeln. Das Modell ist daher praktisch nicht wirklich anwendbar. Aufgrund seines heuristischen Werts wird es aber immer wieder gelobt, da es eine sehr elementare Systematisierung kognitiver Fähigkeiten erlaube, die für die Kognitionsforschung eine ähnliche Bedeutung habe wie die Elementtafeln für die Chemie.

Eine moderne Form eines dimensionalen Modells stellt der gleichzeitig wohl bedeutsamste deutsche Beitrag zur Intelligenzstrukturforschung dar, nämlich Adolf Otto Jägers Berliner Intelligenzstrukturmodell. Jäger hat auf der Basis einer umfassenden Sichtung aller bekannten Aufgaben aus Intelligenztests eine umfangreiche Batterie von fast 100 Aufgabentypen zusammengestellt und daraus ein dem Guilford'schen Ansatz ähnliches, jedoch einfacheres und übersichtlicheres Modell entwickelt. Wo Guilford einen Würfel mit drei Dimensionen konzipierte, hat Jäger in seinen Analysen nur zwei Dimensionen als relevant nachweisen können: die Inhaltsdimension mit den drei Facetten verbal, numerisch, figural und eine Operationsdimension mit den vier Facetten Bearbeitungsgeschwindigkeit, Verarbeitungskapazität, Merkfähigkeit bzw. Gedächtnis und Einfallsreichtum. Nicht zuletzt aufgrund der letzteren Komponente erscheint das Modell von Jäger interessant, berücksichtigt es doch auch – wie bereits Guilford – Aspekte der menschlichen Kreativität, nämlich die Fähigkeit zum divergenten Denken. Bei divergenten Denkaufgaben geht es nicht darum, eine eindeutig richtige Lösung zu finden, sondern es gilt, zu einer Frage möglichst viele Assoziationen zu produzieren.

Aus der Kombination der drei Inhalts- mit den vier Operationskomponenten ergeben sich zwölf Teilfähigkeiten, die in dem von Jäger und seinen Mitarbeitern herausgegebenen BIS-4-Test jeweils mit mehreren Aufgabengruppen erfasst werden. Im Gegensatz zum Guilford'schen Modell hat das Jäger'sche Modell immerhin zu einem publizierten und anerkannten Testverfahren geführt.

Neben den hier besprochenen Ansätzen wurde innerhalb der Intelligenzforschung noch eine Reihe weiterer Intelligenzstrukturmodelle vorgestellt, die hier nicht näher erörtert werden sollen. Zusammenfassend sei festgehalten, dass sich die folgenden Intelligenzfaktoren so oder so ähnlich in vielen Strukturmodellen wiederfinden lassen: verbale oder sprachliche Fähigkeiten, rechnerisch-mathematische Begabung, visuell-räumliche Fähigkeiten oder auch Vorstellungsvermögen, Gedächtnis und Lernen, Verarbeitungsgeschwindigkeit, schlussfolgerndes Denken (englisch: *reasoning*) und Einfallsreichtum.

Eine oder viele Intelligenzen?

Die vielleicht wichtigere, vor allem aber wesentlich kontroverser diskutierte Frage der Intelligenzstrukturforschung ist aber nicht die nach Anzahl und Art der Intelligenzfaktoren, sondern jene nach ihren Beziehungen untereinander – statistisch gesehen nach den Korrelationen zwischen den Intelligenzdimensionen. Mit anderen Worten: Sind die verschiedenen Begabungsdimensionen wie sprachliche Intelligenz, mathematisch-rechnerische Begabung oder räumliches Vorstellungsvermögen positiv korreliert, das heißt, weisen Personen mit hohen Leistungen in einem Bereich auch tendenziell hohe Leistungen in einem anderen Bereich auf? Oder ist die Leistung in einem Bereich völlig unabhängig von der Leistung in einem anderen Bereich? Diese Frage ist von größerer Bedeutung, als es auf den ersten Blick vielleicht erscheinen mag, und zwar aus folgenden Gründen:

Erstens lässt sich aus der Beantwortung dieser Frage auch die nach dem Sinn eines IQ ableiten: Nur wenn verschiedene Teilfähigkeiten untereinander zusammenhängen, ist es legitim, ein Gesamtmaß der Intelligenz in Form des bekannten IQ abzuleiten.

Zweitens ist das Konzept der positiven Zusammenhänge zwischen verschiedenen Teilleistungen stark mit dem Konzept eines Generalfaktors der Intelligenz assoziiert. Letzteres geht zurück auf Charles Spearman, der in seiner Zwei-Faktoren-Theorie der Intelligenz angenommen hat, dass jede Leistung in einem Intelligenztest immer auf eine allgemeine Ressource plus einen spezifischen Anteil zurückgeht. Spearman verglich die Leistungen von Menschen in verschiedenen Leistungstest und stellte fest, das diejenigen, die in einem Test gut waren, tendenziell auch in anderen Tests gut abschnitten. Deshalb nahm er eine einheitliche Fähigkeit der Intelligenz an, die allen intellektuellen Leistungen zugrunde liegt. Sie drückt sich in einem allgemeinen Faktor (Generalfaktor, g-Faktor) aus, der ein Maß der allgemeinen und angeborenen geistigen Energie sein sollte. Bei der Bearbeitung der verschiedenen Tests kommen zusätzlich noch jeweils spezifische, voneinander unabhängige Fähigkeiten zum Tragen: die s-Faktoren (z. B. verbale Fertigkeiten, räumliche Vorstellungskraft). Im Lichte neuester neurowissenschaftlicher Befunde (siehe Kapitel 5) gewinnt dieser Ansatz nach Sichtweise vieler Intelligenzforscher wieder an Plausibilität.

Auf die Frage nach der Generalität bzw. Spezifität kognitiver Leistungen geht letztlich auch die folgende grundlegende Thematik zurück: Welche Bedeutung haben Intelligenz und Wissen für das Können? Während die Intelligenzforscher, obgleich sie eine Unterscheidung zwischen verschiedenen Komponenten der Intelligenz durchaus anerkennen, mehrheitlich dennoch von einem Mehr oder Weniger an einer grundlegenden, eben generellen Begabung ausgehen, sehen Bildungspsychologen bzw. Lehr-Lernforscher kognitive Leistungen primär durch Lernen und Wissenserwerb in spezifischen Domänen (Wissensgebieten) bedingt. Eine interessante Parallele hierzu findet sich in der Intelligenzstrukturforschung bei den Vertretern einer *generalfaktorkritischen Position,* wie bei dem oben erwähnten Louis Thurstone. Er hat in seiner Theorie der *Pri-*

mary Mental Abilities die sieben Primärfähigkeiten nicht als überlappende Gebiete, sondern als gleichsam unverbundene »Inseln« konzipiert (siehe Abbildung 3.3). Wer beispielsweise in Tests zur Wortflüssigkeit sehr gut abschneidet, kann, was die Raumvorstellung betrifft, mit gleicher Wahrscheinlichkeit gut, mittel oder eher schlecht begabt sein. Aus der Kenntnis über eine bestimmte Fähigkeit einer Person lasse sich, so Thurstone, aufgrund fehlender Zusammenhänge keinerlei Vorhersage über andere Fähigkeiten derselben Person treffen. Wie wir später noch sehen werden, zeigt diese Sichtweise eine bestechende Parallele zu Annahmen der Lehr-Lern-Forschung, die auch eine hochgradige Spezifität des Domänenwissens postuliert und belegt: Demzufolge gebe es grundsätzlich nur einen sehr geringen Transfer von einem Wissensbereich auf andere Bereiche.

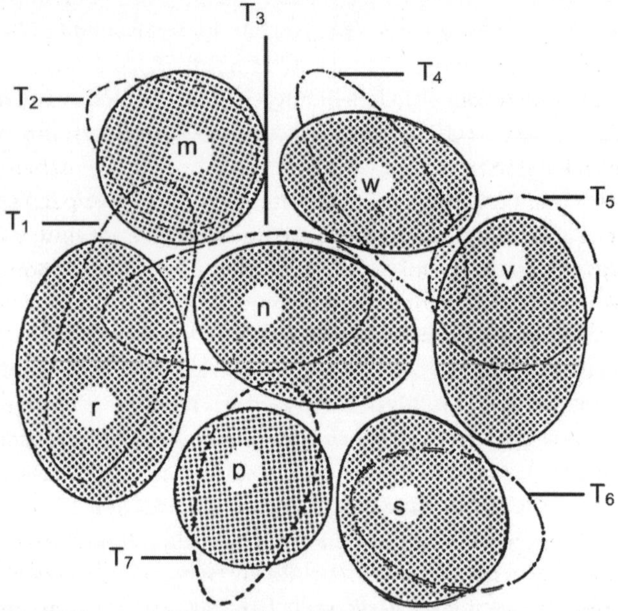

Abbildung 3.3: Primärfähigkeiten nach Thurstone

Kasten 3: **Generalität oder Spezifität – die Auflösung einer Kontroverse**

Dem mit statistischen Methoden unvertrauten Leser mag es paradox erscheinen, dass Wissenschaftler, die mit empirischen und statistischen Methoden arbeiten, bei einer scheinbar so einfachen Frage wie jener nach Generalität oder Spezifität von kognitiven bzw. intellektuellen Leistungen zu so unterschiedlichen Sichtweisen gelangen können. Schließlich haben sowohl Spearman als auch Thurstone Menschen in ähnlichen Kulturen mit ähnlichen Intelligenzaufgaben getestet. Wie können daraus so grundlegend unterschiedliche Standpunkte zu der Frage resultieren, ob verschiedene Teilfähigkeiten etwas gemeinsam haben oder nicht? Der Hauptgrund dürfte – nach heutigem Stand der Dinge – in den untersuchten Stichproben liegen. Der rechte Teil von Abbildung 3.4 zeigt das bereits aus Abbildung 3.1 bekannte Scatterdiagramm des Zusammenhangs zwischen zwei Variablen, nur dass hier zwei Gruppen von Personen unterschiedlich markiert sind: Dargestellt ist der Zusammenhang zwischen Mathematikleistung und Leseleistung bei zwei Gruppen von Personen: Hauptschülern, die mit ▪ gekennzeichnet sind, und Gymnasiasten, die mit ◦ dargestellt sind. Über beide Teilgruppen hinweg ist ein deutlich positiver Zusammenhang ersichtlich, der – abgeschätzt über den Korrelationskoeffizienten – $r = .54$ beträgt. Innerhalb der Gruppen sind die Leistungen wesentlich homogener, statistisch ausgedrückt ist die Streuung geringer. Bei weniger Streuung wird aus der eher schmalen Ellipse, die noch für die Gesamtstichprobe aus Hauptschülern und Gymnasiasten zu beobachten war, eine eher kreisförmige Ansammlung von Datenpunkten. Der Zusammenhang erscheint bei getrennter Betrachtung der beiden Gruppen deutlich geringer, was auch in der Berechnung des

Korrelationskoeffizienten zum Ausdruck kommt. Dieser beträgt für Hauptschüler r = .30 (links unten in Abbildung 3.4) und für Gymnasiasten r = .22 (links oben in Abbildung 3.4). Eine verringerte Streuung eines oder beider gemessener Merkmale bewirkt also eine im Vergleich zur Untersuchung einer repräsentativen Stichprobe kleinere Schätzung bzw. eine Unterschätzung des tatsächlichen Zusammenhangs.
Das Phänomen einer Unterschätzung von Korrelationen bei Streuungseinschränkung kann auch die unterschiedlichen Sichtweisen bezüglich Generalität bzw. Spezifität erklären helfen. Thurstone hat beispielsweise College-Studenten untersucht, die hinsichtlich der Streubreite ihrer kognitiven Leistungsfähigkeit eingeschränkt, also eher homogen im Bereich der durchschnittlichen bis überdurchschnittlichen Leistungsfähigkeit angesiedelt waren. Dies vermindert die Korrelationen zwischen intellektuellen Teilleistungsbereichen wie verbaler, mathematischer oder räumlicher Intelligenz – und damit gleichzeitig die Chance, in einer so genannten Faktorenanalyse einen bedeutsamen Generalfaktor zu finden.
So gesehen, ist aus heutiger Sicht die Ablehnung eines Generalfaktors der Intelligenz wie bei Thurstone mit der Wahl einer eher homogenen Stichprobe zu erklären: Untersucht man repräsentative Stichproben, lässt sich auch ein bedeutsamer Generalfaktor finden!

Nach fast 100 Jahren einschlägiger Forschungsbemühungen und Studien mit zigtausend getesteten Personen kann die Kontroverse »Generalität oder Spezifität« als weitgehend gelöst gelten. Mit ganz wenigen Ausnahmen würden heute alle Intelligenzforscher einem Kompromiss aus beiden Extrempositionen zustimmen: Weder lässt sich Thurstones Annahme unverbundener Teilfähigkeiten (siehe Abbildung 3.3) auf-

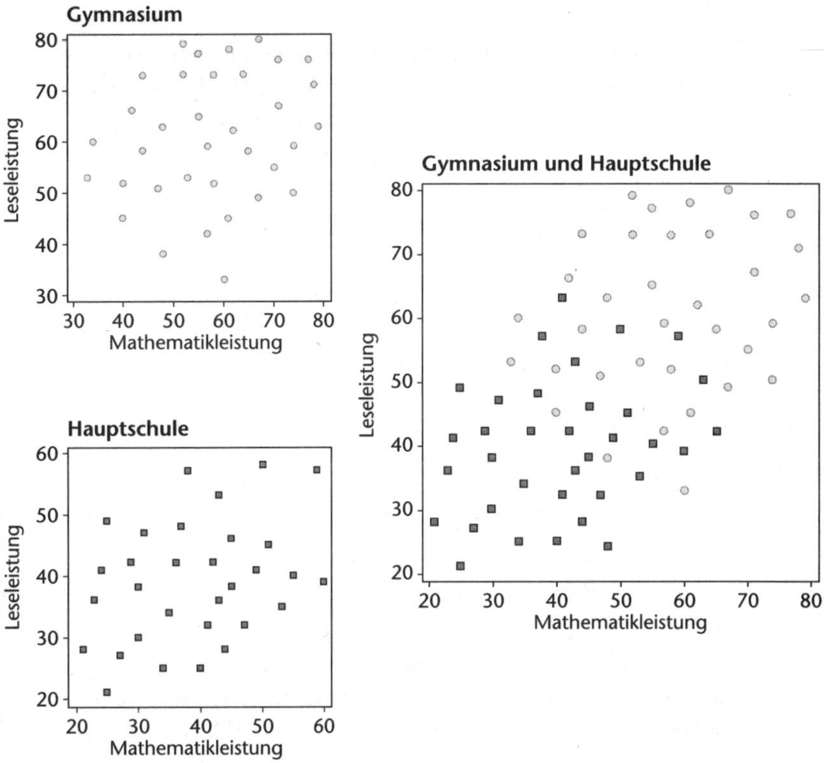

Abbildung 3.4: Zusammenhang von Lese- und Mathematikleistung

rechterhalten, da sich in Hunderten von Studien immer wieder mittelhohe korrelative Zusammenhänge zwischen verschiedenen Teilfähigkeiten ergaben; noch lässt sich Intelligenz eindeutig mit einem Generalfaktor im Sinne Spearmans identifizieren, denn dann würde jeder Intelligenztest außer dem Generalfaktor g nur einen ihm eigenen spezifischen Anteil messen. Vielmehr lässt sich der Kompromiss als Pyramide, also als eine hierarchische Struktur sehen, so wie dies John Bissell Carroll in seinem – von nicht wenigen als »Jahrhundertwerk« der Intelligenzforschung gepriesenen – Buch *Human Cognitive Abilities* vorgeschlagen hat. Für mutmaßlich eine der größten Personenstichproben in der Psychologie überhaupt (Carroll hat über 460 Studien mit insgesamt 120 000 Personen zusammengefasst) gelangte er zu der in Abbildung 3.5 gezeigten hierarchischen Struktur. Unter einem g-Faktor an der Spitze nimmt Carroll sieben (auch als Sekundärfähigkeiten bezeichnete) Teilfähigkeiten an, die sich auf unterster Ebene weiter in so genannte Primärfähigkeiten differenzieren (hier nicht dargestellt). Es gibt also auch unterhalb des Generalfaktors noch Gemeinsamkeiten, die bewirken, dass sich manche Aufgabenarten näher zueinander gruppieren und andere unähnlicher sind (obgleich immer positive Zusammenhänge zu beobachten sind, da verschiedene kognitive Teilfähigkeiten nie völlig unabhängig voneinander sind).

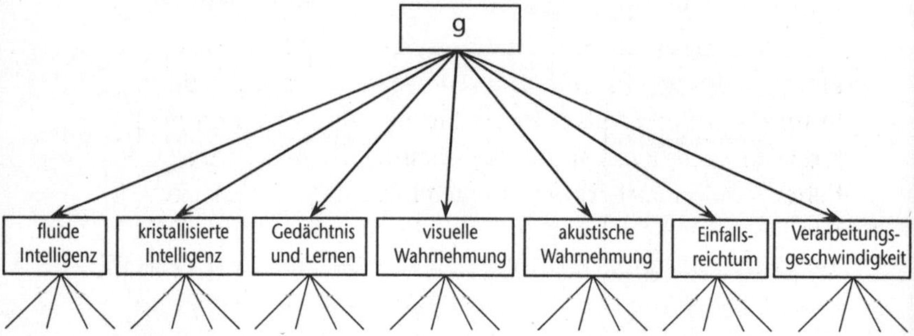

Abbildung 3.5: Intelligenz als Pyramide nach Carroll

Der bereits erwähnte Entwicklungspsychologe Stephen Ceci, der zu den modernen Kritikern der Faktor-g-Theorien gehört, betont, dass weder die hohe Erblichkeit der Intelligenzunterschiede (mehr dazu in Kapitel 5) noch die substanziellen Korrelationen zwischen unterschiedlich ausgerichteten Untertests zwangsläufig ein Beleg für den Faktor g sind. Nach Ceci bestimmen die genetisch determinierten kognitiven Basisressourcen die Richtung und Intensität des Lernprozesses. Wie weiter unten in Kapitel 7 »Intelligenz und Lernen« noch ausgeführt wird, kann Faktor g auch als Metakognition verstanden werden, also als die Fähigkeit zum Lernen und Denken. Wir wissen inzwischen, dass sich diese Fertigkeit nicht isoliert entwickelt, sondern in Kombination mit dem Inhaltslernen. Wer eine Begabung für Mathematik mitbringt, wird die angebotenen Lerngelegenheiten besonders effizient nutzen. Er bzw. sie wird sich herausfordernde Aufgaben suchen, die eine sehr systematische Vorgehensweise erfordern. Diese Art des Vorgehens bei der Bewältigung kognitiver Herausforderungen wird sich höchstwahrscheinlich verselbständigen und damit auch bei der Bewältigung anderer geistiger Anforderungen hilfreich sein. Auch wer über überdurchschnittliche sprachliche Begabungen oder Begabungen für den Schriftspracherwerb verfügt, wird die in der Umgebung zur Verfügung gestellten Möglichkeiten des Lernens durch Texte nutzen. Auch dabei fallen breit einsetzbare Kompetenzen an, die das Lösen neuer Probleme unterstützen. Mit anderen Worten, was sich zunächst in unserem Gehirn als voneinander unabhängige Komponenten entwickelt, kann später bei entsprechenden Lerngelegenheiten zusammenwirken und gleichsam als Synergieeffekt in neue Kompetenzen münden, welche als Intelligenz bezeichnet werden können.

Das zu Generalität oder Spezifität bislang Gesagte bezieht sich allerdings nur auf Fragen der *kognitiven Intelligenz.* Nicht berücksichtigt wurden hier zwei andere große Begabungsbereiche, nämlich Kreativität einerseits und soziale Fähigkeiten andererseits. Letztere waren im Laufe der Psychologiegeschichte immer wieder unter wechselnden Bezeichnungen Gegenstand zeitweilig intensiver Forschungsbemühungen. So hat sich bereits Edward Lee Thorndike mit *sozialer Intelligenz* beschäftigt, und in den ausklingenden 1970er und Anfang der

1980er Jahre war die Auseinandersetzung mit *sozialer Kompetenz,* später *interpersonaler Kompetenz* recht populär. Howard Gardner hat in seiner *Theorie der multiplen Intelligenzen* ebenfalls personale Intelligenzen angenommen, ohne allerdings je substanzielle empirische Beiträge zur näheren Klärung dieser Begriffe geliefert zu haben. Zuletzt haben Peter Salovey und John Mayer das Konzept der *emotionalen Intelligenz* vorgeschlagen, welches sich auch als erneuter Wiederbelebungsversuch der zwischenzeitlich eher dahinsiechenden Forschung zur sozialen Kompetenz interpretieren lässt. Für beide großen Bereiche menschlicher Leistungsfähigkeit, Kreativität und soziale Kompetenz, lässt sich – auch unter Berücksichtigung der in beiden Bereichen beträchtlichen Probleme mit der Messung des Konstrukts – doch schließen, dass es sich jeweils um Leistungsbereiche handelt, die von der kognitiven Intelligenz eher unabhängig sind. Mit anderen Worten: Hohe Kreativität geht nicht unbedingt mit hoher kognitiver Intelligenz einher und umgekehrt.

Gerne wird in der wissenschaftlichen Kreativitätsforschung noch das so genannte Schwellenmodell der Kreativität vertreten: Um kreativ zu sein, muss eine bestimmte Schwelle der Intelligenz überschritten sein, aber nicht jeder, der diese Schwelle überschreitet, ist auch zwangsläufig kreativ. Allerdings spricht die empirische Befundlage mehrheitlich nicht für das Schwellenmodell: In empirischen Untersuchungen korreliert Kreativität eher schwach mit Intelligenz; und wenn sich höhere Zusammenhänge ergeben, so kommen diese durch methodische Unzulänglichkeiten zustande (z. B. dadurch, dass Intelligenz- und Kreativitätstests mit Zeitdruck vorgegeben wurden, was Personen, die eine hohe Wortflüssigkeit besitzen, begünstigt).

Noch unklarer ist die Beziehung zwischen kognitiver Intelligenz und sozialer Kompetenz. Eine positive Beziehung zwischen diesen Fähigkeiten (kognitiv intelligente Personen seien auch sozial kompetenter) lässt sich allenfalls für verbale Begabungen beobachten. Dies erscheint plausibel: Menschen, die sich verbal besser ausdrücken können, fällt es entsprechend leichter, effektiv mit anderen Menschen zu kommunizieren. Allerdings ist dieser Zusammenhang umstritten, wurde er doch vor allem für verbale Intelligenztests berichtet, deren Aufgaben zum Teil neben den verbalen Fähigkeiten Aspekte des sozialen Verständnisses erfassen (so finden sich in gängigen Intelligenztests Aufgaben der folgenden Art: Was machen Sie, wenn Sie auf einem öffentlichen Rechner ein E-Mail-Programm geöffnet vorfinden?).

Insgesamt lässt sich festhalten, dass Kreativität und soziale Kompetenz, obgleich es sich um wichtige Bereiche menschlicher Leistungen handelt, mit größter Wahrscheinlichkeit nicht den kognitiven Fähigkeiten und somit der *Intelligenz* zuzurechnen sind, sondern als eigenständige, vermutlich auch neurowissenschaftlich von kognitiver Intelligenz separate Phänomene behandelt werden sollten. Im Gegensatz zu der erfolgreichen Geschichte der Intelligenzforschung und der nachweislich hohen Nützlichkeit von Intelligenztests sind bei Kreativität und sozialer Kompetenz die Probleme der Messung noch nicht annähernd so gut gelöst. Bislang gibt es nur wenige brauchbare Tests für Kreativität und noch weniger Tests für soziale Kompetenz.

Die zentrale Frage unseres Buches soll daher primär für die kognitive Intelligenz abgehandelt werden, weil nur hier eine halbwegs schlüssige Beantwortung möglich erscheint.

KAPITEL 4

Die Messung von Intelligenz: Intelligenztests und ihre Nützlichkeit

Auch wenn es sich bei Intelligenz um eine Fähigkeit handelt, die nicht direkt sichtbar ist, müssen sich Intelligenzmessungen natürlich auf beobachtbares Verhalten stützen. Wenn wir also behaupten, dass eine Person intelligent ist, meinen wir damit, dass sie beobachtbares intelligentes Verhalten zeigt. Am besten lässt sich Intelligenz messen, indem man das Verhalten von Personen bei der Bewältigung von Anforderungen beobachtet, die verschiedene geistige Leistungen erfordern: Problemlösen, Gedächtnisleistungen, sprachliches Verstehen, räumliches Denken etc. Mit anderen Worten: Das psychologische Konzept der Intelligenz ist untrennbar mit Intelligenztests verknüpft. Wie bereits erwähnt, wurde der erste umfassend eingesetzte Intelligenztest vor über 100 Jahren von dem französischen Psychologen Alfred Binet entwickelt, um herauszufinden, welche Kinder vom normalen Schulunterricht nicht erreicht werden und daher andere Unterrichtsformen benötigen. Auch moderne Intelligenztests stehen insoweit in der Tradition des Binet-Tests, als eine größere Zahl an Aufgaben zur Überprüfung bestimmter kognitiver Fähigkeiten vorgegeben und aus der Anzahl an gelösten Aufgaben das Leistungsniveau erschlossen wird.

Die Entwicklung von Intelligenztests und der Intelligenzquotient (IQ)

Für einen Intelligenztest werden Aufgaben bzw. Problemstellungen – je nach Test entweder nur eines Typs oder verschiedener Typen – entwickelt und dann zu Gruppen zusammengestellt. Der Schwierigkeitsgrad reicht dabei von ziemlich einfachen Aufgaben, die von 80 bis 90% der Bevölkerung gelöst werden können, bis hin zu sehr schwierigen Aufgaben, die nur mehr von 10 oder 20% der Bevölkerung richtig beantwortet werden. Durch die Verwendung einer größeren Zahl von Testaufgaben mit breit streuender Schwierigkeit können Personen auf einem weiten Kontinuum angeordnet werden, das von sehr geringer bis zu sehr hoher Intelligenz reicht.

Der eigentliche IQ wird berechnet, indem die Leistung (die Anzahl der gelösten Aufgaben) zum Durchschnitt entweder der gesamten so genannten Normstichprobe (das ist eine für die Bevölkerung eines Landes repräsentative Stichprobe) oder zu einer adäquaten Vergleichsgruppe (z. B. einer bestimmten Altersgruppe: 18- bis 30-Jährige vs. 31- bis 45-Jährige etc.) in Beziehung gesetzt wird (siehe Kasten 4).

Kasten 4: **Zentrale Grundbegriffe der Statistik und psychologischen Diagnostik**

Normstichprobe: beinhaltet die Testergebnisse einer großen Zahl an Personen mit unterschiedlichen Merkmalen, wobei die Verteilung dieser Merkmale (z.B. Geschlecht, Alter, Schulbildung) in der Stichprobe annähernd den Verhältnissen in der Population entsprechen muss.

Population: Grundgesamtheit aller Personen, die ein bestimmtes Merkmal aufweisen, also z.B. die gesamte Bevölkerung eines Landes oder alle Frauen etc.

Standardabweichung (Streuung, s): zeigt an, wie sich Testwerte um den Mittelwert verteilen (wenn s = 0, dann entsprechen alle gemessenen Werte dem Mittelwert). Nur durch

Betrachtung von Mittelwert und Standardabweichung kann man Aussagen über die Verteilung eines Merkmals treffen.

Beispiel: Der Mittelwert der Körpergröße von 3 Personen beträgt 180 cm. Das kann nun sowohl bedeuten, dass alle drei genau 180 cm groß sind, oder aber auch, dass Person A 170 cm, Person B 180 cm und Person C 190 cm misst. Da sich die Standardabweichung aus den Differenzen der Messwerte zum Mittelwert ergibt, würde eine Standardabweichung von $s=0$ bedeuten, dass alle Personen gleich groß sind. Ein Mittelwert von 180 cm zusammen mit einer Standardabweichung von ±10 würde hingegen bedeuten, dass die gemessenen Personen unterschiedlich groß sind, z. B. 170 cm, 180 cm und 190 cm.

Intelligenzquotient (IQ): gibt Auskunft über die Leistung einer einzelnen Person bei einem Intelligenztest, gemessen an der Leistung der Population (bzw. der Normstichprobe, da man im Allgemeinen nicht die vollständigen Ergebnisse einer Population zur Verfügung hat). Dazu wird die Differenz zwischen dem Testwert x, den eine Person erzielt hat, und dem Mittelwert M der Normstichprobe gebildet und zur Streuung s der Testleistung in der Stichprobe relativiert. Um diesen von David Wechsler konzipierten Intelligenzquotienten mit dem früheren Sternschen IQ ([Intelligenzalter/Lebensalter] * 100) vergleichbar zu machen, muss man den erhaltenen Wert mit 15 (Streuung der IQ-Skala) multiplizieren und abschließend 100 (Mittelwert der IQ-Skala) addieren:

$$IQ = 100 + 15 * \frac{x - M}{s}$$

Wenn nun ein 6-jähriges Kind die Aufgaben für ein 8-jähriges Kind lösen kann, hat es einen Stern'schen IQ von 120.

Wenn das Kind bei einem Intelligenztest 63 Punkte (x) erreicht und die durchschnittliche Anzahl (M) der von anderen gleichaltrigen Kindern erreichten Punkte 50 ist und der Test eine Streuung (s) von ± 10 hat, dann ist der IQ nach Wechsler ebenfalls gleich 120 (ganzzahlig gerundet).

Normalverteilung: die Messwerte vieler leicht zu messender menschlicher Eigenschaften wie Körpergröße und Körpergewicht unterliegen einer so genannten Normalverteilung. Wie die folgende Abbildung zeigt, zeichnen sich Normalverteilungen dadurch aus, dass sich die Messwerte symmetrisch um einen mittleren Wert gruppieren, wobei die Mehrzahl der Messwerte in der Nähe des Mittelwertes liegt.

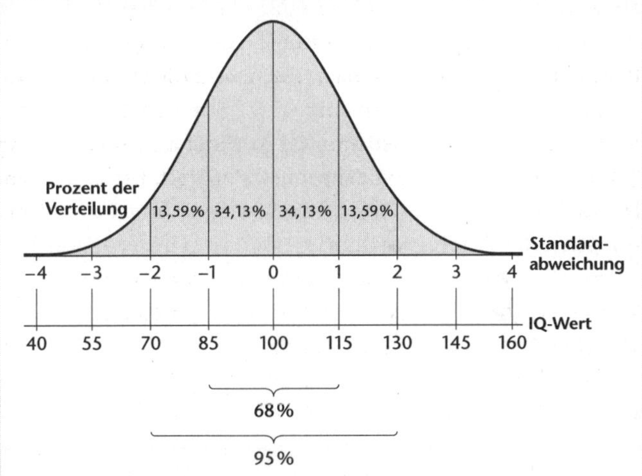

Abbildung 4.1: Verteilung der Intelligenztestleistung

Je weiter ein Messwert vom Mittelwert entfernt ist, umso geringer ist die Anzahl der Individuen, auf die dieser Wert zutrifft. Der mittlere IQ ist nach der Normierung mit 100 festgelegt. Im Bereich zwischen 85 und 115 liegen rund 68 % der Population. Jeweils unterhalb eines IQ von 70 und oberhalb 130 liegen nur mehr rund 2 % der Population.

Intelligenztests liefern also grundsätzlich ein allgemeines quantitatives Maß der Intelligenz von Personen *relativ* zur Intelligenz (altersmäßig) vergleichbarer Personen. Dieses allgemeine quantitative Maß wird als der Intelligenzquotient (IQ) bezeichnet und verteilt sich normalerweise um den Mittelwert 100. Mit anderen Worten: Die Mehrzahl der Testergebnisse liegt in der Nähe des Mittelwertes, und nur wenige Menschen haben einen extrem niedrigen oder extrem hohen Intelligenzquotienten. Die ersten Entwickler von Intelligenztests nahmen eine willkürliche Festlegung vor, die man seitdem beibehalten hat: Ein Wert von 100 wird solchen Personen zugewiesen, deren Testergebnis direkt mit dem für die betreffende Altersgruppe typischen Mittelwert übereinstimmt. Dieser Mittelwert kann sich allerdings im Laufe der Zeit verändern: Beispielsweise hat der neuseeländische Wissenschaftler James Flynn den nach ihm benannten Flynn-Effekt beschrieben, wonach sich der Mittelwert des Intelligenzquotienten seit dem Zweiten Weltkrieg um rund 3 IQ-Punkte pro Dekade nach oben verschoben hat. Daher ist es notwendig, Intelligenztests regelmäßig (spätestens nach 20 Jahren) neu zu »normieren«, das heißt, die Mittelwerte an einer bevölkerungsrepräsentativen Stichprobe neu zu erheben.

In den Intelligenzquotienten geht nicht nur der Mittelwert für bestimmte Tests, sondern auch die *Standardabweichung* bzw. Streuung um diesen Mittelwert ein. Die Standardabweichung ist das Maß der Variation der Messwerte innerhalb einer Verteilung. Gemäß der Definition der Normalverteilung müssen 68 % der Messwerte zwischen einer Standardabweichung unterhalb und einer Standardabweichung oberhalb des Mittelwertes liegen (siehe Abbildung 4.1).

Bei den meisten Intelligenztests beträgt die Standardabweichung 15 Punkte (siehe Abbildung 4.1). Folglich hat ein Mensch, dessen Messergebnis um eine Standardabweichung über dem Mittelwert liegt (und damit über den Messergebnissen von 84 % der Population), einen Intelligenzquotienten von 115, der sich aus dem Mittelwert 100 plus eine Einheit der Standardabweichung von 15 Punkten ergibt. Eine Person mit einem Messergebnis, das um eine Standardabweichung unter dem Mittelwert liegt (und damit nur noch über den Messergebnissen von 16 % der Population), hat dementsprechend einen Intelligenzquotienten von 85 (der Mittelwert 100 minus eine Einheit der Standardabweichung von 15). Aus Abbildung 4.1 geht außerdem hervor, dass die Messwerte von 95 % der Population in einem Bereich liegen, der von zwei Standardabweichungen unterhalb des Mittelwerts bis zwei Standardabweichungen oberhalb des Mittelwerts reicht – das heißt zwischen einem IQ von 70 und einem IQ von 130.

Dieses System hat den großen Vorteil, dass die IQ von Menschen verschiedener Altersstufen – ungeachtet des Wissenszuwachses, der mit der kognitiven Entwicklung im Kindesalter einhergeht – leicht miteinander verglichen werden können. Ein IQ von 130 im Alter von fünf Jahren bedeutet, dass die Messergebnisse des betreffenden Kindes über denen von 98 Prozent der Kinder seiner Altersgruppe liegen; ein IQ von 130 im Alter von 30 Jahren bedeutet genau das Gleiche bezogen auf die Altersgruppe der 30-Jährigen. Diese Eigenschaft des Systems hat die Analyse der Stabilität des IQ über die Zeit wesentlich erleichtert.

Intelligenztests

Intelligenztests für Erwachsene

Intelligenztests für Erwachsene sind ab dem Alter von 14 bis 16 Jahren einsetzbar. Wie bereits erwähnt, ist die Intelligenzentwicklung bei Jugendlichen in diesem Altersbereich im Wesentlichen abgeschlossen, so dass die gleichen Tests eingesetzt werden können wie bei Erwachsenen.

Intelligenztests lassen sich nach verschiedenen Gesichtspunkten klassifizieren. Hier sollen nur die wesentlichen Unterscheidungsmerkmale erörtert werden:

➤ Eindimensionale vs. mehrdimensionale Intelligenztests

Eindimensionale Intelligenztests messen Intelligenz mit Aufgaben nur eines Typs und liefern dann als Ergebnis auch nur einen Gesamtwert in Form eines IQ oder auch eines anderen Normwerts oder in Form eines Prozentrangs, der besagt, dass die Leistung besser als bei x% der Bevölkerung ist bzw. (nur) von 100 – x% der Bevölkerung übertroffen wird. Eine Person mit einem Prozentrang von 98 (entsprechend einem IQ von 130) wäre besser als 98% und schlechter als 2% der Population.

Bei eindimensionalen Intelligenztests handelt es sich zumeist um solche, die relativ gut den Faktor g der Intelligenz im Sinne von Charles Spearman (siehe Kapitel 3) erfassen. Beispiele dafür sind die so genannten Raven-Tests (nach John Carlyle Raven) wie *Coloured-Progressive*-Matrizen, *Standard-Progressive*-Matrizen, *Advanced-Progressive*-Matrizen (die jeweils unterschiedlich schwierige Aufgaben enthalten und dementsprechend für unterschiedliche Begabungsbereiche konzipiert sind: *Coloured* für unterdurchschnittlich Begabte; *Standard* für den Durchschnittsbereich und *Advanced* für den Bereich überdurchschnittlicher Intelligenz). Die Aufgaben in diesen Tests sind alle nach dem in Abbildung 4.2 gezeigten Schema aufgebaut: Die drei mal drei Figuren im oberen Kasten folgen sowohl zeilen- als auch spaltenweise einer Gesetzmäßigkeit, die es zu erschließen gilt. Die Antwort muss durch Ankreuzen einer der vorgeschlagenen Lösungsalternativen a bis f gegeben werden (vgl. auch ähnlich aufgebaute Tests anderer Autoren wie der Wiener Matrizentest, den die österreichischen Psychologen Anton Formann und Karl Piswanger entwickelt haben).

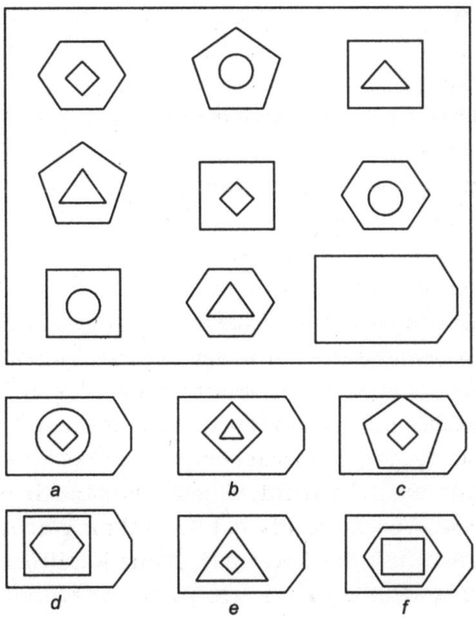

Abbildung 4.2: Aufgabe aus einem Matrizentest
Antwort c ist richtig

Mehrdimensionale oder strukturelle Intelligenztests: Hier werden verschiedenartige Aufgaben in Gruppen zusammengefasst vorgegeben. Mehrdimensionale Tests können beispielsweise verbale Intelligenz, rechnerisch-mathematische Intelligenz und visuell-räumliches Vorstellungsvermögen erfassen oder fast jegliche andere Kombination von mehr oder weniger etablierten Intelligenzfaktoren. Die Konstruktion derartiger Tests orientiert sich häufig an einem bestimmten strukturellen Intelligenzmodell (siehe voriges Kapitel).

Zur Erfassung der verschiedenen Intelligenzdimensionen werden entweder eine Aufgabengruppe (Aufgaben eines Typs mit ansteigender Schwierigkeit) oder auch mehrere Aufgabengruppen (z. B. Gemeinsamkeiten finden, Analogieaufgaben oder Wortschatztests zur Erfassung der verbalen Intelligenz) vorgegeben, wobei die einzelnen Aufgabengruppen vorher separat instruiert, also erklärt werden müssen. Dadurch beanspruchen mehrdimensionale Intelligenztests mit einer Dauer von 90 bis 180 Minuten, gegebenenfalls mit Pausen, mehr Zeit als eindimensionale, die in der Regel 30 bis 60 Minuten dauern. Erstere liefern dafür aber auch eine differenziertere Aussage über die Ausprägung der einzelnen jeweiligen Intelligenzkomponenten wie verbale Intelligenz, numerisch-rechnerische Intelligenz, räumliches Vorstellungsvermögen, gegebenenfalls Gedächtnis und Merkfähigkeit, Einfallsreichtum, Verarbeitungsgeschwindigkeit und andere. Derartige Tests erlauben darüber hinaus die Berechnung einer Gesamtleistung im Sinne eines IQ. Beispiele für strukturelle Intelligenztests sind der IST2000-R (Intelligenzstrukturtest; Amthauer, Brocke, Liepmann und Beauducel), der WIE-III (Wechsler-Intelligenztest für Erwachsene; von Aster, Neubauer und Horn), die ISA (Intelligenzstrukturanalyse; Fay, Trost und Gittler) und der BIS-4-Test (Berliner Intelligenzstrukturtest; Adolf Jäger und Mitarbeiter), um nur einige aktuellere Tests zu benennen.

Die meisten dieser Intelligenztests sind traditionelle so genannte Papier-Bleistift-Tests; das heißt, die Aufgaben werden in einem Testheft dargeboten und die Antworten müssen in ein separates Antwortheft eingetragen werden. Dies macht die Tests im Einsatz sehr ökonomisch, denn sie können in einer Gruppe von Personen gleichzeitig angewendet werden.

Letzteres trifft nicht zu für Tests, bei denen die ProbandInnen auch mit Materialien hantieren müssen, etwa mit Würfeln oder Bildern, die nach einem bestimmten Schema angeordnet werden müssen. Solche Tests können nur im Einzelversuch von einem Psychologen oder einem psychologisch-technischen Assistenten vorgegeben werden, was allerdings den Vorteil hat, dass aus der Verhaltensbeobachtung des Probanden oft wertvolle zusätzliche Informationen (z. B. über die psychomotorische Geschicklichkeit) gewonnen werden können.

Einige der erwähnten Testverfahren sind inzwischen auch für eine Vorgabe über den Computer adaptiert. Dabei werden die Aufgaben zumeist einzeln am Bildschirm dargeboten, und über die Maus wird die Antwort eingegeben bzw. angeklickt. Dem Nachteil zumeist höherer Kosten dieser Testvariante steht vor allem der Vorteil einer automatisierten Auswertung gegenüber. Zudem gibt es spezielle Testverfahren, bei denen die Vorgabe bestimmter Aufgaben von der (richtigen oder falschen) Beantwortung vorhergehender Aufgaben abhängig gemacht wird, eine Möglichkeit, die am Computer naturgemäß viel leichter und effizienter zu realisieren ist. Eine Reihe derartiger Verfahren (Lerntests, Tests für komplexes Problemlösen) sollen im Folgenden vorgestellt werden.

➤ Spezielle Intelligenztests

Unter dieser Kategorie wollen wir alle spezielleren Formen von Intelligenztests behandeln, seien es Tests, die auf der Basis speziellerer Intelligenzkonzeptionen entwickelt wurden (z. B. Informationsverarbeitungstests, Lerntests), oder Tests für Personen mit speziellen Merkmalen (wie Hochbegabung und Minderbegabung oder mentale Retardation):

Informationsverarbeitungstests: So genannte elementar-kognitive Zugänge zur Intelligenz versuchen, das komplexe Phänomen der geistigen Leistungsfähigkeit eines Menschen durch bestimmte Basisprozesse zu erklären. Wie noch im Laufe des folgenden Kapitels zu zeigen ist, wird bei einem derartigen Ansatz angenommen, dass die Geschwindigkeit der menschlichen Informationsverarbeitung die grundlegende Komponente für individuelle Unterschiede im komplexeren Denken ist. Man geht also davon aus, dass intelligentere Menschen mehr Informationen pro Zeiteinheit aufnehmen und verarbeiten können (gleichsam eine höhere Taktrate haben, wie ein schnellerer Computer) als weniger intelligente Menschen. Auf der Basis dieser Konzeption (bei der sonst bevorzugt mit computergestützten Reaktionszeittests gearbeitet wird) sind auch einige Papier-Bleistift-Tests entwickelt worden, bei denen zumeist ganz einfache kognitive Operationen durchzuführen sind, wie der Zahlenverbindungstest (ZVT) von Wolf Oswald und Erwin Roth, bei dem zufällig auf einem Blatt angeordnete Zahlen von 1 bis 90 mit einem Stift so schnell wie möglich miteinander verbunden werden sollen; er ist vermutlich der bekannteste derartige Test. Der wesentliche Vorteil der Tests für Verarbeitungsgeschwindigkeit ist ihre zumeist sehr ökonomische Anwendung: Sie dauern oft nur 10 bis 15 Minuten und können für spezielle (z.B. neuropsychologische) Fragestellungen durchaus interessante Informationen liefern. Zur Abschätzung einer allgemeinen kognitiven Leistungsfähigkeit sind sie aufgrund der speziellen theoretischen Konzeption aber nur bedingt geeignet.

Lerntests: An herkömmlichen Intelligenztests wird oft deren Bildungsabhängigkeit kritisiert; Personen, die unter schlechten sozioökonomischen Bedingungen aufwachsen, werden bei diesen Verfahren, vor allem wenn sie stark sprachabhängig sind, eher benachteiligt. Eine Lösung dieses Problems stellen Lerntests in Aussicht. Nicht der Intelligenzstatus einer Person wird gemessen, sondern ihr Lernpotenzial. Hierfür erfasst man in einem Prätest zunächst den Status der kognitiven Leistungsfähigkeit einer Person, unterzieht sie dann einem mehr oder weniger kurzen Training in der betreffenden Fähigkeit und stellt anschließend in einem Posttest das Ausmaß der Leistungsverbesserung durch das Training fest. Vor allem Personen, die beim Prätest eher schlecht abschnitten, sich nach dem Training aber deutlich verbessern konnten, wird ein großes Lernpotenzial zugeschrieben. Ob und inwieweit auf der Basis der Diagnostik des Lernpotenzials bessere Vorhersagen des Erfolgs in Schule, (Berufs-)Ausbildung und Beruf möglich sind, ist Gegenstand gegenwärtiger Forschungsbemühungen. Aktuell verfügbare Tests zur Messung des Lernpotenzials sind in der von den früher an der Universität Leipzig tätigen Psychologen Jürgen Guthke und Jens Beckmann entwickelten Testbatterie ACIL enthalten, die Lerntests zum analogen Schlussfolgern im verbalen, im numerischen und im figural-räumlichen Bereich umfasst.

Komplexes Problemlösen: Des Weiteren wird an konventionellen Intelligenztests häufig kritisiert, sie hätten nur wenig Bedeutung für das Lösen realer (Alltags-)Probleme, die oft viel uneindeutiger seien, da es nicht eine korrekte Lösung für ein klar definiertes Problem gebe, sondern ein komplexes System mit vielen (teils nicht linear verknüpften) Variablen im Hinblick auf ein bestimmtes Ziel gesteuert werden müsse. Klassische Beispiele für das Lösen komplexer Probleme sind die Computersimulation *Lohausen* des Bamberger Psychologen Dietrich Dörner und die *Schneiderwerkstatt* von Wiebke Putz-Osterloh von der Universität Bayreuth (weiterentwickelt vom Heidelberger Psychologen Joachim Funke). Bei Ersterem gilt es, in der Rolle eines Bürgermeisters eine Stadt (eben Lohausen) zu regieren, bei Letzterem, eine Schneiderwerkstatt zu managen. Eingriffe in einzelne Systemvariablen (z. B. Förderung des Fremdenverkehrs auf Kosten der Industrie) haben (oft vielfältige und auch nicht-lineare) Auswirkungen auf eine größere Zahl anderer Systemvariablen und müssen so gesteuert werden, dass auch über längere (simulierte) Zeiträume von mehreren Jahren hinweg das betreffende System (die Stadt oder der Betrieb) funktionsfähig bleibt und gleichzeitig die Zufriedenheit der Bürger bzw. Mitarbeiter auf akzeptablem Niveau gehalten wird. Nach anfänglichen Problemen, bei diesem Forschungsansatz sinnvolle Indikatoren für die Fähigkeit zum komplexen Problemlösen bzw. zum vernetzten Denken zu finden, führen neuere komplexe Problemlöseszenarien (wie die oben genannte »Schneiderwerkstatt«) zu Ergebnissen, die eine Bereicherung der klassischen Intelligenzforschung in Aussicht stellen.

Intelligenztests für spezielle Begabungsbereiche: Die meisten auf dem Markt befindlichen Intelligenztests sind primär dafür konzipiert, IQ im Bereich von 70 bis 130 gut und genau zu messen; für darunter- oder darüberliegende IQ sind sie nicht mehr so zuverlässig bzw. exakt, da die Tests für diese Zwecke zu wenig sehr leichte oder sehr schwere Aufgaben enthalten. Für die Diagnostik besonders hoher oder besonders niedriger Intelligenz werden daher meist speziellere Verfahren eingesetzt, die entweder besonders leichte Aufgaben (für den Bereich der Minderbegabung) oder vor allem sehr schwierige Aufgaben (für den Bereich überdurchschnittlicher Intelligenz) enthalten. Beispiele für derartige Tests sind die oben erwähnten *Coloured-Progressive*-Matrizen (für weniger begabte Personen) und die *Advanced-Progressive*-Matrizen (für überdurchschnittlich begabte Personen), beides Matrizentests mit reduzierter sprachlicher Komponente, das heißt, lediglich die Instruktion ist sprachlich, nicht aber die Aufgaben selbst. Eine ganz neue Entwicklung ist die spezielle Hochbegabungsversion des bereits erwähnten Berliner Intelligenzstrukturtests für Hochbegabte (BIS-HB) .

Intelligenz äußert sich in den verschiedenen Abschnitten der kognitiven Entwicklung des Menschen auf unterschiedliche Weisen. Beispielsweise kann man sich bei sechs Monate alten Kindern noch nicht auf deren Sprachvermögen beziehen, um ihre Intelligenz zu charakterisieren, weil sie zu diesem Zeitpunkt Wörter weder verstehen noch selbst erzeugen können. Im Alter von sechs Jahren hingegen ist die Sprachfähigkeit ein wesentlicher Aspekt der Intelligenz von Kindern. Intelligenztests müssen diese Altersunterschiede also berücksichtigen. Im Hinblick auf die enorme Entwicklung der kognitiven Fähigkeiten in den ersten 15 Lebensjahren eines Menschen erscheint es daher nahe liegend, dass man Intelligenz nicht über alle Altersstufen hinweg mit den gleichen Aufgaben bzw. Aufgabenarten messen kann. Zumeist werden Intelligenztests für Kinder daher entweder für das Vorschul- bzw. Kindergartenalter oder für das Schulalter und die Adoleszenz entwickelt. Vor dem Kindergartenalter kann die kognitive Leistungsfähigkeit aufgrund der noch geringen Sprachentwicklung nur mittels gänzlich anderer Verfahren, so genannter *Habituationstests*, gemessen werden (mehr dazu in Kapitel 8).

Einer der bekanntesten Tests für das Vorschulalter ist der Stanford-Binet-Intelligenztest (deutsche Version von Lückert; vgl. auch Roid), der ursprünglich von Alfred Binet entwickelt wurde. Hier müssen zum Beispiel zwei Jahre alte Kinder Objekte identifizieren, die mit Strichzeichnungen skizziert wurden (ein Test zur Objekterkennung), Objekte wiedererkennen, die zuvor vor ihren Augen versteckt wurden (ein Test zum Lernen und zur Gedächtnisleistung), und Objekte in Löcher mit der richtigen Form stecken (ein Test zur Wahrnehmungsfähigkeit und zur motorischen Koordination). Bei der Testversion für 10-Jährige hingegen müssen die Kinder Wörter definieren (ein Test ihrer sprachlichen Fähigkeiten), erklären, warum bestimmte Institutionen existieren (ein Test ihres allgemeinen

Wissens und ihrer Argumentationsfähigkeit), und die Zahl der Klötze in einer Darstellung ermitteln, bei der das Vorhandensein mancher Klötze erst erschlossen werden muss, weil sie verdeckt sind (ein Test der Fähigkeit zum Problemlösen und zum schlussfolgernden Denken).

Intelligenztests für den Vorschulbereich können ab etwa 4 Jahren (manche auch schon ab etwa zwei Jahren) und bis zum Alter von maximal sieben Jahren eingesetzt werden. Einige derartige Verfahren, wie der »Kognitive-Fähigkeits-Test – Kindergartenform« (KFT-K) des Münchner Psychologen Kurt Heller (zusammen mit H.-J. Geisler) und der Hamburg-Wechsler-Intelligenztest für das Vorschulalter (HAWIVA, von Annemarie Fritz-Stratmann et al.), erlauben zum Teil eine differenzierte Überprüfung der kognitiven Leistungsfähigkeit, indem (beim KFT-K) beispielsweise Sprachverständnis, Beziehungserkennen, schlussfolgerndes Denken und rechnerisches Denken überprüft werden. Geht es hingegen um eine eher sprachunabhängige Messung der Intelligenz (die weniger bildungsabhängig sein sollte), so stehen für diesen Altersbereich auch Matrizentests wie die *Coloured-Progressive*-Matrizen zur Verfügung (ab 4 Jahre und neun Monate), ein Test, der auch im Erwachsenenalter eingesetzt werden kann, um im unteren Leistungsbereich (mentale Retardierung) zu differenzieren.

Intelligenztests für Schulkinder und Jugendliche

Intelligenztests, die ab dem Schulalter einsetzbar sind, können sich bereits stärker auf das Sprachvermögen beziehen. Sie finden bei ca. 6- bis 16-Jährigen Anwendung. Der für diese Altersklasse vielleicht am häufigsten verwendete Intelligenztest ist der *Hamburg-Wechsler-Intelligenz-Test für Kinder* (HAWIK; herausgegeben vom Hannoveraner Psychologen Uwe Tewes, Peter Rossmann aus Graz und Urs Schallberger aus Zürich). Dieser Test gliedert sich in einen sprachlichen Teil, der sich auf das Allgemeinwissen und das Sprachvermögen konzentriert, und einen handlungsbezogenen Teil, der sich vor allem auf das räumliche Vorstellungsvermögen und auf die Wahrnehmungsfähigkeit richtet. Beide Teile umfassen je sechs einzelne Tests. Die folgenden Beispiele (nicht aus dem Originaltest) sollen veranschaulichen, welche Arten von Fragen für diese Tests typisch sind.

Sprachliche Tests des HAWIK:
Allgemeinwissen: »Wie viele Zentimeter hat ein Meter?«, »Wie heißt die Hauptstadt von Spanien?«
Begriffswissen: »Was ist ein Segelflugzeug?«, »Was ist eine Ehe?«
Ähnlichkeiten: »In welcher Hinsicht sind sich ein Schraubenzieher und eine Säge ähnlich?«
Mathematik: »Hans hat 9 Äpfel und gibt davon 4 seinen Freunden; wie viele Äpfel bleiben ihm?«
Verstehen: »Warum hat jedes Land eine Regierung?«, »Warum haben wir Gerichte?«
Aufmerksamkeitsspanne: »Wiederhole die folgenden Zahlen in der richtigen Reihenfolge, sobald ich fertig bin: 4, 2, 8, 5, 7.«

Handlungs-Teil des HAWIK:
Vervollständigung von Bildern: Den Kindern wird zum Beispiel das Bild eines Schuhs ohne Schnürsenkel gezeigt, und sie werden gefragt: »Welcher Teil fehlt auf diesem Bild?«
Bildanordnung: Die Kinder werden aufgefordert, einzelne Bilder mit verschiedenen Szenen so anzuordnen, dass sie eine kohärente Geschichte ergeben.
Bauen mit Klötzen: Den Kindern werden beispielsweise 9 Würfel gezeigt, von denen jeder 2 rote und 2 weiße Seiten sowie jeweils eine Seite mit einem roten und einem weißen Dreieck hat. Anschließend wird ihnen ein Bild von einem auf der Spitze stehenden roten Viereck gezeigt, und sie

werden aufgefordert, die Würfel so anzuordnen, dass sie dem Bild entsprechen.
Zusammenbauen von Objekten: Den Kindern werden Puzzleteile präsentiert, auf denen Teile alltäglicher Gegenstände (z.B. eines Fahrrads) zu sehen sind. Anschließend werden die Kinder aufgefordert, diese Teile so zusammenzusetzen, dass sie ganze Objekte ergeben.
Kodierung: Den Kindern werden auf einem Blatt Papier 100 kleine geometrische Figuren gezeigt: beispielsweise 25 Vierecke, 25 Kreise, 25 Dreiecke und 25 Rauten. Ihre Anordnung ist völlig zufällig. Wenn die Kinder eine bestimmte geometrische Figur sehen, müssen sie ein bestimmtes Symbol daruntersetzen. Das Ziel ist, in einer bestimmten Zeitspanne unter möglichst viele der Figuren je ein Symbol zu setzen.
Orientierungsvermögen: Man gibt den Kindern auf Papier ausgedruckte Irrgärten, und sie müssen einzeichnen, wie man aus ihnen herauskommt.

Wie an der Vielfalt der Aufgaben zu sehen ist, kann der HAWIK-Test Intelligenz auf unterschiedlichen Ebenen messen. Der Sprachteil ermittelt eher das, was im vorangegangenen Teil als kristallisierte Intelligenz bezeichnet wurde, der Handlungsteil eher Komponenten der fluiden Intelligenz. Auch die sieben grundlegenden Primärfähigkeiten der Intelligenz nach Thurstone lassen sich in den einzelnen Tests wiederfinden. Zusammengefasst messen sie die allgemeine Intelligenz, also »g« *(general cognitive ability)*.

Der HAWIK ist der bekannteste unter den Intelligenztests für Kinder und Jugendliche. Die gleiche Testkonzeption wie der HAWIK, wenn auch bei kürzerer Vorgabedauer, verfolgt das »Adaptive Intelligenzdiagnostikum« (AID-2; entwickelt von den Wiener Psychologen Karl Kubinger und Elisabeth Wurst). Beim so genannten adaptiven Testen ist die Testdauer kürzer und man erzielt damit eine größere Testökonomie. Dabei werden nicht immer alle Aufgaben vorgegeben, sondern – nach einem kurzen anfänglichen Screening der grundlegenden Leistungsfähigkeit – nur solche Aufgaben, die im Bereich der vermuteten Leistungsfähigkeit einer Person besonders gut differenzieren; dadurch ist ein ökonomisches und auch für die Probanden stärker motivierendes Testen möglich.

Weitere bekannte Tests für Schulkinder und Jugendliche sind die Kognitive-Fähigkeits-Tests (KFT) des Münchner Psychologen Kurt A. Heller. Der KFT 1–3 ist ein struktureller Intelligenztest für die Schüler der 1. bis 3. Klassen, der die Teilbereiche Sprachverständnis, Beziehungserkennen, schlussfolgerndes und rechnerisches Denken erfasst. Der KFT 4–12+R dient zur differenzierten Intelligenzdiagnostik bei Schülern der 4. bis 12. Klassen, wobei sprachliches, numerisches und anschauungsgebundenes (figurales) Denken erfasst werden.

Diese und weitere Tests kann man also einerseits einsetzen, wenn es um die allgemeine geistige Leistungsfähigkeit eines Kindes oder Jugendlichen geht, andererseits aber auch, um sich über dessen geistige Leistungsfähigkeit in unterschiedlichen Inhaltsbereichen zu informieren. Sind relative Stärken und Schwächen eher im sprachlichen oder eher im mathematischen Bereich zu finden? Hohe Werte im Handlungsteil oder in anschauungsgebundenem Denken und ein niedriger Wert im sprachlichen Teil können dafür sprechen, dass ein Kind ein gutes Intelligenzpotenzial besitzt, aber keine angemessene Förderung erhält.

Eine ausführliche oder gar erschöpfende Vorstellung von deutschsprachigen Intelligenztests würde den Rahmen dieses Buchs sprengen; für nähere Informationen sei der interessierte Leser auf das einschlägige Lehrbuch zur psychologischen Diagnostik vom Wiener Psychologen Klaus Kubinger sowie auf diverse Handbücher psychologischer und pädagogischer Tests, die von Kurt Heller, Heinz Holling und Franz Petermann herausgegeben wurden, verwiesen.

Die Nützlichkeit von Intelligenztests für Kinder und Jugendliche

Der Intelligenzmessung und dem IQ wird in Kontinentaleuropa und den USA eine unterschiedlich große Bedeutung beigemessen. Während sie in Europa bei Kindern und Jugendlichen nur eine geringe Rolle spielen, werden in den USA Studienplätze etwa nach dem IQ-Wert vergeben (obgleich er dort nicht so bezeichnet wird; man spricht dort von *scholastic aptitude*). Bei uns hingegen spielt der IQ vorwiegend in der Diagnostik der Extrembereiche eine Rolle (z. B. Zuweisung zur Sonderschule oder Maßnahmen der Hochbegabtenförderung). Schulpsychologische Beratungsstellen nehmen Intelligenzmessungen vor allem bei Kindern mit Schulschwierigkeiten vor, um herauszufinden, ob sich diese auf Defizite in der geistigen Leistungsfähigkeit zurückführen lassen oder das Kind vielleicht eher Probleme mit der Motivation hat. Auch bei der Ermittlung von Teilleistungsstörungen können IQ-Tests hilfreich sein. Hat ein Kind zum Beispiel sehr große Schwierigkeiten mit dem Zählen, schneidet in den anderen Tests aber durchschnittlich ab, spricht dies für eine spezifische Rechenstörung. Weitere Einsatzbereiche werden weiter unten noch ausführlicher erörtert.

Kinder aus so genannten bildungsfernen Schichten sind bei Intelligenztests und ähnlichen psychologischen Untersuchungen eher im Nachteil. Der Umgang mit schriftlichem Material ist ihnen weniger vertraut. Ihr IQ wird möglicherweise unterschätzt. Um dem entgegenzuwirken, können die bereits oben angesprochenen Lerntests verwendet werden. Hier dürfen die Kinder den Umgang mit den Tests zunächst üben, und erst dann wird die Messung vorgenommen. Zwar können alle Kinder ihre Leistung durch Üben verbessern, aber sie tun es in unterschiedlichem Maße. In dem Fall wird der Übungsfortschritt als Indikator für die Intelligenz herangezogen.

Die Nützlichkeit von Intelligenztests für Erwachsene

Intelligenztests für Erwachsene und deren Einsatz in verschiedenen Gebieten werden immer wieder kritisiert. Einige immer wieder vorgebrachte Argumente lauten:

1. Intelligenztests sind stark bildungsabhängig.
2. Sie spiegeln nur die momentane Leistungsfähigkeit wider, nicht das allgemeine Potenzial einer Person.
3. Sie sind wenig aussagekräftig, wenn es darum geht, Erfolg in Schule, Ausbildung oder Beruf vorherzusagen.
4. Intelligenztests messen nur eine eingeschränkte Fähigkeit, nämlich die zum kognitiven Denken; viel wichtiger seien aber praktische, soziale, emotionale Begabungen. Oder die Persönlichkeit und der »Charakter« eines Menschen seien ohnehin wichtiger als seine Fähigkeiten oder Begabungen.
5. Fähigkeitsannahmen betonen das Statische am und im Menschen; sie gehen nicht von der positiven Sichtweise einer Veränderbarkeit des Menschen aus.

Auf der Basis zahlreicher empirischer Befunde aus der einschlägigen psychologischen bzw. psychodiagnostischen Forschung lassen sich die meisten dieser Kritikpunkte eindeutig entkräften. Zu den Punkten im Einzelnen:

Ad 1: *Intelligenztests sind stark bildungsabhängig:* Dies sollte kein Problem bei Intelligenztests sein; es stehen durchaus Alternativen in Form von sprachreduzierten Verfahren oder Verfahren, die bevorzugt fluide Intelligenzaspekte (vgl. Kapitel 3) messen, zur Verfügung (z. B. die bereits mehrfach erwähnten Matrizentests oder auch die Tests für die Geschwindigkeit der Informationsverarbeitung, siehe oben).

Ad 2: *Intelligenztests spiegeln nur die momentane Leistungsfähigkeit wider, nicht das allgemeine Potenzial einer Person:* Intelligenztestergebnisse sind – wie noch zu zeigen sein wird – auch über lange Zeiträume erstaunlich stabil und werden nur wenig von unterschiedlichen Durchführungsbedingungen beeinflusst. Voraussetzung ist allerdings grundsätzlich, dass die getestete

Person hoch motiviert und in guter psychischer und physischer Verfassung ist.

Ad 3 und 4: *Intelligenztests können schulischen und beruflichen Erfolg nicht gut vorhersagen, da andere Begabungen oder die »Persönlichkeit« wichtiger sind:* Die hier angesprochene Frage betrifft die Validität (Gültigkeit) eines psychologischen Tests. Valide bzw. von hoher Validität ist ein Test dann, wenn er empirisch nachweislich hohe statistische Zusammenhänge mit einem (ausbildungs- oder berufs-)relevanten Realverhalten zeigt (z. B. mit dem erreichten Schulabschluss, mit Schulnoten innerhalb eines Schultyps, mit Vorgesetztenbeurteilungen, Verkaufserfolg und vieles mehr). Mehrere groß angelegte Studien, so genannte Meta-Analysen, zeigen übereinstimmend, dass Intelligenztests zu den validesten psychodiagnostischen Verfahren in der Psychologie gehören, vor allem wenn es um die Vorhersage von schulischen Leistungen geht. So berichten die skandinavischen Psychologen Jan-Eric Gustafsson und Johan Olav Undheim aus ihrer Meta-Analyse eine mittlere Korrelation zwischen Intelligenztestergebnissen und Schulleistungen um $r = .5$. Vereinzelt werden sogar noch höhere Zusammenhänge belegt (einen guten Überblick liefert Heinz-Martin Süß). Noch höher korreliert Intelligenz gar mit der Schulbesuchsdauer (ca. $r = .7$) und mit der Höhe der Schulabschlüsse (ca. $r = .5 - .7$; siehe Ceci; Ceci und Williams; Fraser et al.). Insgesamt gehören die für den Zusammenhang zwischen Intelligenz und Schulerfolg berichteten Korrelationen zu den höchsten, die man in der empirischen Psychologie überhaupt findet. Ähnliches gilt, mit nur geringfügiger Einschränkung, auch für die Vorhersage des beruflichen Erfolgs eines Menschen. Studien, die Intelligenztestergebnisse mit Indikatoren des beruflichen Erfolgs in Beziehung setzen, berichten etwas geringere, aber immer noch überdurchschnittlich hohe Korrelationskoeffizienten: Die Korrelationen liegen hier im Bereich von über $r = .3$ bis $r = .5$ (wie die amerikanischen Wissenschaftler Frank Schmidt und John Hunter herausfanden). Zudem zeigt die letztgenannte Meta-Analyse, dass es neben der Intelligenz oft nur wenige andere psychologische Variablen oder Merkmale gibt, anhand deren sich die Zuverlässigkeit der Vorhersage des beruflichen Erfolgs zusätzlich (*inkrementell*) noch signifikant, also statistisch überzufällig erhöhen lässt.

Berichte über eine mangelhafte Vorhersagequalität von Intelligenztests sind meistens darauf zurückzuführen, dass bereits hoch selegierte Berufsgruppen untersucht wurden. Zum Beispiel ist bei Personengruppen, die im Hinblick auf ihre Intelligenz direkt oder indirekt vorausgewählt worden sind (etwa Akademiker), die Vorhersage des Berufserfolgs nur mehr mäßig, was aber wenig verwundert: Wenn jemand ein Studium erfolgreich abgeschlossen hat, wird er/sie das nicht zuletzt auf der Grundlage einer gewissen Intelligenz geschafft haben; für den beruflichen Erfolg spielen dann aber andere Merkmale – Kreativität, Motivation und Persönlichkeit – eine größere Rolle und erlauben etwas bessere Vorhersagen. Auch sollte nicht außer Acht gelassen werden, dass bei der Auswahl von Mitarbeitern eine »Koalition der Mittelmäßigkeit« dominiert. Intellektuell herausragende Personen werden als unliebsame Konkurrenz empfunden und deshalb beim beruflichen Ein- und Aufstieg behindert.

Zudem zeigen immer mehr Studien, dass Intelligenz nicht nur eine Bedeutung für den beruflichen Erfolg, sondern für den Lebenserfolg im weitesten Sinne hat. Hohe Intelligenz geht einher mit geringerer Neigung zu Kriminalität und Delinquenz, Alkoholismus, Unfällen. Intelligentere Frauen haben weniger ungewollte Schwangerschaften und auch weniger Abtreibungen.

Speziell zu Kritikpunkt 4 sei noch erwähnt, dass bislang alle Versuche, andere »Intelligenzen« in die Psychologie einzuführen und messbar zu machen, entweder als gescheitert gelten müssen (Howard Gardners kinästhetische, spirituelle und ökologische Intelligenz) oder (nach wie vor) mit massiven

Problemen der Definition und Messung behaftet sind (soziale und emotionale Intelligenz). Auf obskure Vorschläge wie sexuelle Intelligenz etc. sei hier gar nicht eingegangen.

Ad 5: *Intelligenztestergebnisse betonen das Statische am Menschen und spiegeln nicht seine Veränderungspotenziale wider:* Wie in den folgenden Abschnitten zu zeigen sein wird, ist diese Annahme zu hinterfragen. Intelligenz – obgleich zu einem erheblichen Teil auch genetisch determiniert – ist nicht etwas völlig oder weitgehend Unveränderliches. Vielmehr geht es bei Intelligenztests auch darum, Menschen ihre Potenziale aufzuzeigen und ihnen nahezubringen, wofür sie beruflich etc. geeignet sein könnten. Nur wer den Anforderungen eines Berufs gewachsen, aber auch nicht durch sie unterfordert ist, wird auf Dauer eine hohe berufliche und somit auch hohe Lebenszufriedenheit insgesamt entwickeln. Sich mit seinen Stärken und Schwächen auseinanderzusetzen und zu versuchen, die berufliche Karriere auf den Stärken zu begründen und die Schwächen, so gut es geht, durch (Nach-)Schulungsmaßnahmen, Training etc. zu kompensieren, ist schon um des persönlichen Wohlbefindens willen sinnvoll.

Darüber hinaus stellt sich die Frage, ob die Annahme einer beliebigen Veränderbarkeit des Menschen nicht auch einen etwas verklärten Mythos darstellt, den es zu entmystifizieren gilt. Stabilität im menschlichen Verhalten schafft Vorhersagbarkeit und damit Sicherheit im Privat- wie auch im Berufsleben! Wer möchte schon mit einem Partner zusammenleben, der jeden Tag eine neue Persönlichkeit an den Tag legt; wer möchte jemanden zum Freund haben, der sich einen Tag so und am anderen Tag völlig konträr dazu verhält? Welcher Chef möchte Mitarbeiter haben, die an einem Tag eine Aufgabe bravourös bewältigen und am nächsten Tag keinerlei Anstalten machen, die Aufgabe überhaupt anzupacken?

Die Chancen und Grenzen der Veränderbarkeit hängen unmittelbar auch mit der Frage nach den Ursachen von Intelligenz- und Begabungsunterschieden zusammen, und hier vor allem mit der Frage nach dem Einfluss unserer Gene im Vergleich zu dem der Umwelt (vgl. Kapitel 5).

Die Vorhersage von allgemeinem Lebenserfolg durch Intelligenztests

Obgleich Intelligenztests Anfang des 20. Jahrhunderts ursprünglich dazu entwickelt wurden, Kinder bestimmten Schultypen zuweisen zu können und schulischen oder beruflichen Erfolg vorherzusagen, stellte sich in jüngeren Forschungsarbeiten der letzten 20 Jahre heraus, dass höhere Intelligenz nicht nur mit Ausbildungs- und beruflichen Erfolgen einhergeht, sondern auch einen Vorteil für die Entwicklung eines körperlich und seelisch gesunden und damit zufriedenen Lebens darstellen dürfte. Intelligentere Menschen sind (vor allem im höheren und hohen Alter) gesünder, sie erleiden weniger Unfälle und weisen insgesamt eine höhere Lebenserwartung auf.

So hat beispielsweise die äußerst beachtenswerte Längsschnittanalyse der schottischen Psychologen Lawrence Whalley und Ian Deary an einer großen Stichprobe von fast 3000 im Jahre 1932 im Alter von elf Jahren getesteten Schotten gezeigt, dass sich die Lebensdauer aus der vor fast 70 Jahren gemessenen Intelligenz signifikant vorhersagen ließ. Das längere Leben intelligenterer Menschen ist mit ihrem Gesundheitsverständnis und dem daraus resultierenden Gesundheitsverhalten zu erklären. Sie sind zumeist besser über gesundheitsrelevantes bzw. gesundheitsschädigendes Verhalten informiert, leben deshalb gesünder (essen weniger Fett und Zucker, rauchen weniger oder hören eher damit auf, trinken weniger Alkohol etc.), gehen regelmäßiger zum Arzt und befolgen eher dessen Therapieratschläge bzw. -maßnahmen (vgl. auch die Übersicht des Magdeburger Psychologen Heiner Rindermann).

Daneben ist Intelligenz (bzw. eine geringe Ausprägung derselben) auch bedeutsam für Aspekte negativer Lebensentwicklung: Jugendliche (juvenile) Delinquenz, aber auch Kriminalität im Erwachsenenalter, die Wahrscheinlichkeit einer HIV-Infektion, Leben in Armut, Sozialhilfebezug, Arbeitslosigkeit, ungewollte Schwangerschaften sind deutlich mit geringeren IQ assoziiert, wie der amerikanische Wissenschaftler Robert Gordon herausfand.

Obgleich Zusammenhänge zwischen Intelligenz und Indikatoren des Lebenserfolgs in verschiedenen Studien recht konsistent nachgewiesen werden konnten, sollten einige Einschränkungen nicht unerwähnt bleiben:

- Die Effekte (Höhe der Korrelationen) sind – verglichen mit denen zwischen Intelligenz und Ausbildungs-/Berufserfolg – in der Regel doch deutlich geringer (im Bereich .10 bis .20, gemäß einer aktuellen Übersicht von Heiner Rindermann).
- Es ist empirisch noch nicht geklärt, inwieweit positive Effekte von Intelligenz auf Gesundheit/Lebenserfolg/Lebenserwartung *direkt* über ein besseres Lernen von gesundheitsrelevantem Wissen bzw. Verstehen der gesundheitsrelevanten Mechanismen zustande kommen oder ob nicht intelligenzunabhängige, aber mit der sozialen Schicht variierende *Lebensstile* für die Zusammenhänge verantwortlich sind. Höhere Schichten (in denen sich im Schnitt auch intelligentere Menschen finden) ernähren sich – unabhängig vom Wissen – traditionell gesünder, und dies allein könnte für die höhere Lebenserwartung intelligenterer Menschen verantwortlich sein. Teil dieser Lebensstile könnten auch unterschiedliche Wertehierarchien sein, etwa in dem Sinne, dass längerfristige Gesundheit und ein langes Leben höher bewertet werden als die unmittelbare Bedürfnisbefriedigung.
- Intelligentere Menschen profitieren vom Matthäus-Effekt (nach dem Satz aus dem Matthäus-Evangelium »Wer hat, dem wird gegeben«). Sie erreichen im Mittel höhere Ausbildungsabschlüsse, was ihnen in der Folge ein höheres Einkommen beschert, welches wiederum für bessere Ernährung,

mehr und bessere Gesundheitsvorsorge und Krankheitsbehandlung (private Krankenversicherung, bessere Ärzte, teurere Medikamente etc.) ausgegeben wird. Zudem arbeiten Akademiker und Angestellte zumeist in weniger ungesunden und weniger – im Sinne von Arbeitsunfällen – gefährlichen Berufen. Intelligenz wirkt damit zwar nicht direkt auf Gesundheit und Lebensdauer, aber indirekt über den so genannten *Sozialisationserfolg*.

– Obgleich diese Einwände die Bedeutsamkeit der Intelligenz als *direkte* Erklärung für den *allgemeinen Lebenserfolg* etwas einschränken, bestehen dennoch Zusammenhänge, die einen Vorteil höherer Intelligenz im Hinblick auf ein langes, gesundes und zufriedenes Leben nahelegen. Dies gilt, wie jüngere Studien zeigen, nicht nur auf der Ebene des Individuums, sondern auch für Gesellschaften: Das mittlere Intelligenzniveau eines Landes und sein Bruttosozialprodukt korrelieren positiv miteinander: Je höher die mittlere Intelligenz eines Landes, desto höher ist auch das Bruttosozialprodukt (r=.37 nach dem niederländischen Psychologen Fons van de Vijver und .65 nach dem Iren Richard Lynn und dem Finnen Tatu Vanhanen). Aber auch bei dieser Interpretation ist Vorsicht angebracht: Vielleicht investieren die wohlhabenderen Volkswirtschaften einfach nur mehr in ihre Schul- und sonstigen Ausbildungssysteme, und dies führt in der Folge zu höheren gemessenen IQ in diesen Ländern. Wissenschaftliche Studien, die diese sehr komplexen Wirkungsgefüge analysieren, stehen noch aus. In Kapitel 8 werden die Befunde zur Altersentwicklung noch einmal aufgegriffen. Es wird dort vor allem um die Frage gehen, inwiefern die Zusammenhänge zwischen IQ und Lebensqualität im Alter gezielt durch die Lebensführung steuerbar sind.

Wozu brauchen wir überhaupt Intelligenztests?

Generell gehören Intelligenztests zu den psychologischen Testverfahren mit der längsten Forschungstradition. Wie in diesem Kapitel dargelegt wurde, gibt es Intelligenztests im heutigen Sinne bereits seit rund 100 Jahren, und auch heute noch werden sie – entsprechend ihrem ursprünglichen Zweck – von Schulpsychologen zur Abklärung von Fragen der Schultypzuweisung eingesetzt. Intelligenztests für Kinder werden aber auch herangezogen, wenn es in Grenzfällen um Fragen der früheren oder späteren Einschulung geht (Hat ein Kind schon die erforderliche geistige Reife, um in die Schule zu gehen, oder sollte das Kind besser noch ein Jahr die Vorschule besuchen?). Wie in Kapitel 9 noch zu zeigen sein wird, werden Intelligenztests aber auch bei »Verdacht auf Hochbegabung« zur Abklärung der Frage einer vorzeitigen Einschulung (ein Jahr vor dem regulären Schulbeginn) dort eingesetzt, wo die gesetzliche Möglichkeit hierzu gegeben ist, wie neuerdings in Österreich. Auch bei der Frage, ob im Laufe des Schulbesuchs bei Verdacht auf Hochbegabung eine Klasse übersprungen werden kann, liefern Intelligenztests nützliche Anhaltspunkte.

Im Bereich der Kinder- und Jugendpsychologie wäre schließlich – in Grenzfällen – noch die Frage des künftigen Schulbesuchs (Gymnasium oder andere Schulform) eine sinnvolle Einsatzmöglichkeit.

Für all diese Entscheidungen holt ein sachverständiger Psychologe selbstverständlich auch andere Informationen ein: Wie ist die Reife im Sozialverhalten? Liegt möglicherweise eine andere Syndromatik vor, wie Legasthenie oder das Aufmerksamkeits-Defizit-Hyperaktivitäts-Syndrom (ADHS), die das wahre intellektuelle Potenzial eines Kindes verschleiert, so dass es kognitiv weniger leistungsfähig erscheint, als es tatsächlich ist? Auch das familiäre Umfeld wird mit einbezogen werden. Psychologische Diagnostik und Begutachtung ist mit dem Zusammensetzen eines Puzzlespiels vergleichbar: Der Psychologe versucht, ein möglichst realitätsgetreues Bild seines Probanden zu entwickeln; dabei spielen bei manchen Fragestellungen Intelligenztests eine gewichtige Rolle (relativ viele Puzzlesteine), bei anderen Fragestellungen sind sie von vergleichsweise untergeordneter Bedeutung (d. h. Intelligenz wird möglicherweise gar nicht erhoben).

Der Vergleich mit dem Puzzle hat auch für alle anderen Einsatzbereiche von Intelligenztests Gültigkeit, beispielsweise dort, wo Intelligenztests für die Frage der Zulassung zu einem Studium eingesetzt werden. Dies ist in Österreich beispielsweise bei manchen Fachhochschulstudiengängen der Fall. Eine kürzlich unter Supervision von Aljoscha Neubauer durchgeführte Diplomarbeit zur Frage der Validität von Intelligenztests für diesen Einsatz zeigte deutlich, dass Intelligenz die erklärungsmächtigste Variable für Studienerfolg war. Gleiches kann auf der Basis der einschlägigen Forschung auch für andere Ausbildungsgänge angenommen werden. Das Persönlichkeitsmerkmal Intelligenz ist dort besonders erklärungsmächtig, wo in vergleichsweise kurzer Zeit viel neues Wissen erworben werden muss, wo kognitiv anspruchsvolle Fertigkeiten erlernt werden, wo es darum geht, neues Wissen mit dem bereits erworbenen zu vernetzen.

Intelligenztests werden hingegen dort weniger aussagekräftig sein, wo aufgrund einer positiven Bewältigung einer längeren und kognitiv anspruchsvollen Ausbildung bereits eine Vorselektion stattgefunden hat. An akademisch ausgebildeten Personen Intelligenztests zum Zwecke der Selektion einzusetzen, ist wohl nur in Ausnahmefällen sinnvoll. Je homogener und langwieriger die Ausbildung eines Menschen war, desto stärker ist damit zu rechnen, dass ohnedies nur Personen mit einem bestimmten Mindestmaß an Intelligenz diese Ausbildung positiv abgeschlossen haben. In dem Fall spielen andere Faktoren in der psychologischen Diagnostik und Begutachtung eine weitaus größere Rolle.

Deshalb könnte man mit zunehmendem Alter und damit korrelierter Berufserfahrung eine abnehmende Bedeutung der Intelligenz vermuten. Dies gilt aber nur dort, wo eine langwierige Ausbildung vor der Zulassung zu einem Beruf steht. Gerade bei der heutzutage in unseren wirtschaftlich hochentwickelten Gesellschaften zu beobachtenden Tendenz in Richtung immer kürzerer Ausbildungszeiten und oft mehrfach im Leben wechselnder Berufsausbildungen und Berufstätigkeiten gewinnen Intelligenz und Begabung und damit Intelligenztests noch deutlich an Bedeutung. Damit ist aber beileibe nicht das allgemeine Intelligenzniveau, wie es in Form des IQ zum Ausdruck kommt, von primärer Relevanz, sondern die Begabungsschwerpunkte eines Individuums. Empirische Studien aus der Personalpsychologie und der Begabungsforschung wie auch persönliche Erfahrungen zeigen, dass berufliche Karrieren dort erfolgreicher verlaufen, wo die Karriereplanung in Übereinstimmung mit den Begabungsschwerpunkten steht. Um nur zwei Beispiele zu nennen: Einen primär sprachlich, aber wenig visuell-räumlich begabten Menschen in eine Lehre als Tischler oder Kfz-Mechaniker zu schicken, ist genauso sinnlos, wie jemanden, der eher im Räumlich-Konstruktiven begabt ist, aber nur unterdurchschnittliche sprachliche Fähigkeiten besitzt, in einem Beruf mit viel persönlichem Kundenkontakt einzusetzen.

Damit ist das heutzutage vielleicht wichtigste Einsatzgebiet von Intelligenz- und breiter angelegten Begabungstests auch schon skizziert: die Beratung und Hilfe bei der Planung und Auswahl des beruflichen Werdegangs. Eine Gesellschaft, in der die Menschen ihre Ausbildungswege weniger – wie heute oft noch üblich – nach traditionellen, teils aufgrund von Geschlechterrollen fixierten Gesichtspunkten, sondern mehr nach ihren tatsächlichen Begabungen (wozu nicht nur kognitive, sondern auch kreative, praktische, soziale und andere Begabungen zu zählen sind) wählen, würde sowohl hinsichtlich der gesamten Leistungsfähigkeit als auch der »Psychohygiene«

bzw. der Arbeitszufriedenheit profitieren. Die Menschen wären leistungsfähiger, weil sie zufriedener mit ihrer Tätigkeit wären, oder umgekehrt, sie wären zufriedener, weil die Tätigkeit besser ihrem Eignungsprofil entspräche. Obgleich dieses vielleicht etwas idealistisch oder gar sozialromantisch anmutende Bild nicht für alle Individuen in einer Gesellschaft realisierbar erscheint, wäre es zumindest ein erstrebenswerter Zustand; doch deutet derzeit vieles darauf hin, dass wir von einer Realität, in der die Menschen beruflich das machen, was ihnen liegt und was sie interessiert, noch sehr weit entfernt sind.

KAPITEL 5

Die Ursachen individueller Unterschiede in Intelligenz und Begabung

Was determiniert Begabung: Gene oder Umwelt?

Noch vor 100 Jahren hat der Amerikaner John Watson, einer der Gründerväter der Psychologie, die Behauptung aufgestellt, er könne aus einem Baby jeden beliebigen Menschen »formen«: einen Top-Wissenschaftler, einen Verbrecher oder einen gänzlich unauffälligen Menschen. Über eine derartige Idee können wir heute nur lachen. Vergleiche zwischen genetisch identischen eineiigen Zwillingen und zweieiigen Zwillingen, die im Durchschnitt – wie Geschwister – nur die Hälfte ihrer Gene teilen, zeigen, dass eineiige Zwillinge bei fast allen Persönlichkeitseigenschaften eine deutlich größere Übereinstimmung aufweisen. Das gilt vor allen Dingen für den Intelligenzquotienten. Statistischen Berechnungen zufolge können in entwickelten Ländern, in denen die allgemeine Schulpflicht realisiert wird, mindestens 50 % der gefundenen Unterschiede im IQ auf genetische Unterschiede zurückgeführt werden.

Die diesbezügliche Forschung stellt auch eine Antwort auf die zentrale Frage unseres Buches, nämlich jener nach der Bedeutung von Intelligenz und Wissen für das »Können«, in Aussicht. Zu präzisieren wäre hier zunächst: Bedeutung für welches Können? Intelligenz und Wissen sind psychologische Konstrukte, die herangezogen werden, um menschliche Leistungen in Ausbildung oder Beruf (oder auch im Leben generell) zu erklären.

Bei der Frage nach der Bedeutung der beiden für das Können gilt es zunächst zu klären, ob Verbesserungen menschlicher Leistungen eher die Folge reinen Wissenserwerbs (der kristallinen Anteile) oder einer generell verbesserten Denkfähigkeit (fluider Intelligenz) sind. Nach der – allerdings umstrittenen – Investitionstheorie von Raymond Cattell, auf die die Unterscheidung zwischen fluider und kristallisierter Intelligenz (vgl. Kapitel 3) zurückgeht, muss fluide Intelligenz eingesetzt werden, um kristalline Intelligenz und letztlich Wissen zu erwerben. Eine individuelle Verbesserung der geistigen Leistungsfähigkeit kann nicht über eine Akkumulation von Faktenwissen in einem Inhaltsgebiet erreicht werden, sondern durch den Aufbau einer intelligenten Wissensbasis, wie sie im Kapitel 7, »Intelligenz und Lernen«, näher beschrieben wird. Inwieweit die allgemeine Denkfähigkeit als modifizierbar angenommen wird, ist letztlich eine Frage nach ihrer Determinierung. Ist die Intelligenz eines Menschen eher durch seine genetische Ausstattung definiert? Oder bestimmen Umwelteinflüsse, wie gut wir »denken, urteilen und verstehen« können? Und wenn Umwelteinflüsse tatsächlich wichtiger sind: Welche Umwelteinflüsse spielen welche Rolle? Ist es primär das Elternhaus, die Familie, oder sind es eher außerfamiliäre Einflüsse wie Schule, Freundeskreis und später die Kollegen im Berufsleben, die unsere *geistige Fitness* beeinflussen?

Glücklicherweise können diese Fragen heute schon viel zuverlässiger beantwortet werden als noch vor zehn Jahren. Dies ist in erster Linie den Erkenntnissen der in jüngerer Zeit florierenden Disziplin der so genannten *Verhaltensgenetik* zu verdanken, die herauszufinden versucht, inwieweit psychologische Merkmale, in denen individuelle Unterschiede bestehen (also Intelligenz, Kreativität etc.), durch genetische bzw. Umwelteinflüsse bestimmt werden. Für die Intelligenz nimmt sie beispielsweise an, dass sie zu 50% erblich und zu 50% umweltbedingt sei.

Bevor wir uns mit dieser und ähnlichen Aussagen näher beschäftigen, sei zunächst kurz erläutert, wie man zu derartigen Schätzungen gelangt. Im Wesentlichen gibt es zwei Wege, um den Einfluss der Gene bzw. der Umwelt auf psychologische

Merkmale abzuschätzen: Zwillingsstudien und Adoptionsstudien, zwei Methoden, die auf den bereits in Kapitel 1 erwähnten Universalgelehrten Francis Galton zurückgehen.

a) Zwillingsstudien: Hier testet man psychologische Merkmale (unter anderem eben auch Intelligenz) an Stichproben von eineiigen (monozygoten) und zweieiigen (dizygoten) Zwillingspaaren und berechnet den statistischen Zusammenhang (Korrelation) zwischen den Paarlingen, getrennt nach eineiigen (EZ) und zweieiigen Zwillingspaaren (ZZ). Da EZ genetisch zu 100% identisch sind, spiegelt ihre Korrelation den Einfluss ihrer gemeinsamen Gene und der gemeinsamen Umwelt wider. ZZ weisen nur 50% gemeinsame Gene auf, so dass ihre Korrelation die gemeinsame Umwelt, aber nur 50% des genetischen Einflusses wiedergibt. Ein genetischer Einfluss kann dann angenommen werden, wenn die Korrelation der EZ die der ZZ übersteigt. Dieser Einfluss ist umso stärker, je größer der Korrelationsunterschied ist. Allein aufgrund des genetischen Einflusses ist zu erwarten, dass die Korrelation der EZ doppelt so hoch ausfallen müsste wie bei ZZ (100 vs. 50% gemeinsame Gene). Bei perfekter genetischer Determinierung eines Merkmals würden wir für EZ eine Korrelation von 1, für ZZ von .5 erwarten. Um eine Erblichkeitsschätzung von 100% zu bekommen, müsste man folglich die Differenz dieser beiden Korrelationen berechnen, verdoppeln (mal 2) und schließlich noch mit 100 multiplizieren (um zu einem Prozentwert zu gelangen):

$$\text{Erblichkeit} = 2 * (r_{EZ} - r_{ZZ}) * 100$$

Ein realistischeres Beispiel wäre: Intelligenz korreliert bei EZ zu .7, bei ZZ zu .45, woraus sich $2 * (.7 - .45) * 100 = 50\%$ Erblichkeit ableiten ließe.

Schließlich lässt sich anhand von Zwillingsstudien auch der Einfluss der so genannten nicht-geteilten (bzw. nicht-gemeinsamen) Umwelt berechnen. Unter *nicht-geteilter Umwelt* werden all die Einflüsse verstanden, die *nicht* von Mitgliedern einer Familie geteilt werden: Dies sind einerseits außerfamiliäre Einflüsse, aber auch unterschiedliche Einflüsse innerhalb einer Familie, wie zum Beispiel unterschiedliches Elternverhalten gegenüber den Kindern. Sie wird ermittelt, indem man die Differenz zwischen der Reliabilität eines Merkmals (der Schätzung für die Messgenauigkeit) und der Korrelation zwischen EZ berechnet. Die Überlegung dabei ist folgende: Ein Merkmal kann (aufgrund des Messfehlers) zwischen den EZ-Paarlingen maximal in Höhe der Reliabilität korrelieren. Alles, was die Korrelation der EZ-Paarlinge unter diesen Wert drückt, muss auf einen Einfluss der nicht-geteilten Umwelt zurückzuführen sein (da die Korrelation der EZ ja genetische und gemeinsame Umwelteffekte widerspiegelt). Wenn also ein Merkmal wie Intelligenz mit einer Reliabilität von .9 gemessen werden kann und die Korrelation zwischen EZ .7 beträgt (also 70 % der Intelligenzunterschiede auf genetische und geteilte Umwelteinflüsse zurückgehen), dann müssen .9 – .7 = .2 * 100 = 20 % der Einflüsse aus der nicht-geteilten Umwelt resultieren (bei 10 % Messfehlern).

b) Adoptionsstudien: Bei Adoptionsstudien untersucht man Familien, in denen Adoptivkinder leben, und korreliert das fragliche Merkmal (z. B. Intelligenz) zwischen adoptierten Kindern und ihren leiblichen Eltern (bei denen sie nicht aufwachsen). Zur Schätzung des genetischen Einflusses muss diese Korrelation dann noch verdoppelt werden (da biologische Eltern und ihre Kinder 50 % gemeinsame Gene haben, spiegelt die einfache Korrelation gleichsam nur den »halben« genetischen Effekt wider). Wenn beispielsweise Intelligenz zwischen Adoptivkindern und ihren leiblichen Eltern zu .25 korreliert, resultiert eine Erblichkeitsschätzung von 50 %. Außerdem kann man bei diesem Untersuchungsansatz auch den Einfluss der (zwischen Familienmitgliedern) geteilten Umwelt bestimmen. Da Adoptivkinder und ihre Adoptiveltern nur die Umwelt gemeinsam haben, zeigt deren Korrelation direkt den Einfluss der geteilten Umwelt an. Wenn das Merkmal also zu .2 korreliert, beträgt der Einfluss der gemeinsamen Umwelt $.2 * 100 = 20\,\%$. Wenn in einer Familie sowohl leibliche als auch Adoptivkinder vorhanden sind, kann man den Einfluss der gemeinsamen Umwelt auch über die Korrelation des Merkmals zwischen diesen Kindern berechnen (da diese nur die gemeinsame Umwelt teilen, aber keine Gene).

Aus der Betrachtung von Zwillings- und Adoptionsstudien lassen sich also alle drei Einflussquellen auf psychologische Merkmale abschätzen. Den obigen Beispielen zufolge wären 50 % der Intelligenzunterschiede zwischen Menschen genetisch bedingt und je 20 % auf geteilte und nicht-geteilte Umwelteinflüsse zurückzuführen (bei 10 % Messfehlern; für einen Überblick über die Methoden und wichtigsten Befunde aus der verhaltensgenetischen Forschung kann den interessierten LeserInnen das Buch von Robert Plomin et al. empfohlen werden).

Wo liegen nun die tatsächlichen Ergebnisse aus (teilweise kombinierten) Zwillings- und Adoptionsstudien? Eine definitive Antwort auf diese Frage und damit letztlich auf die Frage nach der Veränderbarkeit von Intelligenz ist insofern nicht so leicht zu geben, als die Ergebnisse der Schätzungen stark mit dem Alter variieren. Der Großteil der Zwillings- und Adoptionsstudien wurde an Kindern und Jugendlichen durchgeführt, und hier hat man im Großen und Ganzen Schätzungen erhalten, wie sie oben beispielhaft dargestellt wurden. Wie die Arbeit von John Bouchard und Matt McGue, in der die Ergebnisse von Dutzenden von Studien zusammengefasst wurden, zeigt, lässt sich sowohl anhand von Zwillings- als auch anhand von Adoptionsstudien nachweisen, dass die interindividuellen Unterschiede der Menschen in der allgemeinen Intelligenz zu rund 50 % genetisch bedingt sind.

Noch höhere Schätzungen werden aus dem Untersuchungsdesign der Analyse *getrennt aufgewachsener eineiiger Zwillinge* berichtet, das aus nahe liegenden Gründen selten realisiert wird. So fand beispielsweise die bekannte »Minnesota Study of Twins reared apart«, die von Thomas Bouchard Jr. und Mitarbeitern an der Universität Minnesota durchgeführt wurde, korrelative Zusammenhänge von r = .78, was im Einklang mit mehreren früheren Studien an kleineren Stichproben steht. Erblichkeitsschätzungen, die über 50 % liegen, erhält man auch, wenn man mit den klassischen Untersuchungsdesigns ältere Menschen evaluiert. Robert Plomin vom Institute of Psychiatry des King's College in London berichtet beispielsweise einen genetischen Varianzanteil von rund 80 % für den IQ im Altersbereich von 64 bis 67 Jahren. Der genetische Einfluss auf die allgemeine Intelligenz scheint also mit dem Alter noch deutlich zuzunehmen, wobei dieser vor allem zu Lasten der geteilten Umwelteinflüsse geht, die im höheren und hohen Alter nicht mehr nachweisbar sind; das heißt, was die Intelligenz betrifft, scheinen die Gene sich gleichsam durchzusetzen, je älter wir werden.

Wie kann dieser auf den ersten Blick paradox erscheinende Befund erklärt werden?

Die gängige Erklärung ist die so genannte *aktive Genom-Umwelt-Beziehung*. Hinter diesem Begriff verbirgt sich die Annahme, dass Gene und Umwelt nicht völlig unabhängig voneinander wirken, sondern in einer Wechselbeziehung stehen. Genetisch intelligentere Menschen würden sich demnach ab einem bestimmten Alter auch intellektuell stärker stimulierende Umwelten (z. B. Freunde, Ehepartner, Beruf, Freizeitgestaltung etc.) suchen, die wiederum ihre Intelligenz positiv beeinflussen. Hinzu kommt die Annahme, dass Intelligentere auch stärker von der Stimulierung durch eine intellektuell anregendere Umwelt profitieren.

Neben der aktiven Genom-Umwelt-Beziehung gibt es zwei weitere Wechselwirkungen zwischen Anlage und Umwelt: So genannte *passive Wirkungen* zeigen sich, wenn Kinder von ihren biologischen Eltern aufgezogen werden. Sie werden nicht durch irgendwelche Aktivitäten der Kinder hervorgerufen, sondern treten ein, weil die Kinder eine ganze Reihe von Genen mit ihren Eltern gemeinsam haben. So ist es zum Beispiel wahrscheinlich, dass Kinder, die eine genetisch bestimmte Neigung zum Lesen haben, in Elternhäusern aufwachsen, in denen es viele Zeitschriften, Bücher und Magazine gibt, weil ihre Eltern ebenfalls gern lesen. So genannte *evokative Wirkungen* treten dann ein, wenn Kinder bei anderen Personen bestimmte Reaktionen und Handlungen hervorrufen. Beispielsweise werden auch Eltern, die eigentlich nicht gern vorlesen, dann ihrem Kind mit größerer Wahrscheinlichkeit weiterhin Gute-Nacht-Geschichten vorlesen, wenn das Kind für diese ein offensichtliches Interesse zeigt, als wenn es sich dabei langweilt. Wie bereits dargelegt, treten *aktive Wirkungen* dann ein, wenn die Kinder oder Jugendlichen Umweltbedingungen auswählen, die sie aufgrund ihrer genetisch bestimmten Präferenzen bevorzugen. Ein Schüler, der gern liest, wird auch dann Bücher aus der Bibliothek entleihen, wenn seine Eltern selbst nicht gern lesen oder ihm in der frühen Kindheit nicht viel vorgelesen haben. Die evokativen und aktiven Wirkungen der Gene sind nicht zuletzt eine Erklärung dafür, warum adoptierte Kinder ihren biologischen Eltern immer ähnlicher werden – selbst wenn sie ihnen niemals begegnet sind.

Welche Bedeutung haben diese Befunde aber für die Frage nach *der Bedeutung von Intelligenz und Wissen für das Können*? Aus Erblichkeitsschätzungen lässt sich auch ein so genanntes »Vertrauensintervall« für den phänotypischen (also z.B. an Erwachsenen gemessenen) IQ berechnen: Angenommen, es wäre möglich, die Intelligenz eines Menschen allein aufgrund seiner Gene (genau genommen: Allele) zu bestimmen (was derzeit allerdings fernab jeder Möglichkeit erscheint, da bislang kein einziges »Intelligenzgen« zuverlässig im Genom identifiziert werden konnte), so ließe sich statistisch berechnen, in welchem Ausmaß die Umwelt das (phänotypische) »Endergebnis«, also den Erwachsenen-IQ, beeinflussen könnte.

Dieses auch als Reaktionsnorm bezeichnete Vertrauensintervall beträgt bei einer Erblichkeitsschätzung von 50% +/– 21 IQ-Punkte (mit 95% Wahrscheinlichkeit). Angenommen, eine Person käme mit einem genetischen IQ von 110 auf die Welt, so könnte eine (mehr oder weniger förderliche Umwelt) das »Endergebnis« im Bereich eines IQ zwischen ca. 90 und 130 beeinflussen, was doch eine beträchtliche Variationsbreite darstellt.

Andererseits legt die oben angeführte Altersschätzung der Erblichkeit (größer oder gleich 80%) nahe, dass sich dieser Bereich mit zunehmendem Alter deutlich verkleinert. Die oben angeführte Schätzung von +/– 21 IQ-Punkten würde sich bei einer Erblichkeitsannahme von 80% auf +/– 13 IQ-Punkte verringern. Unsere Person mit dem »genetischen IQ« von 110 würde demnach im höheren Alter (ab 65 Jahren) in ihrem phänotypischen IQ zwischen 97 und 123 liegen. Bedeutsam erscheint hier vor allem die Grenze nach oben, denn sie würde hypothetisch angeben, wie intelligent ein Mensch (mit einem genetisch prädisponierten IQ) bei maximaler Förderung werden kann.

Diese Gedankenspiele sind allerdings aus mehrfachen Gründen mit Vorbehalt zu interpretieren:

1. Mit Hilfe von Erblichkeitsschätzungen lassen sich in einer Population die Einflüsse auf individuelle Merkmalsausprägungen (wie z. B. die Intelligenz) abschätzen. Diese Schätzungen sind aber keinesfalls als Naturkonstanten zu interpretieren. Vielmehr spiegeln sie die gesellschaftlichen Verhältnisse der Länder bzw. Kulturen wider, in denen sie erhoben wurden. In einem Kulturraum, in dem extrem unterschiedliche Umweltbedingungen gegeben sind (etwa große Unterschiede zwischen sozialen Schichten, Unterschiede zwischen Arm und Reich, starke Differenzierung im Schulsystem etc.), wird die Schätzung für den Umweltanteil zwangsläufig viel höher ausfallen als in einem Kulturraum, in dem die Umweltbedingungen eher homogen sind. Es mag paradox erscheinen, aber je größer die Chancengleichheit in einem Land, desto stärker setzen sich die Gene durch. Und umgekehrt gilt: Je stärker die gesellschaftliche Position eines Individuums durch die soziale Herkunft bestimmt ist, desto weniger Bedeutung hat seine/ihre genetische »Ausstattung« in Bezug auf die Intelligenz. Die oben angeführten Vertrauensintervalle können – da sie aus Studien in westlichen, entwickelten Gesellschaften gewonnen wurden – auch nur für diese Gültigkeit haben, keinesfalls aber für andere Kulturen wie beispielsweise die Dritte-Welt-Länder (hier wären die Vertrauensintervalle aufgrund des mutmaßlich kleineren genetischen Einflusses breiter; die Umwelt könnte die Intelligenz in stärkerem Ausmaß beeinflussen).

2. Die Annahme eines *symmetrischen* Vertrauensintervalls ist aus mehreren Gründen problematisch. Zum einen könnte sie suggerieren, dass es eine untere Grenze gibt, also eine »Mindestintelligenz«, die ein Mensch auch ohne Förderung durch die Umwelt erreicht. Eine solche Annahme ist logischerweise unsinnig. Eine Person, die wie Kaspar Hauser ohne jegliche Sozialisation aufwächst, wird – schon allein aufgrund des Fehlens von Sprache – gar nicht in der Lage sein, herkömmliche Intelligenztests zu bearbeiten. Selbst spezielle Tests für den Bereich der Minderbegabungen wären wohl nur bedingt einsetzbar; IQ-Schätzungen würden im Bereich der Idiotie (IQ < 35) liegen.

3. Wie bei der oben angeführten Altersabhängigkeit der Erblichkeitsschätzungen schon angedeutet, kann nicht einfach angenommen werden, dass Anlage und Umwelt nur additiv zusammenwirken. Vielmehr ist eine Reihe von Wechselbeziehungen zu vermuten: Genetisch intelligentere Kinder bekommen von ihren (genetisch) intelligenteren Eltern auch eine die Intelligenz stärker anregende Umwelt geboten; die Umwelt reagiert auf ein genetisch intelligenteres Kind mit Angeboten, die wiederum intelligenzsteigernd sein können. Wie bereits vermerkt, suchen sich genetisch intelligentere Personen aktiv »Umwelten« (Freunde, Partner, Ausbildungsgänge, Berufe, Freizeitbeschäftigungen etc.), die zu ihrer Intelligenz passen, was wiederum ihre Intelligenz steigern dürfte.

4. Menschliche Leistungen sind nur teilweise von Intelligenz bzw. Begabungen abhängig. Vor allem Motivation und Interesse sind – wie später zu zeigen sein wird – wesentliche Determinanten menschlicher Leistungen, insbesondere dann, wenn es um Höchstleistungen geht. Aber auch Persönlichkeits- oder Charaktermerkmale bestimmen den Erfolg eines Menschen. Für individuelle Unterschiede in wesentlichen Persönlichkeitsmerkmalen sind genetische und Umwelteinflüsse gut erforscht: Genetische Einflüsse liegen im Bereich von 14 % (Neurotizismus) bis 46 % (Extraversion; vgl. das Lehrbuch von Asendorpf); im Unterschied zur Intelligenz spielt für die Ausprägung der Persönlichkeit die nicht-geteilte Umwelt eine viel größere Rolle als die geteilte Umwelt. Hingegen sind bislang die Einflüsse bzw. Ursachen individueller Unterschiede in Motivation und Interesse kaum erforscht. Warum widmen sich manche Künstler, Wissenschaftler, Politiker oder Manager einer Sache mit einer Ausschließlichkeit, wie sie bei anderen Menschen nicht zu beobachten ist? Was bringt Menschen dazu, freiwillig 60, 70 oder mehr Stunden pro Woche an einer Sache zu arbeiten, nur weil die Tätigkeit an sich schon als belohnend empfunden wird?

Das bezüglich der Erblichkeit der Intelligenz bislang Gesagte bezieht sich auf das Niveau der allgemeinen Intelligenz, wie es im viel zitierten Globalmaß (g) des IQ zum Ausdruck kommt. Offen blieb bislang, inwieweit speziellere kognitive Begabungen stärker oder weniger stark genetisch determiniert sind. So könnte man aufgrund der in Kapitel 3 dargestellten

Befunde vielleicht vermuten, dass fluide Intelligenzanteile, die eher mit nicht-sprachlichen Aufgaben gemessen werden, relativ stärker von den Genen abhängen, während kristalline Intelligenzkomponenten, wie sie eher durch sprachliche Aufgaben erfasst werden, vielleicht stärker durch die Umwelt bestimmt werden. Zu diesen Fragen liegen leider nur wenige Studien vor, die allerdings die oben angeführte Vermutung nicht nur nicht bestätigen, sondern überhaupt zu der Schlussfolgerung führen, dass spezifischere kognitive Fähigkeiten generell weniger genetisch, sondern stärker durch Umwelteinflüsse »geformt« werden. Sprachliche und räumliche Fähigkeiten sind ungefähr gleich stark durch Gene bestimmt (ca. 40 bis 50 %), deutlich geringere genetische Einflüsse wurden für Wahrnehmungsgeschwindigkeit, Gedächtnis und Wortflüssigkeit berichtet (hier liegt der genetische Einfluss bei nur 30 bis 40 %). Aus entwicklungspsychologischer Perspektive ist eine Studie aus dem *Colorado Adoption Project* von Cardon interessant, die zeigte, dass bereits im Alter von drei Jahren Unterschiede in den geistigen Kompetenzen auf Gene zurückgeführt werden konnten. Der Einfluss der Gene nimmt besonders ab dem 7. Lebensjahr deutlich zu. Dies spricht ganz klar dafür, dass die mit und durch den Eintritt in die Schule entwickelten kognitiven Fähigkeiten auch genetisch mitbestimmt sind.

Allerdings muss festgehalten werden, dass die berichteten Befunde aus verhaltensgenetischen Zwillings- und Adoptionsstudien keinerlei Rückschlüsse auf die Wirkung spezifischer Gene zulassen. Der substanzielle genetische Einfluss auf die Intelligenz legt nahe, dass eine Reihe von Genen bzw. Allelen das Niveau der Intelligenz beeinflussen (naheliegenderweise über die Steuerung von Prozessen der Gehirnentwicklung). Im Identifizieren spezifischer Gene, die das individuelle Niveau der Intelligenz oder einzelner Spezialbegabungen bei Menschen steuern dürften, war man allerdings bislang noch nicht wirklich erfolgreich. In der molekulargenetischen Forschung versucht man derzeit, einzelne Gene daraufhin zu untersuchen, ob sie zwischen Personen mit höherer bzw. niedrigerer Intelligenz differieren. Dabei wurde man auch vereinzelt fündig und konnte teils Gene isolieren, die mit höherer bzw. niedrigerer Intelligenz assoziiert sind, teils auch Gene identifizieren, die mit unterschiedlichen Ausprägungen spezifischer (z.B. räumlicher) Fähigkeiten zusammenhängen. Einschränkend muss allerdings hinzugefügt werden, dass für die vereinzelten positiven Befunde bislang kaum erfolgreiche Replikationen (Wiederholungsstudien) berichtet wurden, weshalb dem molekulargenetischen Ansatz der psychologischen Forschung derzeit noch eher der Status einer (möglicherweise vielversprechenden) Perspektive zukommt. Die von Plomin noch im Jahr 1998 prophezeite »Explosion an Forschungsarbeiten« auf diesem Gebiet ist jedoch, wohl auch unter dem Eindruck einiger wenig erfolgreicher Studien, bislang nicht zu vermerken.

Beim aktuellen Stand der Forschung verbleibt somit als Fazit, dass die Gene für Fragen der Begabung und Intelligenz eine nicht unbeträchtliche Rolle spielen. Gene setzen offensichtlich Grenzen für das, was ein Mensch in seinem Leben erreichen kann, aber diese Grenzen scheinen *nicht extrem eng* gesteckt. Ein »Weniger« an Intelligenz und Begabung kann – wie in den folgenden Kapiteln zu zeigen sein wird – *teilweise* durch ein »Mehr« an Einsatz, Hingabe, Motivation und daraus resultierenden intensiven Wissenserwerb kompensiert werden.

Elementar-kognitive Grundlagen der menschlichen Intelligenz

Noch vor der intensiven Auseinandersetzung mit der Frage, ob die individuelle Intelligenz stärker durch Gene oder durch Umwelteinflüsse bestimmt wird, hat man sich schon mit der Frage nach den grundlegenden Ursachen individueller Intelligenzunterschiede befasst, allerdings mit einem gänzlich anderen Fokus, nämlich den elementar-kognitiven Grundlagen der Intelligenz. Mit *elementar-kognitiv* sind dabei grundlegende kognitive Prozesse gemeint, die beim Lösen von Intelligenztestaufgaben, letztlich also bei jeder höheren kognitiven Denkaktivität erforderlich sind.

Betrachten wir eine typische Intelligenztestaufgabe, nämlich eine Matrizenaufgabe, wie sie im vorigen Kapitel dargestellt wurde. Um die Gesetzmäßigkeit in der zeilen- und spaltenweisen Anordnung der Reizgebilde zu erkennen, müssen wir eine Vielzahl von einzelnen Schritten durchführen: Wir müssen die Reize zunächst einmal wahrnehmen und in unserem Kurzzeitgedächtnis ablegen. Wir müssen sie miteinander vergleichen, um die spalten- und zeilenweisen Gesetzmäßigkeiten herauszufinden. Anschließend werden wir vielleicht ein Bild von der richtigen Lösung konstruieren. Nachdem wir nun die richtige Lösung vor unserem geistigen Auge konzipiert haben (und versuchen, diese möglichst gut im Kurzzeitgedächtnis zu behalten), werden wir die vorgeschlagenen Lösungsalternativen mit dem internen Bild vergleichen, um die richtige Antwort zu finden, und diese dann schließlich umsetzen, indem wir das entsprechende Kästchen auf dem zum Intelligenztest gehörenden Antwortbogen ankreuzen.

Wem diese Auflistung als relativ akademisch und realitätsfern erscheinen mag, der sei daran erinnert, dass Intelligenztests letztlich darauf abzielen, kognitive Probleme im realen Leben zu simulieren. Denn die meisten Denkleistungen im Alltag erfordern ebenso wie Intelligenztestaufgaben elementar-kognitive Prozesse. So muss beispielsweise ein Kellner elementare Rechenoperationen schnell und richtig durchführen, ein Taxifahrer in einer größeren Stadt navigieren, ein Versicherungsverkäufer seine Kunden einerseits durch sein verbales Geschick und andererseits durch sein logisches Denkvermögen (welche Versicherungsprodukte sind in welcher Kombination überhaupt sinnvoll) überzeugen, und so weiter und so fort.

Bei wohl fast jedem kognitiv zu lösenden Alltagsproblem müssen wir zunächst Informationen aufnehmen bzw. in unserem Arbeitsgedächtnis speichern, in vielen Fällen das Dargebotene mit Wissen aus dem Langzeitgedächtnis vergleichen, wozu ein Abruf aus demselben erforderlich ist; wir müssen Reize vergleichen und daraus Schlussfolgerungen ziehen, wir müssen eine Antwort mental produzieren oder aus vorgegebenen Alternativen reproduzieren.

Intelligenztestaufgaben sind also – genau wie reale Denkaufgaben – äußerst komplexe Probleme, die die Durchführung einer Vielzahl von unterschiedlichen Teilschritten erfordern. Die unterschiedliche Effizienz der Menschen im Lösen derartiger Probleme kann demzufolge unterschiedliche Ursachen haben, was die Effizienz der Teilprozesse angeht, über die wir nichts erfahren, wenn wir nur betrachten, ob eine Aufgabe gelöst wurde oder nicht. Daher hat man bereits gegen Ende des 19. Jahrhunderts Versuche unternommen, elementare kognitive Funktionen daraufhin zu untersuchen, ob sich mit ihnen das effiziente Lösen von komplexeren Aufgaben vorhersagen lässt. Mit anderen Worten: Ist es für die erfolgreiche Bewältigung einer Intelligenztestaufgabe wichtiger, Informationen möglichst rasch aufnehmen und verarbeiten zu können, oder muss man eher in der Lage sein, möglichst viele Informationen gleichzeitig zu aktivieren? Diese Aspekte betreffen ganz grundsätzliche Mechanismen der menschlichen Informationsverarbeitung, die an dieser Stelle kurz vertieft werden sollen.

Einer der zentralen Begriffe in der Psychologie ist der des Arbeitsgedächtnisses. Er beschreibt eine geistige Funktion, die als die Fähigkeit zur Integration von eingehender Information in bestehendes Wissen zu verstehen ist. Das Arbeitsgedächtnis ist für effiziente Informationsverarbeitung zuständig, was sich vor allem darin zeigt, dass irrelevante Information ausgeblendet wird und nur die Information herausgefiltert wird, die für die Bewältigung der gerade aktuellen Anforderung benötigt wird. Diese außerordentlich anspruchsvolle Aufgabe erfordert eine ausgewogene Mischung aus Hemmung und Aktivierung von Information. Zielgerichtetes Handeln in neuen Situationen, eine Fähigkeit, durch die der Mensch allen anderen Lebewesen überlegen ist, setzt ein funktionierendes Arbeitsgedächtnis voraus. Man muss gleichzeitig drei Dinge im Auge behalten: Das Ziel selbst, das bereits verfügbare Wissen, das zur Erreichung des Ziels benötigt wird, und eingehende Information aus der Außenwelt, die für die Handlungsplanung nötig ist. Seit Alan Baddeleys berühmtem Buch *Working Memory* dürfte es kaum ein anderes Arbeitsgebiet in der Psychologie geben, das so intensiv beforscht wurde. Dennoch sind wir noch sehr weit davon entfernt, zu verstehen, wie genau Menschen in die Lage versetzt werden, eine neue Anforderung zu bewältigen. Was wir allerdings sehr gut wissen, ist, dass der direkt hinter der Stirn sitzende Teil des Gehirns, also das Frontalhirn, eine entscheidende Rolle dabei spielt. Menschen, deren Frontalhirn durch Krankheit oder Unfall in seiner Funktion beeinträchtigt wurde, können zwar in Situationen funktionieren, für die fertige und erlernte Verhaltensprogramme abgerufen werden können. Aber je mehr Flexibilität eine Situation erfordert, umso schwerer fällt diesen Personen das angemessene Verhalten. Sie verlieren das Ziel aus den Augen, weil sie sich von äußeren Reizen leiten lassen. Sie landen vielleicht, durch den leckeren Kuchen angelockt, in einem Straßencafé, statt, wie ursprünglich geplant, am Bahnhof einen bestimmten Zug zu nehmen. Werden sie mit schriftlichem Material konfrontiert, wird es ihnen nicht gelingen, den roten Faden des Textes zu finden, weil einzelne Wörter bei ihnen Assoziationen auslösen, die vom Inhalt des Textes wegführen. Legt man ihnen eine Intelligenzaufgabe aus dem Raven-Test vor, werden einzelne Figuren der Matrix Assoziationen auslösen (vielleicht wird ein Kreis sie an einen Ball erinnern), und sie werden es versäumen, die einzelnen Figuren aufeinander zu beziehen.

Auch wenn, glücklicherweise, nur wenige Menschen schwere Störungen im Frontalhirnbereich aufweisen und deshalb handlungsunfähig sind, so gibt es doch große interindividuelle Unterschiede in der Fähigkeit, ein oder mehrere Ziele im Auge zu behalten und störende Information zu unterdrücken. Arbeitsgedächtniskapazität darf man sich nicht einfach in einem quantitativen Sinne als einen möglichst großen Speicher vorstellen. Nicht die Menge, sondern die Organisation und das Aussortieren – also die Hemmung – von Information ist entscheidend.

Manche Leser mögen sich bei den hier neu eingeführten Begriffen an die Beschreibung von Leistungsmerkmalen eines PC erinnert fühlen. Nachdem die moderne Gehirnforschung wesentliche Unterschiede in Aufbau und Funktionsweise zwischen dem menschlichen Gehirn und dem Computer aufgezeigt hat, ist diese Parallele zumindest als anschauliche Parabel nicht ganz von der Hand zu weisen. So wie PC leistungsfähiger sind, wenn sie über schnellere Prozessoren, schnellere und größere RAM (*Random Access Memory* = das Arbeitsgedächtnis des Computers) sowie über schnellere und größere Festplatten (das Langzeitgedächtnis des Computers) verfügen, scheint – wie viele jüngere Untersuchungen gezeigt haben – auch die »Denkfähigkeit« menschlicher Gehirne in erheblichem Maße von der Geschwindigkeit und Kapazität dieser grundlegenden Mechanismen abhängig. Ein wesentlicher Unterschied zum Computer besteht jedoch darin, dass bei der menschlichen Informationsverarbeitung die Hemmung eine ganz entscheidende Rolle spielt.

Die Funktion des Arbeitsgedächtnisses mit Intelligenz in Beziehung zu setzen, liegt natürlich nahe. Intelligente Menschen sind nicht einfach nur in der Lage, eine größere Menge an Information aufzunehmen und präsent zu halten, sondern auch, diese zu sortieren und zu filtern. Um hier noch präziser vorhersagen zu können, wie sich interindividuelle Unterschiede in der Informationsverarbeitung niederschlagen, ist es sinnvoll, zwischen Kapazität und effizienter Funktion (oder auch zwischen Quantität und Qualität) zu trennen. Deshalb grenzt man auch das Kurzzeitgedächtnis vom Arbeitsgedächtnis ab. Das Kurzzeitgedächtnis bestimmt im Wesentlichen, wie viele Informationen (Elemente) wir bei einmaliger Darbietung oder bei einmaligem Lesen oder generell beim Wahrnehmen im Kurzzeitgedächtnis behalten können. Als klassisches Beispiel sei das Lesen einer Telefonnummer oder auch die mündliche Übermittlung einer Telefonnummer genannt. Die meisten Menschen können sich Telefonnummern mit 7 +/– 2 Ziffern für eine Zeitspanne von etwa 15 bis 25 Sekunden merken, ohne dass hierzu gesondertes Wiederholen oder Memorieren notwendig ist. Beim Lösen von komplexeren Aufgaben geht es jedoch häufig auch darum, mit den gerade im Kurzzeitgedächtnis gespeicherten Elementen irgendwelche *mentalen Operationen* durchzuführen; sei es, sie miteinander oder mit neu aufgenommenen Informationen oder mit Informationen aus dem Langzeitgedächtnis zu vergleichen, sei es, Reize in irgendeiner Form zu transformieren etc. Diese Prozesse benötigen aber ebenfalls Kapazität, und diese Kapazität wird vom Arbeitsgedächtnis zur Verfügung gestellt. Die amerikanischen Lehrbuchautoren Bourne und Ekstrand vergleichen das Arbeitsgedächtnis mit der Werkbank in einer Schreinerei: Das Arbeitsmaterial des Schreiners liegt griffbereit an seinem Platz auf der Bank (Kurzzeitspeicher); auf dem Rest der Bank führt der Schreiner mit dem Werkzeug und seinen Materialien Operationen aus, um Gegenstände zu zimmern. Wie viel Platz jeweils für die Bearbeitung und für das Material gebraucht wird, variiert ständig. In manchen Phasen benötigt der Schreiner mehr Platz für die Tätigkeit, und der Platz für das Material muss eingeschränkt werden (Teile des Materials müssen in einen Schrank geräumt werden); umgekehrt, braucht er zeitweilig mehr Materialien oder Werkzeuge, dann steht weniger Platz für die Bearbeitung zur Verfügung.

Im Arbeitsgedächtnis findet also ein *trade-off* (Ausgleich) zwischen Kurzzeitspeicher und mentalen Operationen statt. Je mehr Informationen wir im Kurzzeitspeicher gegenwärtig halten, desto weniger Kapazität haben wir, um mit diesem Material mentale Operationen durchzuführen; je mehr und je aufwändigere mentale Operationen hingegen durchgeführt werden müssen, desto weniger Platz steht für den Kurzzeitspeicher zur Verfügung.

Schließlich bedarf es noch einer Instanz, die entscheidet, ob gerade mehr Platz für Arbeit (mentale Operationen) oder mehr Platz für Material (also kurzzeitliche Speicherung) wichtiger ist. Diese Instanz nennt man *zentrale Exekutive* oder auch Aufmerksamkeitskontrollmechanismus, und sie entspricht gleichsam dem Schreiner, der je nach Anforderung die Ressourcen auf der »Werkbank« zu- bzw. verteilt. Nur – und hier hinkt der Vergleich mit der Werkbank: Auch die zentrale Exekutive, also die die Information überwachende Einheit im Gehirn, benötigt Kapazität des Arbeitsgedächtnisses, steht also im Wettlauf mit dem Kurzzeitgedächtnis. Je mehr die zentrale Exekutive den Arbeitsablauf dirigieren muss, desto weniger Kapazität steht für die Kurzzeitspeicherung zur Verfügung, und umgekehrt.

Für den Nachweis dieser Zusammenhänge zwischen elementar-kognitiven Prozessen und höherer kognitiver Intelligenz hat man in wissenschaftlichen Studien an größeren Stichproben Intelligenztests durchgeführt und bei denselben Personen grundlegende kognitive Prozesse gemessen, indem man die Geschwindigkeit erfasst hat, mit der Wissen aktiviert wurde, das entweder vor längerer Zeit abgespeichert wurde (sich also im so genannten Langzeitgedächtnis befindet) oder aber ganz aktuell erworben wurde (sich also im Kurzzeitspeicher befindet). Tatsächlich gab es deutliche Zusammenhänge mit dem IQ. Unklar ist jedoch, ob sich die Teilprozesse der Informationsverarbeitungsgeschwindigkeit (englisch *mental speed* oder *speed of information processing*) überhaupt sinnvoll abgrenzen lassen. Möglicherweise kommt immer nur ein und dieselbe grundlegende Verarbeitungsgeschwindigkeit zum Ausdruck, gleichsam als generelle Eigenschaft des menschlichen Nervensystems, Informationen schneller oder weniger schnell aufzunehmen und zu verarbeiten. Im Folgenden wird gezeigt, dass aus physiologischer Sicht einiges für die »Generalitätsannahme«, also für eine allgemeine *mental speed,* spricht (mehr dazu in den Überblicksarbeiten vom Frankfurter Intelligenzforscher Karl Schweizer sowie von Aljoscha Neubauer).

Arbeitsgedächtnis = Intelligenz?

Die Konzeption der *mental speed* hat zu der Idee geführt, dass sich die Arbeitsgedächtniskapazität aus der Kapazität der zentralen Exekutive und der Kapazität des Kurzzeitspeichers zusammensetzt:

Arbeitsgedächtnis = zentrale Exekutive + Kurzzeitspeicherkapazität

Das wirft die Frage auf, welcher dieser drei Aspekte – im Sinne eines elementar-kognitiven Prozesses – für die Intelligenz am wichtigsten ist: Ist es die reine Kapazität des Kurzzeitspeichers oder eher die Kapazität der zentralen Exekutive? Oder aber die Kombination aus beidem in Form der Arbeitsgedächtniskapazität? Diese Frage ist schwieriger zu beantworten, als es auf den ersten Blick aussieht. Zwar lässt sich die Kurzzeitspeicherkapazität mit Aufgaben zur Gedächtnisspanne isoliert messen – etwa indem man der Versuchsperson einfach eine Reihe von Ziffern vorspricht, die sie sofort mündlich wiederholen muss –, die zentrale Exekutive aber nicht. Sie kann als geistige Kompetenz verstanden werden, eingehende Information in Abhängigkeit von dem Handlungsziel zu steuern. Natürlich kann eine solche Fähigkeit nicht inhaltsfrei gemessen werden, denn es geht ja gerade darum, die Inhalte im Kurzzeitgedächtnis zu manipulieren. Da eine direkte Messung der zentralen Exekutive nicht möglich ist, kann man sie nur indirekt über die Arbeitsspeicherkapazität erfassen. Die Arbeitsspeicherkapazität wird gemessen, indem Aufgaben gestellt werden, die die Manipulation der Inhalte im Kurzzeitspeicher erfordern. Beispielsweise sollen die Zahlen nicht wie bei der Kurzzeitspeicheraufgabe in der vorgelesenen, sondern in umgekehrter Reihenfolge, also rückwärts, wiedergegeben werden, so dass bei dieser Aufgabe zusätzlich zur reinen Speicherung auch noch eine Transformation durchgeführt werden muss, nämlich das mentale Umdrehen der Zahlenreihe.

Zahlreiche Untersuchungen zeigen, dass die *Zahlenspanne rückwärts* der eigentliche Indikator für die Arbeitsspeicherkapazität ist, da sie höher mit dem IQ korreliert als die Zahlenspanne vorwärts. Dieser Befund ist keineswegs an die Verwendung numerischen Materials gebunden, sondern bestätigt sich auch bei Aufgaben mit Wörtern. Dabei wird die Kurzzeitspeicherkapazität gemessen, indem Wörter in der Reihenfolge wiedergegeben werden sollen, in der sie vorgelesen wurden. In der Aufgabe zur Arbeitsgedächtnisleistung hingegen müssen unzusammenhängende Sätze auf bestimmte Inhalte hin beurteilt werden, und gleichzeitig erhält die Versuchsperson die Aufgabe, sich das letzte Wort im Satz zu merken. Je mehr Wörter sie sich merken kann, umso größer ist die Arbeitsspeicherkapazität. Die Anforderung bei dieser Aufgabe besteht in der parallelen Ausführung von unabhängigen Aktivitäten – also in der Beurteilung des Satzinhaltes und im Memorieren der Wörter. Die Leistung der Arbeitsgedächtnisaufgabe korreliert deutlich höher mit dem IQ als die Leistung in der Aufgabe zur Messung der Kurzzeitspeicherkapazität.

Primär scheint also die Arbeitsgedächtniskapazität für die Erklärung der IQ-Unterschiede ausschlaggebend zu sein. Wenn sich diese aber wiederum nach obigem Modell additiv aus zentraler Exekutive und Kurzzeitgedächtnis zusammensetzt, liegt die Vermutung nahe, dass – nachdem Kurzzeitgedächtnis nicht bedeutsam mit Intelligenz korreliert – vor allem die zentrale Exekutive von Bedeutung ist. Letzteres lässt sich aber nur indirekt erschließen, da es kaum möglich ist, die zentrale Exekutive allein (d. h. ohne Beteiligung des Kurzzeitgedächtnisses) zu messen. Das Können des Schreiners kann ja auch nur beurteilt werden, wenn eine Werkbank zur Verfügung steht.

Die Frage, worin genau die interindividuellen Unterschiede in der zentralen Exekutive bestehen, ist im Detail noch ungeklärt. Es häufen sich aber Evidenzen dafür, dass die *Geschwindigkeit*, mit der Information verarbeitet wird, recht entscheidend ist. Dafür sprechen auch Ergebnisse zur Veränderung der geistigen Leistungsfähigkeit mit dem Lebensalter. Sowohl der Aufbau der Intelligenz in Kindheit und Jugend als auch der Abbau der kognitiven Leistungsfähigkeit im fortgeschrittenen Alter sind zum Großteil durch einen fast parallelen Verlauf der Verarbeitungsgeschwindigkeit zu erklären. Kurz: Die Geschwindigkeit, mit der eingehende Information verarbeitet wird, ist entscheidend für die geistige Leistungsfähigkeit, und zwar aus drei Gründen:

1. Die Informationsverarbeitungsgeschwindigkeit hat einen direkten Effekt in Leistungssituationen: Wer Informationen schneller aufzunehmen und zu verarbeiten imstande ist, kann unter Zeitdruck (so wie in vielen Intelligenztests und realen Leistungssituationen) mehr Aufgaben lösen.

2. Die Informationsverarbeitungsgeschwindigkeit hat einen indirekten Effekt in aktuellen Denkprozessen: Da bei komplexen Aufgaben zumeist eine Reihe von Informationen aufgenommen und verarbeitet werden müssen, stehen Informationsaufnahme und -verarbeitung in einem ständigen Wettstreit miteinander. Da Informationen im Kurzzeitgedächtnis ohne bewusstes Memorieren (für das aber keine Zeit oder keine Kapazität vorhanden ist) wieder verloren gehen können (weil sie »zerfallen«), hat eine hohe Informationsverarbeitungsgeschwindigkeit den Vorteil, dass ein Teil der Informationen schneller im Langzeitgedächtnis aufgenommen werden kann, solange andere Informationen, die auch gebraucht werden, noch nicht zerfallen sind. Deshalb sollten Personen mit höherer Informationsverarbeitungsgeschwindigkeit auch ohne Zeitdruck mehr Aufgaben richtig lösen können, da die Gefahr eines durch Informationsverlust bedingten Zusammenbruchs der Informationsverarbeitung geringer ist.

3. Die Informationsverarbeitungsgeschwindigkeit hat einen indirekten Effekt auf die Entwicklung von größeren Unterschieden in den kognitiven Fähigkeiten und im Wissen: Menschen mit einer höheren Informationsverarbeitungsgeschwindigkeit können, summiert über Monate und Jahre eines Lebens, mehr Informationen aufnehmen. Je mehr Informationen jemand bereits aufgenommen und gespeichert hat, desto leichter fällt ihm oder ihr die Integration neuen Wissens in das bestehende. Dieser wichtige Punkt wird in einem eigenen Kapitel weiter hinten noch ausführlich erörtert. Es kann angenommen werden, dass selbst kleinere Unterschiede in der Informationsverarbeitungsgeschwindigkeit über viele Jahre des Lebens und Lernens hinweg zu beträchtlichen Unterschieden im Wissen führen. Und da Intelligenztests mehr oder weniger stark auch Wissen erfassen, sind Personen mit höherer Informationsverarbeitungsgeschwindigkeit und höherer Arbeitsgedächtniskapazität letztendlich im Vorteil. Dies trifft nicht nur auf die Bearbeitung von Intelligenztests zu, sondern gerade auch auf die Bewältigung von kognitiven Aufgaben im realen Leben.

Wenn der Geschwindigkeit der Informationsverarbeitung bei der Erklärung interindividueller Unterschiede in der Bewältigung geistiger Anforderung eine so wichtige Bedeutung zukommt, stellt sich natürlich die Frage nach den Ursachen für solche Unterschiede. Hier liegt es auf der Hand, nach neurowissenschaftlichen Erklärungen zu suchen.

Die neurowissenschaftliche Erforschung der menschlichen Intelligenz

Die mehr als 100-jährige Geschichte der Erforschung der menschlichen Intelligenz hat sich über weite Strecken auf Fragen der Definition des Begriffs selbst, der Struktur der Intelligenz und auf die Messung mittels Intelligenztests konzentriert. Erst relativ spät, nämlich in den 1960er Jahren haben Wissenschaftler versucht, gleichsam dem Gehirn beim Arbeiten zuzusehen und herauszufinden, warum »intelligentere Gehirne« bessere Denkleistungen hervorbringen als weniger intelligente. Diese vereinzelten wissenschaftlichen Untersuchungen bedienten sich der Elektroenzephalographie (EEG), also einer Methode, mit der man am unversehrten Kopf Gehirnströme misst, um daraus gleichsam »ablesen« zu können, welche Gehirnteile wie stark benutzt werden, vor allem aber auch, um feststellen zu können, wie schnell das Gehirn einfache Reize aufnimmt und verarbeitet.

Die damals bevorzugt im Rahmen der Intelligenzforschung eingesetzte Methode war die (in der Gehirnforschung auch heute noch beliebte) Methode der Erfassung so genannter Evozierter Potenziale (EP). Ein EP ist eine charakteristische Reaktion des Gehirns auf zumeist ganz einfache Reize wie Lichtblitze, Klicktöne und andere, die einer Versuchsperson im EEG-Labor 100-fach oder noch häufiger dargeboten wurden. Diese vielfach wiederholte Darbietung eines Reizes ist notwendig, da das rohe EEG ein Gemisch aus der Aktivität von Tausenden von Nervenzellen ist, das zu wissenschaftlichen Zwecken kaum sinnvoll interpretierbar ist (siehe Abbildung 5.1 oben). Mittelt man hingegen das EEG aus vielfachen Darbietungen einfacher, gleichförmiger Reize, so erhält man eine typische Wellenform, das EP, das als eine einzigartige Reaktion des Gehirns auf ebendiesen Reiz interpretiert werden kann (siehe Abbildung 5.1 unten). Aus diesem EP lassen sich gewisse Komponenten erkennen – Kurvenausschläge, die ent-

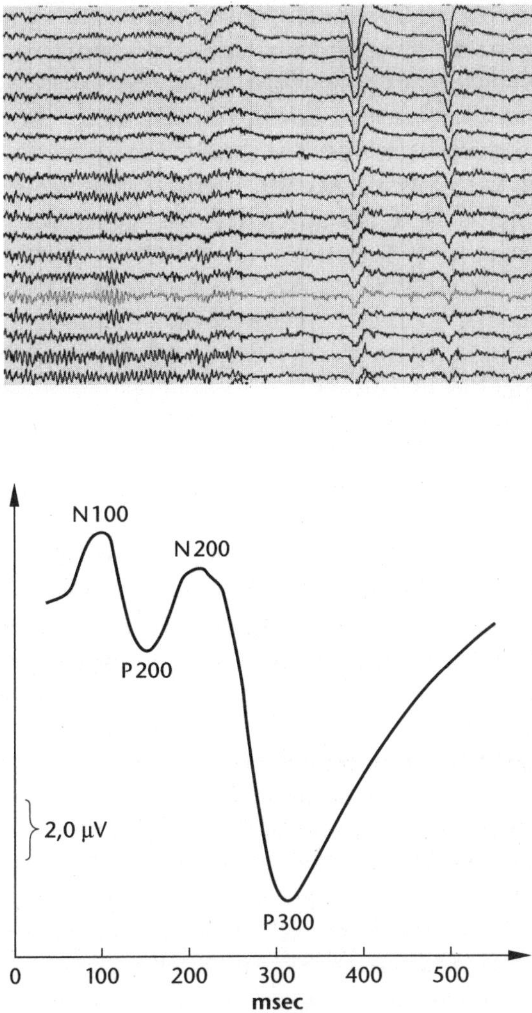

Abbildung 5.1: Oben ist ein Roh-EEG abgebildet; unten das durch Mittelung daraus gewonnene Evozierte Potenzial (EP)

weder nach oben oder nach unten weisen. Psychologen und Neurowissenschaftler interessiert dabei vor allem, wann diese Komponenten auftreten und wie stark die »Auslenkung« der Kurve ist. Für eine bestimmte Komponente (z. B. die P300, die eine positive Spitze nach rund 300 Millisekunden aufweist) lässt sich einerseits messen, wie stark diese Spitze von der Nulllinie abweicht, und andererseits, wann genau (mit welcher Latenzzeit) diese Komponente nach der Reizdarbietung ihr Maximum erreicht. Dieser Zeitpunkt kann bei manchen Menschen früher, bei anderen später sein; die individuellen Unterschiede in dieser Latenzzeit werden auch als Indikator für die individuelle Geschwindigkeit der Informationsverarbeitung interpretiert.

Anfängliche neurowissenschaftliche Zugänge zur Intelligenz waren von der Idee geleitet, intelligentere Gehirne könnten solche sein, die Informationen schneller aufnehmen und verarbeiten können (gleichsam das intelligentere Gehirn als ein schnellerer Computer). Dementsprechend versuchten die Pioniere dieses Ansatzes, John Ertl und Edward Schafer, im Jahre 1969 die Latenzzeiten von EP-Komponenten mit Intelligenz in Beziehung zu setzen, und fanden tatsächlich *negative* Zusammenhänge: Bei intelligenteren Menschen waren die Latenzzeiten, also die Reaktionszeiten des Gehirns, kürzer. Damit war der Nachweis erbracht, dass intelligentere Gehirne einfache Reize schneller aufnehmen und weiterverarbeiten können. In den 1970er und 1980er Jahren wurde dieser Befund mehrfach bestätigt; es gibt aber auch eine Reihe von Untersuchungen, die diesen Zusammenhang nicht bestätigten. Warum, ist nach wie vor ein Rätsel. Dennoch ist festzuhalten, dass bei keiner einzigen Untersuchung ein gegenläufiger Befund herauskam: Die Intelligenteren waren also nie die Langsameren (einen Überblick dazu geben Neubauer bzw. Neubauer & Fink).

Ab den späten 1980er Jahren hat sich der Fokus der neurowissenschaftlichen Intelligenzforschung gewandelt: Mit dem

Aufkommen so genannter bildgebender Verfahren war es nun möglich, nicht nur die Gehirnaktivität in einzelnen Gehirnregionen zu messen, sondern auch mit Methoden wie der Positronenemissionstomographie (PET), später der funktionalen Magnetresonanztomographie (fMRT) und mittels Vielkanal-EEG-Ableitungen die Beteiligung des gesamten Gehirns am Denkprozess zu studieren. Der erste Einsatz eines dieser bildgebenden Verfahren (PET) in einer Studie zur Untersuchung der Intelligenz geht auf Richard Haier et al. von der Universität Irvine (Kalifornien) zurück. An einer allerdings sehr kleinen Stichprobe von acht Personen hat er festgestellt, dass intelligentere Menschen beim Bearbeiten eines bekannten Intelligenztests (Raven-Matrizen) in ihrem Gehirn weniger Stoffwechsel, also Energieverbrauch, aufweisen als weniger intelligente Personen. Diesen Befund interpretierte er dahingehend, dass intelligentere Gehirne gleichsam »neural effizienter« seien, indem sie offensichtlich beim Denken und Problemlösen nur selektiv jene Gehirnteile oder neuronalen Netzwerke aktivieren, die auch tatsächlich für die Aufgabenlösung gebraucht werden. Diesen Befund, der inzwischen mit einer Reihe anderer physiologischer Messmethoden bestätigt, aber auch (unter anderem von Aljoscha Neubauer und Mitarbeitern sowie von den Salzburger Forschern Michael Doppelmayer und Wolfgang Klimesch) modifiziert wurde, interpretiert man heute im Rahmen der so genannten »*Neural-Efficiency*-Hypothese« der Intelligenz.

Abbildung 5.2 zeigt einen typischen Befund: Dargestellt ist der Verlauf der Aktivierung der Hirnrinde, gemessen mittels EEG, beim Bearbeiten einer kognitiven Aufgabe durch intelligentere (obere Reihe) bzw. weniger intelligente (untere Reihe) Personen. Es ist ersichtlich, dass die intelligenteren Personen beim Lösen der Aufgabe (Beurteilung der Übereinstimmung eines Satzes mit einem Bild) ihr Gehirn weniger stark aktivieren als die weniger intelligenten Personen.

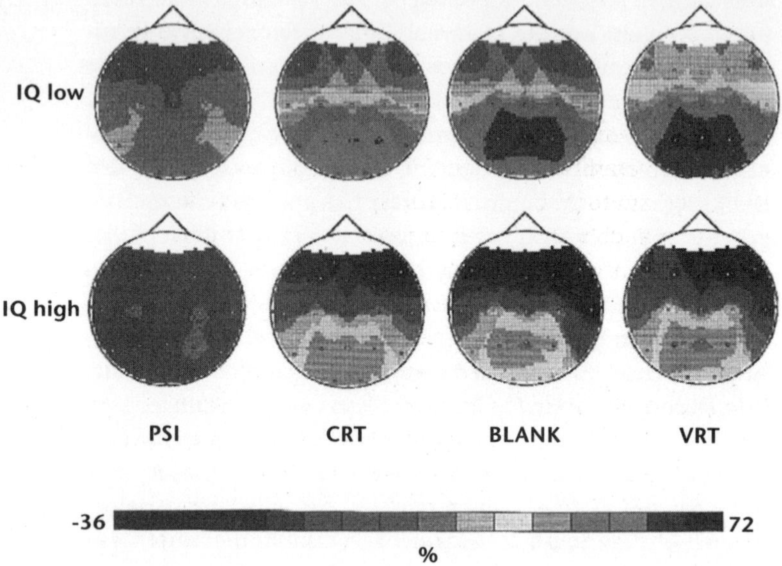

Abbildung 5.2: EEG maps = kartografische Darstellungen der Aktivierung der Hirnrinde, wobei dunkelgraue Areale mit starker Aktivierung und hellgraue Areale solche mit geringer Aktivierung markieren

Derartige, vielfach replizierte Befunde zur *neuralen Effizienz* weisen darauf hin, dass intelligentere und weniger intelligente Gehirne unterschiedlich arbeiten. Was aber sind die Ursachen dafür? Handelt es sich um einen willentlich gesteuerten Prozess in dem Sinne, dass intelligentere Personen durch gewisse Denkstrategien gleichsam ihr Gehirn besser, da effizienter, ausnutzen können? Oder sind intelligentere Gehirne, die mehr zum Denken eingesetzt werden, einfach trainierter, so wie ein sportlich durchtrainierter Körper für die gleiche körperliche Aufgabe bei gleichem Zeitbedarf weniger Energie als ein nicht trainierter Körper verbraucht? Ließe sich daraus schließen, dass wir unser Gehirn (so wie unseren Körper) trainieren können, die zur Verfügung stehende Energie effizienter zu nutzen (und damit auch mehr Reserven übrig haben, wenn die Beanspruchung in den Grenzbereich gelangt)? Oder sind intelligentere Gehirne strukturell oder anatomisch anders beschaffen, so dass sie weniger Energie verbrauchen und Informationen effizienter verarbeiten können? Und wenn dies der Fall wäre, ist dieser anatomische Strukturaspekt genetisch festgelegt, oder ist er auch veränderbar (und wenn ja, wodurch)?

Bei der Beantwortung dieser Fragen tappen Psychologie und Neurowissenschaften eher noch im Dunkeln. Seit den 1990er Jahren gibt es aber zumindest einige tragfähige Arbeitshypothesen, die uns sagen, welche Aspekte der Gehirnstruktur für Intelligenzunterschiede verantwortlich sein könnten.

Eine erste derartige Arbeitshypothese wurde von Richard Haier aufgestellt, dem bereits oben erwähnten »Entdecker« der *Neural-Efficiency*-Hypothese. Er vermutet als Ursache für den geringeren Energieverbrauch in den Gehirnen intelligenterer Menschen, dass deren Gehirne *weniger* Synapsen haben. Synapsen sind aufgrund der Umwandlung von elektrischen in chemische Prozesse und wieder zurück die wesentliche Quelle des Energieverbrauchs des Gehirns. So gesehen erscheint Richard Haiers Annahme plausibel. Aber warum sollten intelligentere Gehirne über weniger Synapsen verfügen? Dies erklärt Haier mit einem unterschiedlich effizient ablaufenden Bereinigungsprozess, dem so genannten *Neural Pruning*. In der Entwicklungsneurophysiologie ist gut bekannt, dass Synapsen in den ersten Lebensjahren (vermutlich bis zum fünften Jahr oder auch etwas länger), stimuliert durch Lernvorgänge, aufgebaut werden. Danach – vermutlich bis zur oder auch noch während der Pubertät – wird das Gehirn gleichsam »ausgemistet«. Das heißt, nicht oder kaum benutzte Synapsen werden wieder abgebaut, und nur die wirklich benutzten synaptischen Verbindungen werden beibehalten, was das Gehirn letztlich – vor allem im Hinblick auf seinen Energieverbrauch – wieder effizienter machen sollte. Für die Annahme des *Neural Pruning* spricht, dass die Gehirne kleiner Kinder wesentlich mehr Energie verbrauchen als die Gehirne von Erwachsenen; bestätigt wurde sie aber auch durch Sezierungen von Gehirnen früh Verstorbener.

Während also die *Neural-Pruning*-Hypothese als allgemeine Gesetzmäßigkeit unumstritten erscheint, steht die Verbindung des *Pruning*-Prozesses mit dem Phänomen der Intelligenz empirisch noch auf eher wackligen Beinen. Haier vermutet, dass bei intelligenteren Menschen, vor allem bei Hochbegabten, das Gehirn – aus bislang ungeklärten Gründen – effizienter bereinigt worden ist, so dass weniger Synapsen vorhanden sind. Als Resultat wären diese Gehirne neural effizienter (siehe Abbildung 5.3). Umgekehrt seien die Gehirne von geistig Behinderten, so genannten Retardierten, besonders schlecht bereinigt worden, so dass zu viele Synapsen verbleiben, die letztlich mehr Energie verbrauchen und somit ineffizienter seien. Für diese These spricht, dass morphologische Untersuchungen von Gehirnen retardierter Personen tatsächlich mehr synaptische Verbindungen aufweisen und ihre Gehirne generell mehr Energie (Glukosestoffwechsel) benötigen. Was allerdings die Ursachen für diesen unterschiedlich verlaufenden *Pruning*-Prozess sein könnten, ist noch völlig unklar. Haier selbst vermutet eher genetische Ursachen.

Im Vergleich zur *Neural-Pruning*-Hypothese wesentlich elaborierter und nach Ansicht der Verfasser auch etwas schlüssiger erscheint die zweite große Arbeitshypothese: die Myelin-Hypothese der Intelligenz von Edward M. Miller, vorgestellt im Jahre 1994. Myelin ist eine aus Lipiden und Proteinen bestehende Substanz, die den langen, faserartigen Fortsatz einer Nervenzelle, das Axon, umgibt und die gleichsam eine Isolierung der Nervenbahnen bzw. Axonen darstellt. Je stärker Axonen myelinisiert sind, desto schneller ist die Informationsübertragung und -weiterleitung im Gehirn (die Unterschiede können mehr als ein Zehnfaches betragen: von 10 Meter/Sekunde bis

120 Meter/Sekunde) und desto geringer ist der Energieverlust und damit auch der Energieverbrauch. Auch die Gefahr, dass elektrische Impulse unerwünscht von einem »Kabel« im Gehirn auf ein anderes überspringen, ist weitaus geringer, mit anderen Worten: Stärker myelinisierte Axonen bewirken weniger Fehler bei der Informationsübertragung. Ausgehend von den bereits dargelegten Beobachtungen, wonach »intelligentere Gehirne«

a) schneller in der Informationsverarbeitung sind (das heißt kürzere Reaktionszeiten bei einfachen Aufgaben zeigen),
b) beim Problemlösen weniger Energie verbrauchen,
c) kleinflächiger aktivieren (neurale Effizienz) sowie generell
d) Informationen besser verarbeiten (im Sinne von weniger »Denkfehlern«),

hat Miller die Vermutung aufgestellt, dass intelligentere Gehirne stärker myelinisiert seien. Zudem lässt sich eine interessante Parallele im Altersverlauf der Gehirnmyelinisierung und des Intelligenzauf- bzw. abbaus beobachten: Myelin wird von Geburt an stetig aufgebaut, ein Prozess, der sicher bis zum 15. bis 20. Lebensjahr andauert, in einzelnen Gehirnarealen möglicherweise sogar länger. Erst ab 65 bis 70 Jahren kommt es dann wieder zu einem Abbau des Myelins, zur so genannten altersbedingten Demyelinisierung. Myelinisierung und Intelligenzentwicklung verlaufen also ontogenetisch, das heißt hinsichtlich der individuellen Altersentwicklung weitgehend parallel. Dennoch muss festgehalten werden, dass auch die Myelinhypothese der Intelligenz – obgleich sehr plausibel – empirisch noch auf eher schwachen Füßen steht. Ähnlich wie bei der *Pruning*-Hypothese können sowohl die Synapsenzahl bzw. -dichte als auch der Myelinisierungsgrad mittels bildgebender Verfahren nur indirekt gemessen werden; eine zuverlässige Bestimmung ist lediglich mittels der Sezierung von Gehirnen (frühzeitig) verstorbener Personen möglich. Aus nahe liegenden Gründen sind derartige Daten (vor allem für jüngere Personen) sehr rar.

Eine indirekte Bestimmung der Synapsenzahl und der Myelinisierung ist auch in der Magnetresonanztomographie möglich, indem in verschiedenen Gehirnarealen die so genannte graue Substanz im Verhältnis zur weißen Substanz bestimmt wird; die graue Substanz setzt sich aus Dendriten, Synapsen und den Zellkörpern selbst zusammen, während die weiße Substanz die myelinisierten Axonen darstellt. Jüngste Studien an allerdings noch recht kleinen Stichproben konnten dabei positive Korrelationen zwischen dem Ausmaß sowohl der grauen als auch der weißen Substanz und der Intelligenz nachweisen. Das heißt, intelligentere Gehirne weisen offensichtlich – zumindest in gewissen Gehirnarealen – mehr Neuronen, mehr Synapsen, mehr Dendriten und mehr myelinisierte Axonen auf.

Welches sind aber die Ursachen für mehr oder weniger Neuronen, Synapsen, Myelin etc.? Wie Zwillingsstudien, die mittels Magnetresonanztomographie die Erblichkeit der Menge der grauen Substanz und der weißen Substanz gemessen haben, zeigen, ist der genetische Einfluss nicht unerheblich; er liegt zwischen 80 und 90%. Ob – und wenn ja welche – Umweltfaktoren für die individuellen Unterschiede bei Synapsenzahl und Myelin verantwortlich sind, ist weitgehend unbekannt. Inwieweit Lernen und Wissenserwerb selbst die Synapsenzahl, die Myelinisierung und andere »Gehirnparameter« beeinflussen oder welche anderen Umweltfaktoren womöglich eine Rolle spielen, soll im Kapitel zu den neurowissenschaftlichen Grundlagen des Lernens erörtert werden (Kapitel 7).

Der Vollständigkeit halber sei eine dritte neurostrukturelle Hypothese erwähnt, nach der eine mögliche Ursache von Intelligenzunterschieden in der unterschiedlichen »Verzweigtheit« von Dendriten liegt; da diese Hypothese aber bislang in der wissenschaftlichen Literatur wenig Widerhall gefunden hat, soll sie hier nicht näher erörtert werden (der interessierte Leser sei auf einen Artikel von Dennis Garlick von der Universität Sydney verwiesen).

Die genannten neurostrukturellen Erklärungsansätze beziehen sich auf generelle Aspekte der Hirnphysiologie, wie die Verschaltung von Neuronen oder die Myelinisierung der Axonen. So gesehen sind alle diese Ansätze »nicht-lokaler« Natur, das heißt, sie bringen das Phänomen der Intelligenz noch nicht mit bestimmten Teilen oder Arealen des Gehirns direkt in Zusammenhang. Die insbesondere mittels bildgebender Verfahren gewonnenen Erkenntnisse legen nahe, dass nicht alle Teile des Gehirns gleichermaßen am Zustandekommen von Intelligenzleistung beteiligt sind. Dass die höheren kognitiven Leistungen des Menschen bevorzugt eine Leistung der Gehirnrinde (Kortex) sind, ist bekannt. Ebenso, wo im Kortex welche sensorischen Prozesse (Prozesse der Reizverarbeitung) und welche motorischen Prozesse (Bewegungssteuerung) ablaufen (vgl. Abbildung 5.3). Während am Sehen hauptsächlich Regionen des okzipitalen Kortex (Hinterhauptlappen) beteiligt sind, werden das Hören, die anderen Sinne und die Motorik von den zentralen und temporalen (seitlichen) Teilen des Kortex gesteuert. Höhere kognitive Funktionen wie Lernen, Gedächtnis, Denken, Problemlösen etc. wurden bis in die 1990er Jahre eher diffus den so genannten Assoziationsarealen zugeschrieben, in denen gleichsam die Inhalte des Bewusstseins miteinander verknüpft, also assoziiert werden. Dank der Fortschritte in den bildgebenden Verfahren konnten aber im Laufe der 1990er Jahre unterschiedliche höhere kognitive Leistungen besser den verschiedenen Assoziationsarealen zugeordnet werden.

Für die kognitive Intelligenz erschien es – aufgrund von Befunden zur Lokalisation von Arbeitsgedächtnis und zentraler Exekutive (siehe vorhergehendes Kapitel) – nahe liegend, vor allem im Frontalhirn, dem so genannten präfrontalen Kortex (PFC = *prefrontal cortex*), nach einem »Intelligenzzentrum« zu suchen. Mehrere Studien mit bildgebenden Verfahren, bei denen Personen beim Lösen von Intelligenzaufgaben *gescannt* und diese Gehirnbilder dann mit Bildern beim Lösen von

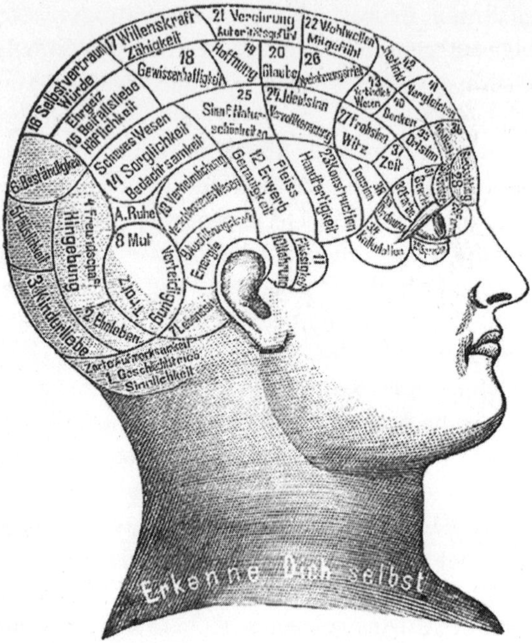

anderen, reizähnlichen, aber intelligenzunabhängigen Kontrollaufgaben verglichen wurden, haben gezeigt, dass bei den Intelligenzaufgaben der präfrontale Kortex stärker »aufleuchtet«, also aktiviert ist. Diese Befunde legen nahe, dass der präfrontale Kortex ein für die kognitive Intelligenz wichtiges Gebiet des Gehirns ist (»Frontallappenhypothese der Intelligenz«). Zu sagen, dass dieser Gehirnteil *das* Intelligenzzentrum sei, wäre aber – zumindest derzeit – aus mehreren Gründen eine überzogene Schlussfolgerung:

1. Es ist noch nicht hinreichend geklärt, ob die verstärkte Involvierung des präfrontalen Kortex bei Intelligenzaufgaben nicht einfach eine Folge der (im Vergleich zu den Kontrollaufgaben) erhöhten Arbeitsgedächtnisanforderung bei die-

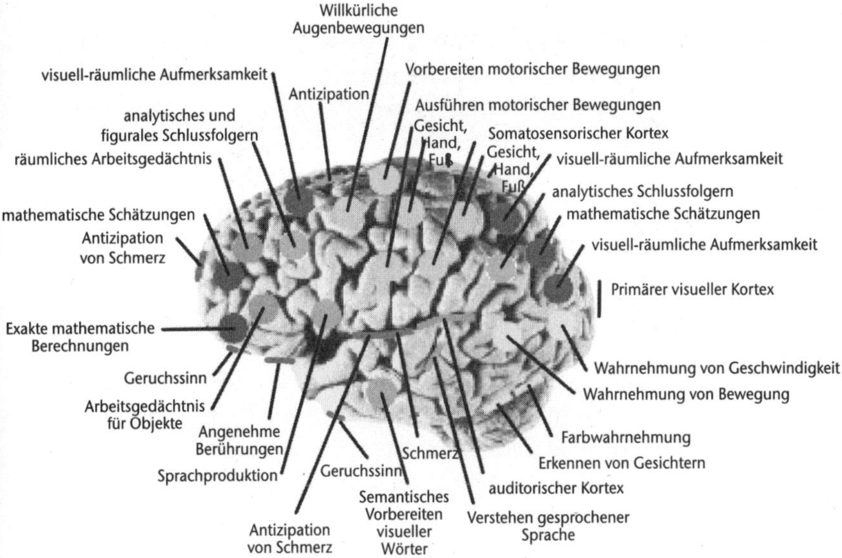

Abbildung 5.3: Gehirnfunktionen, links in historischer Sichtweise, rechts auf der Basis aktueller Befunde aus der Gehirnforschung

sen Aufgaben ist. Ebenso unklar ist, ob der präfrontale Kortex primär als *Intelligenzzentrum* fungiert oder ob dort nur die für Intelligenz grundlegende Basiskomponente des Arbeitsgedächtnisses lokalisiert ist oder auch eine der anderen mit dem präfrontalen Kortex in Verbindung gebrachten Funktionen, wie Handlungsplanung, Entscheidungsfindung, selektive Aufmerksamkeit. Da all diese Prozesse naheliegenderweise für die Lösung von Denkaufgaben ebenfalls von Bedeutung sind, konnte das Problem einer Trennung dieser Prozesse in Bezug auf den präfrontalen Kortex noch nicht wirklich eindeutig gelöst werden.

2. Vielleicht ist dem präfrontalen Kortex im Hinblick auf die dort angesiedelten Aufmerksamkeits- und Kontrollfunktionen (zentrale Exekutive) für die höheren Intelligenzleistungen auch »nur« eine wichtige koordinierende Funktion zuzuschreiben. Der präfrontale Kortex wäre gleichsam der »Dirigent« des Gehirns, der die anderen Kortexareale und die dort angesiedelten Prozesse (vgl. Abbildung 5.3 rechts) gleichsam kontrolliert und koordiniert. Intelligenz als die in der Hierarchie der kognitiven Leistungen vermutlich höchststehende menschliche Leistung wäre demnach nicht nur eine Funktion der Qualität dieses Dirigenten, sondern würde auch durch die Qualität der einzelnen Musiker bestimmt. Die einzelnen Musiker wären entweder die – auf bestimmte Leistungen – spezialisierten kortikalen Areale oder sogar die einzelnen Neuronen bzw. einzelne Teile dieser Neuronen (Synapsen, Myelin etc.), wie sie oben als mögliches Substrat für Intelligenz bereits erörtert worden sind.

3. Die Frontallappenhypothese der Intelligenz erklärt durchaus schlüssig die Wichtigkeit des präfrontalen Kortex für die Intelligenzleistungen von Menschen. Der Befund einer verstärkten Aktivierung des präfrontalen Kortex bei Intelligenzaufgaben ist jedoch zunächst als ein allgemeines Phänomen zu betrachten; *per se* erklären diese wissenschaftlichen Studien noch nicht die Intelligenzunterschiede, die zwischen Menschen beobachtet werden können. Dazu müsste erst einmal nachgewiesen werden, dass der präfrontale Kortex bei intelligenteren Menschen irgendwie anders arbeitet oder auch anatomisch anders gestaltet ist als bei Personen mit niedrigerer Intelligenz. Dies ist nicht unplausibel, zeigen doch die Muster der Gehirnaktivierung, die im Zusammenhang mit der *Neural-Efficiency*-Hypothese vorgestellt wurden (vgl. Abbildung 5.2), dass die Unterschiede in der Gehirnaktivierung vor allem im frontalen Kortex besonders augenfällig sind: Bei Intelligenteren bleibt der frontale Kortex im Vergleich zu den weniger Begabten eher »kühl«. Vielleicht sind Intelligenzunterschiede zwischen Menschen also bevorzugt mit der unterschiedlichen

Effizienz des präfrontalen Kortex zu erklären. Und – weiter gedacht – vielleicht ist die Ursache hierfür eine unterschiedlich starke Myelinisierung des präfrontalen Kortex, eine Annahme, die insofern sehr plausibel erscheint, als inzwischen auch bekannt ist, dass die Altersentwicklung in der Myelinisierung nicht in allen Teilen des Gehirns synchron verläuft. Vielmehr werden in den ersten Lebensjahren vor allem die sensorischen und motorischen Areale myelinisiert, während der präfrontale Kortex seine vollen Myelinschichten erst im Alter zwischen 15 und 20 erhalten dürfte, also gerade in jenem Altersbereich, in dem auch die Intelligenzentwicklung abflacht und das individuelle Maximum erreicht wird.

Zusammenfassend und Bezug nehmend auf die Kernfrage dieses Buches muss festgehalten werden: Die Ursachen für menschliche Intelligenzunterschiede liegen mit Sicherheit in einer unterschiedlich effizienten Nutzung des Gehirns, und diese wiederum dürfte ihre Ursache in neuroanatomisch-strukturellen Unterschieden haben. Inwieweit diese Unterschiede primär genetisch angelegt sind oder doch auch durch Umwelteinflüsse veränderbar sind (und durch welche Einflüsse bzw. durch Einflüsse in welchem Alter), ist noch weitgehend ungeklärt. Wir werden auf diese Frage wieder zurückkommen, wenn wir die neurowissenschaftliche Basis von Lernen und Wissenserwerb erörtern.

Implikationen für die Bildung

Bei vergleichbaren Umweltbedingungen unterscheiden sich Menschen also beachtlich in ihren geistigen Fähigkeiten. Diese Unterschiede lassen sich auf die Gene zurückführen, was aber noch nicht bedeutet, dass man sich bei gleicher genetischer Ausstattung ganz unabhängig von den Umweltbedingungen immer gleich entwickeln würde. Ganz allgemein gilt, dass die Entfaltung der Gene an bestimmte Umweltbedingungen gebunden ist. Intelligenz in dem von uns verstandenen Sinne kann sich nur in einer Kultur mit einem formalen Bildungssystem entwickeln, in dem Schrift und mathematische Symbolsysteme zur Verfügung stehen, die als Werkzeuge für geistige Leistungen verstanden werden können. In einer Gesellschaft, in der es keine Schule, keine Schrift und keine Mathematik gibt, kann sich – und zwar unabhängig von der genetischen Ausstattung – keine Intelligenz in dem hier verstandenen Sinne entwickeln. Wer gute genetische Voraussetzungen für den Schriftspracherwerb mitbringt, jedoch keine Gelegenheit zum Erwerb von Lese- und Schreibkompetenzen hat, wird seine genetische Disposition nicht nutzen können. Bestimmte Umweltbedingungen sind Voraussetzung dafür, dass sich Intelligenz in unterschiedlicher Weise entwickeln kann.

Gibt es Komponenten der Intelligenz, die stärker von Genen beeinflusst werden als andere? Starke genetische Einflüsse zeigen sich sowohl bei der Arbeitsgedächtniskapazität als auch bei spezifischen Komponenten wie den sprachlichen und den räumlich-visuellen Fähigkeiten. Interessant ist, dass gerade bei den sprachlichen Fähigkeiten der Einfluss der Gene auf die interindividuellen Unterschiede besonders groß ist. Mündliche und schriftliche Sprachangebote finden sich allerorten, und damit auch Möglichkeiten, die sprachlichen Fähigkeiten zu verbessern. Aber davon profitieren gerade Menschen mit besseren Anlagen in höherem Maße als Menschen mit weniger guten Anlagen. Wenn Unterschiede der räumlich-visuellen Kompetenzen in geringerem Maße von Genen beeinflusst werden, so lässt sich das mit den geringeren Übungsmöglichkeiten erklären. Verglichen mit Schrift und Sprache sind nämlich Methoden zur Abbildung von Inhalten im Raum relativ jung. Aus der Geschichte der Mathematik wissen wir, dass Graphen einer linearen Funktion vor 300 Jahren noch unbekannt waren. Balken- oder Liniendiagramme sind seit der Verbreitung des Computers ein gängiges Mittel zur Darstellung von Informationen, aber ihr Verbreitungsgrad in Schulen ist nicht sehr hoch. Es kann davon ausgegangen werden, dass genetisch bedingte Unterschiede in räumlich-visuellen Fähigkeiten mit zunehmender Verbreitung von Diagrammen und Graphen im Unterricht deutlicher sichtbar werden. Auch hier gilt: Genetische Unterschiede in den Anlagen treten erst zutage, wenn Menschen Gelegenheit erhalten, ihre Fähigkeiten auszubauen. Andererseits ist noch nicht gewährleistet, dass Schüler, die gute Voraussetzungen mitbringen, auch Übungsgelegenheiten erhalten, die ihr Potenzial optimieren.

Am stärksten genetisch bedingt scheinen allerdings nicht die einzelnen Teilfaktoren der Intelligenz zu sein, sondern der Generalfaktor oder g-Faktor, also die allgemeine Intelligenz im Sinne Spearmans (vergleiche Kapitel 3). Die oben angeführten Schätzungen von 50% bis 70 oder sogar 80% genetischer Bedingtheit im höheren Alter gelten für diesen Generalfaktor, während die Teilfähigkeiten im Allgemeinen deutlich niedrigere genetische Einflüsse aufweisen (30 bis 50%). Für diese höhere Erblichkeit der allgemeinen Intelligenz dürfte nach Ansicht der modernen Neurowissenschaften die Tatsache verantwortlich sein, dass – wie später noch zu zeigen sein wird – gewisse Aspekte der Gehirnstruktur, wie die Menge an grauer und weißer Substanz, die hochgradig erblich bedingt sind (Schätzungen gehen von 80 bis 90% genetischem Einfluss aus), eine Grenze für das allgemeine Intelligenzniveau darstellen. Was ein Mensch mit diesem genetischen Gehirnpotenzial macht, ob er es eher in Sprachen oder Mathematik oder in andere Wissensgebiete investiert, scheint hingegen stärker durch Umwelteinflüsse bedingt. Die »Gehirnhardware« kann mit der Computerhardware (Prozessor, Festplatte, RAM) verglichen werden: Die Qualität dieser Komponenten begrenzt die allgemeine Leistungsfähigkeit des Computers; ob er aber eher für Textverarbeitung, Tabellenkalkulationen oder Grafikanwendungen eingesetzt wird, entscheidet der Benutzer. So gesehen begrenzt die – vorwiegend genetisch bedingte – Hardware des Gehirns das intellektuelle Potenzial eines Menschen nach oben; was der Mensch daraus macht, hängt aber deutlich stärker von den Umwelteinflüssen ab, denen er ausgesetzt ist oder sich selbst aussetzt. Wer mehr lernt, wer sich intellektuell stärker anregende Freunde und Freizeitbeschäftigungen sucht, wird das Potenzial besser ausnutzen. In welche Richtung dieser Prozess geht, ist vermutlich nicht zuletzt von den »Zufälligkeiten« im Verlauf eines persönlichen Lebens abhängig.

Selbstverständlich spiegeln sich auch die Lernerfahrungen im Gehirn des Menschen wider bzw. schreiben sich darin fest, und zwar mehr – aber das wissen wir noch nicht so genau – in den eher variablen Aspekten der Gehirnstruktur wie dem Ausmaß und der Stärke sowohl der synaptischen Verbindungen (Verbindungen von Neuronen zu anderen Neuronen) als auch der dendritischen Verzweigungen (den »Empfangsstationen« der Neuronen). Vermutlich gibt es eine stark genetisch definierte Gehirnhardware als Basis, und auf dieser »spielt die Umwelt« wie auf einem Klavier und lässt Netzwerke entstehen, die topografisch regional stärker synaptisch und dendritisch verzweigt sind, so dass sie gleichsam eine bessere »Feinabstimmung« aufweisen und daher leistungsfähiger sind.

Die stärker genetisch bedingte Gehirnhardware stellt gleichsam das Fundament oder auch den Rohbau des Hauses dar; auf diesem aufbauend kann dann die Detailausstattung des Hauses vorgenommen werden. Zwar kann ich – durch geschickte Raumaufteilung – das Innere des Hauses besser nutzen, doch bleibt die Gesamtgröße durch die Außenmauern (die Hardware) begrenzt. Dieser Aspekt wird später noch vertieft, wenn die Beziehung zwischen Wissen und Intelligenz erörtert wird.

KAPITEL 6

Gruppenunterschiede: Geschlecht, Rasse und ethnische Herkunft

Immer wieder versuchen Massenmedien Aufmerksamkeit zu erheischen (und damit Auflagenzahlen bzw. Quoten zu steigern), indem sie Meldungen über Intelligenzunterschiede zwischen Angehörigen verschiedener Gruppen, wie Geschlechter, Berufsgruppen, Ethnien lancieren. Während sich die Diskussion in Europa zumeist auf Intelligenzunterschiede zwischen den Geschlechtern konzentriert, manchmal auch zwischen ethnischen Gruppen innerhalb eines Landes, also Immigranten im Vergleich zu Einheimischen, ist vor allem in den USA seit Jahrzehnten eine heftige Debatte darüber im Gang, ob Weiße (so genannte Kaukasier) im Vergleich zu Farbigen bzw. Dunkelhäutigen (Afroamerikaner) intelligenter seien oder nicht (und was die Ursache dafür sei). Was ist tatsächlich dran an solchen Gruppenunterschieden in der Intelligenz? Im Folgenden wollen wir uns mit den relevantesten Kontroversen auseinandersetzen: Geschlechtsunterschiede, Unterschiede zwischen ethnischen Gruppen (Europäer vs. Afroamerikaner vs. Asiaten) und Unterschiede zwischen Einwohnern verschiedener Länder.

Unterschiede zwischen den Geschlechtern

Die überwältigende Mehrzahl der psychologischen Studien zu Geschlechtsunterschieden in der allgemeinen kognitiven Leistungsfähigkeit (dem Generalfaktor der Intelligenz) berichtet keine statistisch bedeutsamen Unterschiede zwischen den Geschlechtern: Männer und Frauen schneiden, was das Gesamtmaß (den IQ) betrifft, im Mittel gleich gut ab. Der in der Entwicklung in Kindheit und Jugend teilweise beobachtbare geistige Vorsprung von Mädchen gegenüber Knaben wird von Letzteren spätestens mit Eintritt ins Erwachsenenalter aufgeholt. Sowohl in Kindheit und Jugend als auch im Erwachsenenalter ist allerdings zu vermerken, dass Jungen/Männer sowohl bei den unteren als auch den oberen Extremen tendenziell überrepräsentiert sind. Zum Beispiel weisen viermal so viele Jungen wie Mädchen frühreife Leistungen in Mathematik auf, und fünfmal so viele Jungen wie Mädchen leiden unter *Dyslexie*, das heißt unter Leseschwäche.

In einigen speziellen Bereichen kognitiver Leistungsfähigkeit weisen die Leistungen von Jungen und Mädchen geringfügige Unterschiede auf. Mädchen sind im Durchschnitt etwas besser als Jungen, was Sprachflüssigkeit, Schreiben und Wahrnehmungsgeschwindigkeit angeht, wobei die Unterschiede in der Sprachflüssigkeit und der Wahrnehmungsgeschwindigkeit bereits im Altersbereich zwischen einem und fünf Jahren zu beobachten sind, wie etwa Diane Halpern berichtet, die sich auf die Erforschung von Geschlechtsunterschieden in kognitiven Leistungen spezialisiert hat. Jungen hingegen haben im Durchschnitt im räumlichen Denken die Nase vorn, in den Naturwissenschaften und im mathematischen Problemlösen, wobei die Unterschiede im räumlichen Denken bereits mit drei Jahren auftreten und im Jugendalter noch ausgeprägter werden. Dieses Muster der Unterschiede zwischen den Geschlechtern findet sich in mehreren Ländern. So zeigte zum Beispiel eine Untersuchung des naturwissenschaftlichen Wissens von Kindern in der achten Klasse, dass in 75 % der untersuchten Länder die Jungen besser abschnitten als die Mädchen, während in den übrigen 25 % keine Unterschiede nachgewiesen werden konnten. Obwohl einige Untersuchungen den Eindruck erweckten, als wären diese Unterschiede zwischen den geistigen Leistungen von Jungen und Mädchen in den letzten Jahrzehnten zurückgegangen, haben systematischere Studien zutage gebracht, dass die Differenzen tatsächlich stabil sind.

Studien an Erwachsenen ergeben ein ähnliches Bild: Leichten Vorteilen der Frauen in einigen Verbalfähigkeiten (vor allem im sprachlichen Ausdruck) stehen etwas höhere Leistungen von Männern in mathematischen Fähigkeiten und deutlich höhere Leistungen von Männern in manchen, wenn auch nicht allen räumlichen Fähigkeiten gegenüber. So ist der größte Geschlechtsunterschied überhaupt bei der so genannten *mentalen Rotation* zu vermerken, also der Fähigkeit, zwei- oder dreidimensionale Objekte mental (im Geiste) zu drehen bzw. zu kippen.

Welche Faktoren für diese Unterschiede verantwortlich sind, ist Gegenstand kontroverser Diskussionen. Einige Psychologen vertreten die These, dass Unterschiede in den geistigen Leistungen von Jungen und Mädchen in erster Linie auf biologische Differenzen zurückzuführen sind. Andere machen für diese Unterschiede vor allem gesellschaftliche Einflüsse verantwortlich; beispielsweise wird Kindern immer wieder vermittelt, dass bestimmte Interessensgebiete als angemessen, andere als unpassend angesehen werden (etwa »Mathematik ist was für Jungen«). Allerdings sind gerade in den ersten Lebensjahren große Unterschiede zwischen Jungen und Mädchen in den Interessen zu beobachten, die keineswegs immer durch die Eltern unterstützt werden. Bei aller Leidenschaft, mit der diese Diskussionen oft geführt werden, sollte man nicht aus den Augen verlieren, wie geringfügig die Differenzen der Leistungsunterschiede zwischen Jungen und Mädchen tatsächlich sind. Selbst wenn relativ große Unterschiede zwischen den Geschlechtern vorliegen, handelt es sich bei den Verteilungen der Fähigkeiten um zwei Normalverteilungen (siehe Abbildung 6.1), die einen sehr großen Überlappungsbereich aufweisen. Wie die nachfolgende Abbildung nahelegt, kann daher aus der Kenntnis des Geschlechts eines Menschen keinesfalls seine Begabung erschlossen werden: Es

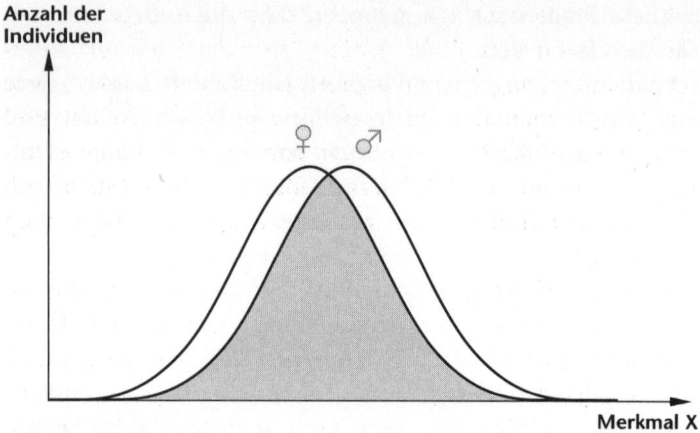

Abbildung 6.1: Fiktives Beispiel für zwei stark überlappende Normalverteilungen für Männer und Frauen

gibt ebenso mathematisch und in räumlicher Fähigkeit hochbegabte Frauen, wie es sprachlich hochbegabte Männer gibt.

Nichtsdestoweniger haben in jüngerer Zeit Berichte die Aufmerksamkeit der Massenmedien erlangt, die argumentieren, dass die im Schnitt um 10 % größeren Gehirne von Männern auch in einem kleinen, aber zuverlässigen Unterschied in der Intelligenz (von drei bis sechs IQ-Punkten) resultieren müssten. Den Wissenschaftlern Lynn und Irwing zufolge steht dem relativ großen Vorteil der Männer bei der mentalen Rotation ein numerisch viel kleinerer Vorteil der Frauen in sprachlichen Fähigkeiten gegenüber. Dass man bislang in vielen IQ-Tests keine Geschlechtsunterschiede in der Gesamtintelligenz gefunden habe, sei mit der Repräsentation der verschiedenen Fähigkeitsbereiche in einem Intelligenztest zu erklären. Letzteres erscheint grundsätzlich sehr plausibel: Ein Intelligenztest, der mehr sprachliche Tests enthält, wird im Gesamt-IQ eher Vorteile für Frauen hervorbringen; ein Test, bei dem vor allem die räumlichen Fähigkeiten erfasst werden, eher Vorteile für Männer. An diesem Beispiel ist bereits gut erkennbar, warum die Frage nach Intelligenzunterschieden zwischen den Geschlechtern vermutlich kaum lösbar ist: Sind die Unterschiede so gering (nämlich drei bis sechs IQ-Punkte), wie man sie in manchen jüngeren Studien gefunden hat und wie es viele Alltagsbeobachtungen nahelegen, so hängt es tatsächlich primär von der Zusammensetzung des Tests ab, ob Männer oder Frauen besser abschneiden oder ob Gleichheit gegeben ist.

Wissenschaftskritisch könnte man jetzt anmerken, dass die Zusammenstellung der Subtests für die identifizierten Teilfähigkeiten in einem repräsentativen Intelligenztest eigentlich theoriegeleitet erfolgen sollte, das heißt auf der Grundlage etablierter Intelligenztheorien. Dem ist prinzipiell zuzustimmen, jedoch wurde bereits deutlich, dass sich – obgleich diesbezüglich mittlerweile ein breiter Konsens hergestellt wurde – diese Frage nicht so deterministisch entscheiden lässt, wie man in der Mathematik oder in der Physik Naturgesetze formulieren kann. Die Entscheidung, was die relevanten kognitiven Fähigkeiten eines Menschen ausmacht, ist immer auch eine gesellschaftlich und kulturell definierte und kann nur bedingt *über Kulturen* und innerhalb von Kulturen *über zeitliche Epochen* hinweg generalisiert werden.

Ethnische Unterschiede

Ein Thema, das hierzulande nur gelegentlich in den Massenmedien abgehandelt wird (vor allem dann, wenn in den USA gerade wieder einmal ein diesbezüglich kontrovers diskutiertes Buch oder ein Artikel erschienen ist), ist die Frage nach Intelligenzunterschieden zwischen Angehörigen verschiedener Rassen. Insbesondere die Frage nach dem IQ-Unterschied zwischen *blacks* (Afroamerikanern) und *whites* (Europäischstämmigen) ist immer wieder Gegenstand heftigster medialer wie auch wissenschaftlicher Kontroversen. Umstritten ist dabei –

zumindest in wissenschaftlichen Kreisen – weniger die Tatsache eines *black-white*-(b-w)-Unterschieds im IQ an sich, sondern die Ursache desselben: Sind für den – empirisch vielfach nachgewiesenen – im Schnitt um 15 Punkte höheren IQ von Weißen gegenüber dem Farbiger eher genetische Effekte oder eher Umwelteinflüsse verantwortlich?

Einen Höhepunkt erreichte diese Diskussion im Jahre 1994, als der Psychologe Richard Herrnstein und der Soziologe Charles Murray ihr Buch *The Bell Curve – Intelligence and Class Structure in American Life* veröffentlichten. In dieser – mit rund 700 Seiten äußerst umfassenden – Analyse wird zunächst die Bedeutung des IQ (der sich eben nach der *bell curve,* der Gauss'schen Glockenkurve, in der Population verteilt) für Ausbildungs-, beruflichen und sonstigen Lebenserfolg abgehandelt. Dabei werden Befunde präsentiert, denen kaum ein einschlägig ausgewiesener Wissenschaftler widersprechen würde (vgl. Kapitel 4). Auch die Darlegung empirischer Befunde zu den Rassenunterschieden (im Ausmaß von rund 15 IQ-Punkten) rief nur vereinzelten Widerspruch hervor. Der eigentliche Stein des Anstoßes war und ist die Annahme der Autoren, dass für den um 15 Punkte höheren IQ von Weißen gegenüber Farbigen überwiegend oder fast ausschließlich eine unterschiedliche »genetische Ausstattung« verantwortlich sei. Die politische Implikation, die daraus gezogen wird, birgt wohl am meisten »Sprengstoff«: Programme zur Förderung von Farbigen, um diesen zukünftig in der Gesellschaft bessere, das heißt höher angesehene Positionen zu ermöglichen, seien weitestgehend sinnlos; vielmehr müsse man diesen falsch verstandenen Ehrgeiz aufgeben und Farbigen trotz ihrer niedrigeren Intelligenz gute Lebensbedingungen verschaffen.

Die wissenschaftliche und populärwissenschaftliche bzw. massenmediale Auseinandersetzung mit Herrnsteins und Murrays Thesen füllt mindestens ein mittelgroßes Bücherregal. Die Kritik seitens der psychologischen Intelligenzforschung und der Verhaltensgenetik konzentriert sich dabei vor allem auf die genetische Erklärung des b-w-Unterschieds. Nach Sichtweise namhafter Experten sind die Befunde von Herrnstein und Murray hierzu nicht haltbar. Insbesondere könne aus der Tatsache, dass allgemeine Intelligenz generell zu einem relativ hohen Anteil erblich bedingt ist, nicht geschlossen werden, dass sich Gruppenunterschiede (also auch b-w-Unterschiede) primär durch eine unterschiedliche »genetische Ausstattung« dieser Gruppen erklären ließen. Die bereits im Kapitel zu Anlage-Umwelt-Einflüssen (Kapitel 5) beschriebenen Studien, denen zufolge Intelligenz im Kindes- und Jugendalter zu 50% und im höheren Erwachsenenalter bis zu 80% durch genetische Einflüsse bedingt sei, befassten sich fast immer mit genetischen Einflüssen und Umwelteinflüssen *innerhalb* einer Rasse, einer Ethnie etc. IQ-Unterschiede *zwischen Gruppen* können zwar teilweise durch Gene bedingt sein, auf die auch die individuellen Unterschiede zwischen Menschen innerhalb einer Gruppe (einer Rasse, eines Geschlechts etc.) zurückzuführen sind, aber auch das Gegenteil kann der Fall sein, nämlich dass Gruppenunterschiede entweder gar nicht durch Gene oder durch ganz andere Gene verursacht werden. Diese Frage ist daher – zumal man noch nicht wirklich einzelne Gene, geschweige denn alle Gene für Intelligenz entdeckt hat – mit den klassischen Methoden der Populationsgenetik, den Zwillings- und Adoptionsstudien, nicht direkt entscheidbar.

Am ehesten lassen sich genetisch bzw. durch Umwelteinflüsse bedingte b-w-Unterschiede noch durch Adoptionsstudien erklären, bei denen man farbige Kinder, die von einer »weißen« Familie adoptiert wurden, im Hinblick auf ihre Intelligenzentwicklung längsschnittlich (also über längere Zeiträume) beobachtet und mit weißen Adoptivkindern sowie mit leiblichen weißen Kindern in den Adoptivfamilien vergleicht. Eine derartige Studie (1976 von den amerikanischen Psychologen Sandra Scarr und Richard Weinberg veröffentlicht) zeigte allerdings keine »positiven« Effekte einer Adoption von farbigen Kindern in weiße Familien. Selbst nach einem Beobachtungsintervall von zehn Jahren ließ sich nicht nachweisen, dass die mittels Adoption hergestellte »weiße Umwelt« den IQ-Unterschied zwischen schwarzen und weißen Kindern bedeutsam verringerte. Von Vertretern einer »genetischen Erklärung« von Rassenunterschieden wird diese Studie daher gerne als empirische Unterstützung für ihre Position angeführt.

Wie in dem bekannten Lehrbuch für Persönlichkeitspsychologie des Berliner Persönlichkeitsforschers Jens Asendorpf dargelegt wird, ist diese Interpretation jedoch aus drei Gründen problematisch:

1. Die schwarzen Kinder unterscheiden sich von den (ebenfalls untersuchten) Mischlingskindern (die im IQ näher an den Weißen waren) nicht nur in ihrer Hautfarbe, sondern auch in der Qualität ihrer Umwelt (höheres Alter, häufigerer Wechsel der Bezugspersonen vor der Adoption).

2. Es steht zu vermuten, dass schwarze Kinder aufgrund der schlechteren Ausbildung ihrer biologischen Mütter höheren Umweltrisiken während Schwangerschaft und Geburt ausgesetzt waren.

3. Die Familienumwelt ist nur eine Größe, die IQ-Unterschiede beeinflussen kann: Außerhalb der (Adoptiv-)Familie waren die schwarzen Kinder schon allein aufgrund ihrer Hautfarbe ähnlichen Erwartungen ihrer sozialen Umwelt ausgesetzt wie andere schwarze Kinder. Dies könnte ganz im Sinne einer sich selbst erfüllenden Prophezeiung die Intelligenzentwicklung beeinträchtigt haben.

Diese Vermutungen sprechen allerdings nicht dafür, Rassenunterschiede vollständig durch Umwelteffekte zu erklären. Vielmehr können passive und reaktive Genom-Umwelt-Beziehungen (vgl. Kapitel 5) vermutet werden, die bewirken könnten, dass sich relativ kleine genetische b-w-Unterschiede im Verhalten verstärken. Letztlich ist die Frage nach den

Ursachen der b-w-Unterschiede wissenschaftlich derzeit nicht geklärt; eine Interpretation aufgrund von nur kleinen genetischen Effekten und dadurch hervorgerufenen größeren Umwelteffekten ist aber nach Sicht vieler Wissenschaftler die plausiblere Erklärung als die rein oder bevorzugt genetische Deutung des Unterschieds zwischen der farbigen und der weißen Rasse.

Unumstritten ist auch, dass noch längst nicht alle Möglichkeiten ausgeschöpft sind, um Menschen bei der Kompensation ungünstiger Startbedingungen zu helfen. Wir müssen inzwischen einsehen, dass manche Erwartungen an Sozialprogramme überhöht waren. Zwar haben Maßnahmen wie das berühmte Head-Start-Programm, die seit 40 Jahren in Großstadt-Slums ungerechten Startchancen entgegenwirken sollten, keine Wunder bewirkt, aber sie verbesserten doch die Situation einiger Geförderter beachtlich. Der bereits mehrfach erwähnte Intelligenzforscher Stephen Ceci betont das besondere Potenzial von Schülern afrikanischer Abstammung: Die geförderten Schüler machten die größten Lernfortschritte. In jedem Falle wäre es unfair und wissenschaftlich nicht zu vertreten, aus gefundenen Unterschieden auf kausale Unterschiede zu schließen.

Zudem sind Hautfarbe und andere phänotypische Indikatoren beim Menschen nur sehr partiell mit Rassenunterschieden assoziiert. Generell machen Rassenunterschiede in genetischer Hinsicht lediglich ein Sechstel aller Unterschiede zwischen Menschen aus, das heißt, von allen Genen des Menschen sind ein Sechstel mit Rassenunterschieden assoziiert. Insgesamt sind somit die genetischen Unterschiede innerhalb einer Population (Rasse oder Geschlecht o. a.) rund 6-mal so groß wie die Unterschiede zwischen den Populationen.

Die häufig anzutreffende Sichtweise, dass sich Rassen genetisch stark unterscheiden, ist falsch. Merkmale, die mit der ethnischen Zugehörigkeit zusammenhängen, wozu vor allem Farbe und Struktur von Haut und Haar sowie die Form von

Augen und Lippen gehören, ziehen in besonderem Maße die Aufmerksamkeit der Mitmenschen auf sich. Psychologisch gesprochen, sind sie hochgradig salient. Es gibt aber keinerlei Anhaltspunkte dafür, dass diese Merkmale im Zusammenhang mit psychologischen Merkmalen stehen. Blondinenwitze entbehren jeder Grundlage. Dass Gene, die für die Ausprägung der genannten Merkmale zuständig sind, mit den Genen zusammenhängen, die die geistige Ausstattung über die Hirnentwicklung steuern, ist nicht wahrscheinlich. Es gibt nicht einmal Hinweise darauf, dass die Gene eng beieinander liegen und deshalb bei der Meiose (Reduktion des Chromosomenbestands um die Hälfte) mit hoher Wahrscheinlichkeit zusammen vererbt würden.

Es erscheint daher gegenwärtig am plausibelsten, dass sich – ganz ähnlich wie bei den Geschlechtsunterschieden – durch die Zuschreibung eines Rassenbegriffs für eine bestimmte, äußerlich leicht identifizierbare Population von Menschen bereits kleine genetische Unterschiede durch die Reaktionen der Umwelt deutlich verstärken. So können, für den Bereich der kognitiven Leistungsfähigkeit, die in Stereotypen festgeschriebenen negativen Leistungserwartungen (gegenüber Farbigen, aber auch gegenüber Frauen) im Sinne einer *self-fulfilling prophecy* tatsächlich zu geringeren Leistungen bei der entsprechenden Gruppe führen.

Schließlich könnte man auch die Motive einer wissenschaftlichen Erforschung von Populationsunterschieden in Frage stellen: Warum soll man überhaupt Unterschiede im IQ (und intellektuellen Teilleistungen) zwischen Männern und Frauen, zwischen Farbigen und Weißen empirisch untersuchen? Muss Wissenschaft alles untersuchen, was prinzipiell untersuchbar ist, oder reflektiert die Wahl der Fragestellung an sich nicht schon eine bestimmte ideologische Position? Ist Wissenschaft und damit die Wahl einer Fragestellung generell wertfrei? Oder stellt die Entscheidung, Rassenunterschiede im IQ zu untersuchen, nicht auch ein Werturteil an sich dar?

Andererseits könnten wissenschaftliche Studien, die nach den höchsten anerkannten Standards für empirische Wissenschaften durchgeführt werden, ja auch den Beweis erbringen, es gebe gar keine Rassenunterschiede beim IQ oder aber Vorteile zugunsten von Farbigen. Wie würde die Öffentlichkeit angesichts derartiger Ergebnisse reagieren? Würde eine Studie, die in der heutigen Zeit für Frauen einen höheren mittleren IQ zeigt als für Männer, die gleichen öffentlichen Reaktionen hervorrufen wie das gegenteilige Ergebnis? Dabei wird die Frage nach den Unterschieden zumeist weitaus weniger kontrovers diskutiert als die nach den Ursachen für die Unterschiede. Gerade bezüglich der Erklärung der Unterschiede zwischen Populationen ist die Psychologie noch nicht so weit wie in ihrer rein deskriptiven Beschreibung. Noch lässt die Erklärung der Unterschiede wesentlich mehr »Interpretationsspielraum« als die Darstellung der »Tatsache« an sich, dass Farbige einen niedrigeren IQ haben als Weiße.

Obgleich sich aus der umfangreichen Literatur Belege sowohl für eine eher genetische als auch für eine eher umweltbedingte Erklärung finden lassen, ist es gegenwärtig vielfach eine Frage der Gewichtung der Ergebnisse einzelner Untersuchungen, welche Position man bezieht. Wissenschaft wird »von Menschen gemacht«, und nur wenige Wissenschaftler gehen völlig wertneutral an eine Fragestellung heran. So gesehen ist die Wahl einer wissenschaftlichen Fragestellung vielleicht – wie der bekannte Psychologe Robert Sternberg es formuliert – auch eine Frage des »Geschmacks«: Wissenschaftliche Qualität zeige sich nicht nur in der Beherrschung des wissenschaftlichen Methodeninventars, sondern auch darin, welche Fragestellungen ein Wissenschaftler überhaupt für seine Studien wählt.

Abschlussbetrachtung: Selektionseffekte als Ursachen für Gruppenunterschiede

Bei der Betrachtung von Gruppenunterschieden sollte man in jedem Fall die Aussagen so präzise wie möglich formulieren. Möchte man nur etwas über den durchschnittlichen Unterschied sagen und akzeptiert die große Überlappung in der Verteilung, oder lässt man sich zu gewagteren Aussagen hinreißen, indem man ein bestimmtes Merkmal kausal an die Zugehörigkeit zu einem Geschlecht oder einer ethnischen Gruppe gebunden sähe, wie bei Bartwuchs und Busen. Die Gene, die für die Ausbildung der primären Geschlechtsmerkmale verantwortlich sind, wirken nicht unabhängig von den Genen, die die Ausbildung der sekundären Geschlechtsmerkmale steuern. Dies gilt mit Sicherheit für die Gene, die für einige sehr geschlechtstypische psychische Merkmale sowie für Verhaltenssteuerung zuständig sind. Manche Merkmale hängen nicht kausal zusammen, in dem Sinne, dass ein Gen ein anderes Gen aktiviert, aber sie liegen zufällig räumlich eng beieinander, so dass sie mit großer Wahrscheinlichkeit bei der Meiose auf dem Chromosomenteil zusammenbleiben, aus dem das neue Leben entsteht. Obwohl noch immer stichhaltige Belege fehlen, wird dies beispielsweise für die räumlich-visuellen Fähigkeiten angenommen. Dabei geht man von einer X-chromosomal rezessiven Vererbung aus. Ähnlich wie bei der Bluterkrankheit reicht bei Jungen und Männern schon ein Allel aus, damit es zur Ausprägung kommt, während es bei Mädchen und Frauen nur dann zur Ausprägung des Merkmals kommt, wenn beide Allele dies vorsehen.

Der Psychologe John Geary ist durch seine evolutionär verankerte Selektionstheorie bekannt geworden, mit der er vor allem Unterschiede zwischen den Geschlechtern erklärte. Danach reproduzieren sich bevorzugt solche Frauen, die soziale Kompetenzen mitbringen, während hohe Intelligenz der Aufgabe als Mutter sogar eher im Weg stehen könnte. Mathematische Begabung bringt Männern, aber nicht Frauen Vorteile bei der Partnerwahl.

Was auch immer an Mittelwertsunterschieden zwischen ethnischen Gruppen und zwischen den Geschlechtern in Bezug auf geistige Merkmale und Intelligenz gefunden wird, eines lässt sich daraus nicht ableiten: Dass es Angehörigen eines Geschlechts oder einer ethnischen Gruppe prinzipiell unmöglich ist, bestimmte Leistungen zu erbringen. Bestenfalls können Aussagen über die Wahrscheinlichkeit getroffen werden.

KAPITEL 7

Intelligenz und Lernen

Lernen ist ein Sammelbegriff für eine Vielzahl von Prozessen, die im zentralen Nervensystem ablaufen und es Lebewesen ermöglichen, die in ihrem jeweiligen Lebensumfeld gestellten Anforderungen zunehmend besser zu bewältigen. Das gilt für die Biene, die durch Konditionierung Reize kennen lernt, die auf Nahrung hinweisen, ebenso wie für den Wissenschaftler, der durch Nachdenken eine neue Theorie in seinem Fachgebiet entwickelt. Der Rahmen, innerhalb dessen ein Individuum lernen kann, wird im Wesentlichen von seiner Spezieszugehörigkeit und der Umwelt bestimmt, in der es lebt. Die Spezieszugehörigkeit legt unter anderem fest, in welcher Form Informationen aufgenommen und welche Verhaltensweisen aufgebaut werden können. So nehmen Bienen nur Vibrationsschall wahr und können nicht auf Reize konditioniert werden, die durch Luftschall übertragen werden. Und eine Kuh wird man mit noch so attraktiven Anreizen nie dazu bringen, auf den Vorderbeinen zu laufen.

Eine bestimmte Sache kann auch nur dann gelernt werden, wenn die Umwelt, in der das Individuum lebt, einerseits entsprechende Anforderungen stellt und andererseits Gelegenheiten zum Lernen bietet. Eine weiße Ratte im Käfig, der nur die eine Sorte Futter an immer der gleichen Stelle angeboten wird, ist nicht imstande zu lernen, an welchen Orten sich besonders leckeres Futter befindet und wie sie dort hinkommt. Ein Mensch, der in einer illiteraten Kultur aufwächst, also in einer Kultur ohne Schrift, kann allerbeste Voraussetzungen für den Schriftspracherwerb mitbringen und bleibt doch Analphabet. Außer von der Spezieszugehörigkeit und den von der Umwelt gebotenen Gelegenheiten wird Art und Ausmaß des Lernens auch von individuellen Voraussetzungen bestimmt. Diese ergeben sich sowohl aus der genetischen Variation innerhalb einer Spezies als auch aus den individuellen Erfahrungen. Ein Hund, der durch Unfall oder Krankheit seine Hörfähigkeit verloren hat, kann im Gegensatz zu seinen Artgenossen nicht auf Glockentöne konditioniert werden.

Jedes Lebewesen, das Sinneseindrücke empfangen und Verhalten zeigen kann, zeigt Reiz-Reaktions-Lernen. Eine Taube wird die Bewegung, die sie unmittelbar vor Erhalt eines Korns ausgeführt hat, wiederholen, weil sie eine Erwartung aufgebaut hat. Auch bei uns Menschen wird das Verhalten häufiger, als uns bewusst ist, durch einfaches Assoziationslernen gesteuert. Wir erleben, dass eigentlich harmlose Gegenstände ungute Gefühle oder auch starke Ängste in uns auslösen, und der Grund dafür ist, dass diese Gegenstände einmal in einer emotional belastenden Situation wahrgenommen wurden. Durch gezielten Einsatz von Verstärkern gelingt es sowohl bei Menschen als auch bei Tieren, den Aufbau komplexer und überdauernder Verhaltensmuster zu unterstützen.

Alle Lebewesen zeigen über ihre gesamte Lebensspanne hinweg Reiz-Reaktions-Lernen, aber es gibt Formen des Lernens, die weitgehend dem Menschen vorbehalten sind. Tiere können sich zwar in vieler Hinsicht viel effizienter bewegen als Menschen, aber sie erfinden keine Sportarten. Tiere können sich Nahrung beschaffen, aber sie kochen nicht. Tiere können größere und kleinere Mengen unterscheiden, aber sie betreiben keine Mathematik. Tiere kommunizieren über Zeichen miteinander, aber sie nutzen keine Syntax, die es ihnen erlaubt, eine immer reichhaltigere Sprache aufzubauen. Tiere hinterlassen Spuren zur Revierabgrenzung, aber sie überliefern nachfolgenden Generationen keine schriftlichen Werke. Tiere orientieren sich in der physikalischen Welt, aber sie erwerben kein Wissen über Naturgesetze, das für den technischen Fortschritt genutzt werden kann. Menschen haben im Laufe ihrer Kulturgeschichte zweifellos erstaunliche Leistungen erbracht. Zugefallen sind sie ihnen jedoch nicht. Erst durch den Aufbau und die gemeinsame Nutzung von Wissensnetzwerken war es möglich, Ausschnitte aus der Welt im Geist zu konstruieren und auf der Grundlage dieser Konstruktionen Pläne zu schmieden und die Welt zu verändern. Diese dem Menschen vorbehaltene Fähigkeit zur gezielten Veränderung der Welt setzt wissensbasiertes Lernen voraus.

Die Repräsentation von Wissen und seine Veränderung durch Lernen

Wer die Zahlen 91119893101990 hört, wird sie sich kaum auf Anhieb merken können. Im Allgemeinen kann der Mensch nur sieben bis neun Einheiten behalten. Bekommt er aber die Information, dass es sich bei den Zahlen um zwei wichtige Daten der jüngsten deutschen Geschichte handelt, nämlich den Tag des Mauerfalls und den Tag der Wiedervereinigung, kann er die Zahlenreihe wahrscheinlich problemlos reproduzieren: 9.11.1989 3.10.1990. Unsere Gedächtniskapazität, also die Fähigkeit, eine bestimmte Menge an Information in einer bestimmten Zeit aufzunehmen, ist durch die Arbeitsgedächtniskapazität begrenzt, wie in Kapitel 5 ausführlich erörtert wurde. Das Arbeitsgedächtnis ist als eine geistige Funktion zu verstehen, die eingehende Information mit bereits bestehendem Wissen in Verbindung bringt. Damit dies möglichst optimal gelingt, ist das Zusammenspiel von Aktivierung und Hemmung entscheidend. Damit eine Anforderung möglichst gut bewältigt werden kann, muss alle nicht benötigte Information ausgeblendet werden. Gleichzeitig muss darauf geachtet werden, dass das zur Bewältigung der Anforderung bereits im Gedächtnis verfügbare Wissen aktiviert wird. Wie oben dargelegt, gibt es Belege für einen Zusammenhang zwischen Arbeitsgedächtniskapazität und Intelligenz. Allerdings geht es dabei weniger um die reine Menge an zu speichernder Information – also die Kurzzeitgedächtniskapazität – als vielmehr um die effiziente Interaktion zwischen Aktivierung und Hemmung. Tatsächlich wäre es alles andere als funktional, wenn wir eine beliebige Menge an Information aufnehmen könnten. Wir könnten uns nicht auf ein Ziel konzentrieren und würden uns stattdessen in dem Wust von Information verlieren. Wir würden sozusagen den Wald vor lauter Bäumen nicht mehr sehen. Allerdings sind wir Menschen recht häufig mit sehr komplexen Anforderungen konfrontiert und müssen diese in kurzer Zeit bewältigen. So schaffen wir es in wenigen Minuten, einen Zeitungsartikel zu überfliegen und den Inhalt zu verstehen, auch wenn auf einer Zeitungsseite über 1000 Buchstaben stehen. Wir fahren mit dem Auto durch verwinkelte Städte, wo wir von einer Kreuzung zur nächsten gelangen und immer die richtige Entscheidung hinsichtlich der Weiterfahrt treffen – wenn es eine uns bekannte Stadt ist. Ein Schachgroßmeister muss lediglich einen kurzen Blick auf ein Schachbrett werfen, bei dem bereits einige Züge vorgenommen wurden, und weiß sofort, was als Nächstes zu tun ist. Ein geübter Koch überwacht mehrere Töpfe auf dem Herd und bereitet gleichzeitig eine ganze Palette von Tellergerichten vor. Die Liste von Kompetenzen dieser Art ist lang. Allen gemeinsam ist, dass es den Menschen gelingt, in sehr kurzer Zeit sehr viel Information aufzunehmen und diese so effizient zu verarbeiten, dass daraus eine angemessene Handlung folgt. Was aber haben diese Menschen gemeinsam? Eine außergewöhnlich große Kurzzeitgedächtniskapazität? Oder handelt es sich um weit überdurchschnittlich intelligente Menschen mit einer sehr großen Arbeitsgedächtniskapazität, die die effiziente Hemmung und Aktivierung von Information steuert? Tatsächlich muss weder das eine noch das andere zutreffen. Vielmehr haben diese Menschen durch Lernen ihr Wissen so effizient organisiert, dass sie große Mengen an Information bewältigen können.

Eine Möglichkeit der effizienten Wissensorganisation besteht in der Bündelung von bereichsspezifischem Wissen. Die Bildung von Einheiten (der wissenschaftliche Fachausdruck für diese kognitive Leistung ist *chunking*) versetzt uns nämlich in die Lage, Informationen zu komprimieren und so die Kapazität des Kurzzeit- und Arbeitsgedächtnisses zu vergrößern. Wie sehr unsere Gedächtniskapazität von der Wissensorganisation abhängt, lässt sich an folgendem Beispiel veranschaulichen: Werden wir mit der Anforderung konfrontiert, eine Buchstabenreihe wie »lsiftgvsazbtdk«, die uns für kurze Zeit präsentiert wurde, exakt wiederzugeben, so werden die meisten von uns scheitern. Hingegen werden die meisten Leser die Buchstabenreihe »hamburgberlinfrankfurtmünchenvenedigflorenzrom« auch nach Stunden noch reproduzieren können, selbst wenn sie nur wenige Sekunden dargeboten wurde. Denn spätestens, nachdem »Hamburg« erkannt wurde, wird im Gedächtnis die Kategorie »Städtenamen« aktiviert. Die einzige Herausforderung besteht nun noch darin, sich die Reihenfolge der Städte zu merken. Dabei reichen durchschnittliche Geografiekenntnisse aus, um zu bemerken, dass wichtige deutsche und italienische Städte in Nord-Süd-Richtung aufgeführt werden. All dieses Wissen wurde aktiviert, ohne dass der Aufgabenstellung selbst ein Hinweis darauf zu entnehmen war. Während sich niemand auf Anhieb die 14 zufällig angeordneten Buchstaben merken kann, weil sich in diesem Fall nicht auf Wissen zurückgreifen lässt, das die Bündelung einzelner Buchstaben zu größeren Einheiten erlaubt, kann man sich die 46 Buchstaben durchaus merken, weil man sie zunächst zu sieben Städtenamen-Einheiten zusammenfasst, für die es bereits Gedächtniseinträge gibt. Weitere Gedächtniseinträge über die geografische Lage der einzelnen Städte erlauben eine zusätzliche Verdichtung der Information.

Im Alltag spricht man zwar häufig von einem guten oder schlechten Gedächtnis wie von einer Persönlichkeitseigenschaft – der eine hat es, der andere nicht. Tatsächlich zeigen sich aber Einschränkungen in der generellen Gedächtnisleistung nur als Folge von kortikalen Störungen. Ansonsten hängt es vor allem von der zur Verfügung stehenden Wissensrepräsentation ab, in welchem Umfang man sich Informationen merken kann.

Auch die Strategien von Gedächtniskünstlern, die sich bis zu 80 Ziffern einprägen können (und nicht nur rund sieben, wie die meisten von uns), sprechen für die Bedeutung der Wissensorganisation für die Gedächtniskapazität. Gedächtniskünstler erweitern ihre Merkfähigkeit nämlich dadurch, dass sie sich ein zahlenintensives Wissensgebiet wie zum Beispiel Geschichtszahlen, Sportdaten oder Telefonnummern auswählen und es systematisch derart organisieren, dass sie jede längere Zahlenkombination auf ein Ereignis abbilden können, beispielsweise die Zahlenfolge »15101844« auf das Geburtsdatum des Philosophen Friedrich Nietzsche.

Ob eine Person über Wissen verfügt, ist nicht direkt beobachtbar, sondern kann nur aus der Bewältigung von Anforderungen erschlossen werden. Der psychologische Wissensbegriff ist daher ein theoretisches Konstrukt, das erst im Rahmen von Modellen zur Beschreibung und Vorhersage von Verhalten an Bedeutung gewinnt. Zudem ergibt sich aus dieser Betrachtungsweise, dass Wissen grundsätzlich auf die Bewältigung von Anforderungen bezogen ist.

In den letzten Jahrzehnten wurden zahlreiche kognitive Architekturen entwickelt, um die Repräsentation von Wissen zu modellieren. Die bekanntesten kommen von John Anderson, einem führenden Kognitionspsychologen an der Carnegie-Mellon-Universität in Pittsburgh, sowie von dem aus Österreich stammenden Psychologen Walter Kintsch, der weltweit als Experte für das Lernen aus Texten gilt. Weiter unten wird das Modell von John Anderson noch näher besprochen. Diese Ansätze gehen davon aus, dass sich die geistige Wissensrepräsentation anhand von Netzwerken beschreiben lässt, die sich aus so genannten »Knoten« zusammensetzen, zwischen denen Verbindungen mit unterschiedlichen Aktivierungsstärken bestehen. Während diese Knoten für verschiedene Wissensinhalte stehen, modellieren die unterschiedlich ausgeprägten Verbindungen zwischen ihnen die verschiedenen Assoziationsstärken zwischen den Inhaltsbereichen. Wer zum Beispiel die Aufforderung »Nenne drei Hauptstädte europäischer Staaten« mit »Berlin, Paris, London« beantwortet, dem wird nach diesem Modell ein Wissensnetzwerk unterstellt, in dem es für »Europa«, »Hauptstadt« sowie für die drei genannten Städte Knoten gibt, die miteinander verbunden sind. Jeder dieser Knoten ist natürlich noch mit weiteren Knoten verbunden. Um die Komplexität zu skizzieren, mit der Wissen repräsentiert ist, stelle man sich den Knoten »Berlin« vor. Dieser wird nicht nur Verbindungen zu jedem der Knoten der an dem Wort beteiligten Buchstaben herstellen, sondern auch zu Knoten, die für »Berliner Philharmoniker«, »Pergamon-Museum« und »Potsdamer Platz« stehen.

Jede Aktivierung hat Einfluss auf die Verbindungsstärke zwischen den Knoten und entsprechend auf die Assoziationsstärke zwischen den einzelnen Inhalten: Je häufiger eine Verbindung zwischen zwei Knoten aktiviert wird, desto größer wird die Assoziationsstärke zwischen den betreffenden Inhalten. Beim Lernen verändern sich demnach die Aktivierungsmuster innerhalb eines kognitiven Netzwerks. Auf diese Weise ist es möglich, Lernen als Veränderung in der Wissensorganisation zu beschreiben. Ist man also mit Anforderungen konfrontiert, die bereits mehrfach bewältigt wurden, dann haben sich zwischen den beteiligten Wissensknoten bereits Verbindungen mit hoher Assoziationsstärke herausgebildet. Diese aktivieren sich gegenseitig, so dass das benötigte Wissen bereitgestellt wird, ohne dass bewusst gesteuerte Entscheidungs- und Auswahlprozesse erforderlich sind. In diesem Fall handelt es sich um Automatisierung.

Erinnern wir uns daran, wie wir Autofahren gelernt haben: Kupplung treten, Gang raus, Fuß auf das Gas, Schlüssel umdrehen, Fuß auf die Kupplung, Gang rein. Führt man diese Schritte nicht in der angegebenen Reihenfolge durch, besteht die Gefahr, dass der Motor absäuft bzw. das Auto gegen die Mauer springt. Ein geübter Autofahrer führt diese Schritte in Sekundenschnelle aus und kann dabei seine Aufmerksamkeit problemlos auf etwas anderes – etwa das Gespräch mit dem Beifahrer – lenken. Der Anfänger hingegen muss sich nach jedem ausgeführten Schritt selbst sagen, was als Nächstes kommt, und wird er abgelenkt, treten die genannten Ereignisse ein. Dass wir in Sekundenschnelle das Wort »Mississippidampfschifffahrtsgesellschaftskapitän« lesen können, verdanken wir der hochgradigen Automatisierung des Erkennens von Buchstaben sowie dem Wissen darüber, welche Buchstabengruppen – jedenfalls in einer uns gut bekannten Sprache – welchen Silben zugeordnet sind. Ein im Lesen ungeübter Mensch hingegen muss jeden Buchstaben in einen Laut übertragen und daraus mühsam ein Wort konstruieren. Es wird Arbeitsspeicherkapazität gebunden, die nicht für das Stiften von Sinnzusammenhängen zur Verfügung steht.

Automatisierung wird in allen Bereichen gefordert. Das Beherrschen des Einmaleins gehört ebenso dazu wie das Erkennen von Schaubildern oder das Vokabellernen in der Fremdsprache. Automatisierung ist die Folge von Übung in Teilschritten. Ein kapitaler Fehler der Bildungsreform der 1960er und 1970er Jahre bestand darin, dass man dem Üben nur geringe Bedeutung beigemessen hat. Es galt, die Dinge zu verstehen, nicht auswendig zu lernen. Damit wurden künstliche Widersprüche aufgebaut. Tatsächlich ist automatisiertes Wissen die Voraussetzung für Verstehensprozesse, eben weil man für Verstehensprozesse freie Arbeitsgedächtniskapazitäten braucht. Wenn ich die binomischen Formeln nicht nur rekonstruieren kann, sondern sie auch auswendig weiß, kann dies beim Auflösen einer komplexen Gleichung hilfreich sein, weil ich auf einen Blick erkenne, wo ich etwas vereinfachen kann. Wer Vokabeln einer Fremdsprache ordentlich gelernt hat, kann sich bei der Konstruktion eines Satzes auf die Grammatikregeln konzentrieren.

Das teilweise durchaus stupide Üben in Teilschritten mit dem Ziel der Automatisierung hat seine Berechtigung – wenn es nicht dabei bleibt. Automatisiertes Wissen muss immer wieder in sinnstiftendes Lernen eingebettet werden. Und Automatisierung braucht Zeit. Je früher bestimmte Teilschritte automatisiert werden, um so eher kann man sich auf die Sinnstiftung konzentrieren. Bereits in der Vor- und Grundschulzeit kann Wissen in wichtigen Bereichen automatisiert werden. Wir werden darauf anhand einiger Beispiele später noch näher eingehen.

Prozesse der Automatisierung lassen sich in der Kognitionswissenschaft recht gut erklären und können auf dem Computer sehr gut simuliert werden. In der Arbeitsgruppe um den bekannten Pittsburgher Kognitionswissenschaftler John Anderson wurde das berühmte ACT-Modell entwickelt. Es bezeichnete den Prozess der Automatisierung als »Prozeduralisierung«: Sprachliches Wissen wird zu Handlungswissen. ACT steht für »Adaptive Control of Thought«.

Wird man hingegen mit einer neuen Anforderung konfrontiert, muss das benötigte Wissen erst zusammengestellt werden. Wie gut dies gelingt, hängt davon ab, ob das Wissen nach problemlösungsrelevanten Kriterien organisiert ist, so dass zum Beispiel bestimmte Schlüsselwörter in der Beschreibung der Problemstellung die Aktivierung der erforderlichen Wissensknoten steuern. Das Netzwerkmodell des Wissens trägt daher auch dem Umstand Rechnung, dass die Effizienz des Zugriffs mit der Menge des gespeicherten Wissens nicht ab-, sondern zunimmt, wenn der Wissenszuwachs mit einer besseren Organisation nach zugriffsrelevanten Kriterien einhergeht.

Auch wenn der Buchstabe A im ersten Lernschritt nur mit dem Wort »Apfel« vernetzt ist, an dem er gelernt wurde, werden bei entsprechenden Lerngelegenheiten sehr schnell Assoziationen zu anderen Wörtern hergestellt. Der Buchstabe A bekommt dadurch einen eigenen Eintrag im Netzwerk und kann schließlich auch in unbekannten Wörtern entdeckt werden. Haben die anderen in dem Wort vorkommenden Buchstaben ebenfalls Einträge mit hoher Assoziationsstärke, dann kann dieses Wort gelesen werden. Auf diese Weise wird das Erkennen von Buchstaben und Silben automatisiert. Eine unzureichende Automatisierung hingegen belastet den Arbeitsspeicher und erschwert das Verstehen selbst einfacher Texte. Aus diesem Grund unterstützt die gezielte Übung im Erkennen von Lautfolgen und deren Abbildung in Buchstabenfolgen – und nicht das wahllose Schreiben von Diktaten – die Kinder beim Lesenlernen.

Einsichtsvolles Lernen: Bewusste Steuerung des Wissensnetzwerkes

Einsichtsvolles Lernen entspricht den in der Alltagssprache verwendeten Begriffen »etwas verstehen« und »sich einer Sache bewusst werden«. Die wissenschaftliche Beschäftigung mit Problemlösekompetenzen in Inhaltsbereichen wie Physik oder Mathematik bleibt ohne die Berücksichtigung von Verstehensprozessen unbefriedigend. In Übereinstimmung mit Alltagsvorstellungen, in denen zur Beschreibung von Verstehensvorgängen Redewendungen wie »Der Groschen ist gefallen« verwendet werden, hat einer der Pioniere der Psychologie, Karl Bühler, den Begriff »Aha-Erlebnis« als plötzliche und bewusste Einsicht in Zusammenhänge geprägt. Ein typisches Beispiel für ein Aha-Erlebnis ist Archimedes' »Heureka«-Erlebnis: Archimedes beobachtete, in der Badewanne liegend, wie er Wasser verdrängte, und entwickelte das explizite Konzept des spezifischen Gewichts; nebenbei fand er heraus, wie er die Echtheit einer Goldkrone überprüfen konnte, ohne diese zu zerstören. Für Archimedes hat sich nicht nur die Entwicklung des Konzepts bewusst vollzogen, er war sich auch sofort der Bedeutung seiner Erkenntnis in vollem Umfang bewusst. Allerdings stand er unter nicht unbeträchtlichem Druck: Sein Leben war in Gefahr, denn der Tyrann von Syrakus hatte ihm – der Legende nach – mit der Hinrichtung gedroht, wenn es ihm nicht gelänge, das Problem in kurzer Zeit zu lösen. Ungeklärt bleibt, ob Archimedes die Idee des spezifischen Gewichts nicht auch ohne diesen äußeren Druck, am Schreibtisch sitzend, ausgearbeitet hätte, weil sie ihm als die logische Folge seiner bisherigen Überlegungen erschien.

Die meisten Veränderungen in der Wissensrepräsentation vollziehen sich weitgehend unspektakulär. Das bewusste Aha-Erlebnis dürfte eher die Ausnahme als die Regel sein. Das konnten auch Elsbeth Stern und Robert Siegler in einer Untersuchung mit Grundschulkindern zeigen, denen so genannte Inversionsaufgaben gestellt wurden, wie 16+8–8=?. Die Frage war: Wie schnell erkennen Kinder, dass man bei dieser Art von Aufgaben nicht rechnen muss, sondern eine Abkürzungsstrategie anwenden kann? In einer mikrogenetischen Studie (es werden in kurzen Abständen über einen längeren Zeitraum wiederholt Aufgaben vorgegeben), in der Kinder jede Woche solche Inversionsaufgaben erhielten, wurde der Prozess der Einsicht in ein Prinzip näher untersucht. Dabei konnte nachgewiesen werden, dass es recht lange dauerte, bis die Kinder die Regel formulieren konnten, die sie anwenden müssen, um sehr schnell zu erkennen, ob sie rechnen müssen oder nicht. Das Erstaunliche und Faszinierende an diesem Ergebnis war, dass bereits an der Lösungszeit der Kinder zu erkennen war, ob sie das Prinzip, welches den Inversionsaufgaben zugrunde liegt, berücksichtigten. Die Lösung für Aufgaben wie 16 + 5 – 5 = ? wurde innerhalb von drei Sekunden gefunden, während es deutlich länger dauerte, Aufgaben wie 16+5–3= ? zu lösen. Trotzdem antworteten die Kinder über einen längeren Zeitraum hinweg auf die Frage, wie sie die Aufgabe gelöst hatten: »Ich habe gerechnet.« Erst später kamen Erklärungen wie »Ich habe es gesehen« oder »Weil es null ist«. Bewusste Einsichten waren die Folge und nicht die Voraussetzung der Anwendung der Abkürzungsstrategie. Implizit wurde die ihr zugrunde liegende Regel zwar schon früher berücksichtigt, aber erst mit zunehmender Erfahrung konnte sie in Worte gefasst werden. Eine konsistente Anwendung der Abkürzungsstrategie war erst dann zu beobachten, als die Regel bewusst beherrscht wurde; davor wurde mal die Rechenstrategie, mal die Abkürzungsstrategie angewandt. Fortsetzungsuntersuchungen zeigten, dass sich dieses Muster bei allen Kindern unabhängig von ihrer Intelligenz zeigte. Allerdings kamen intelligente Kinder im Durchschnitt schneller zu der bewussten Einsicht in die Strategie als weniger intelligente Kinder. Dieses Ergebnis ist vereinbar mit der Annahme, dass sich Intelligenz in der Tiefe und der Geschwindigkeit des Lernens niederschlägt. Gleichzeitig machen die Beispiele deutlich, dass sich Lernen im Zusammenspiel der Wissensarten zeigt.

Ob ein Konzept oder eine Regel wirklich verstanden wurden, zeigt sich im Umgang mit neuen, ungewohnten Aufgaben. Um diese zu bewältigen, kann man nicht auf bewährte Lösungsstrategien zurückgreifen, sondern muss bestehendes Wissen verändern, indem es auf die neuen Anforderungen zugeschnitten wird. Man spricht in diesem Zusammenhang von Wissenstransfer und unterscheidet dabei zwischen Nah- und Ferntransfer, wie bei Claudia Mähler und Elsbeth Stern genauer diskutiert wird. Nahtransfer liegt vor, wenn sich eine Situation, in der etwas gelernt wurde, nur in ihren Oberflächenmerkmalen von einer Situation unterscheidet, auf die das Lernergebnis übertragen wird. Der Transfereffekt besteht in der Übertragung von etwas Gelerntem, ohne dass es modifiziert werden muss.

Ein Beispiel für Nahtransfer ist die Anwendung einer Rechenstrategie auf neue Aufgaben: die Aufzählstrategie, also das Lösen einer Additionsaufgabe durch Hinzuzählen der kleineren Zahl zur größeren Zahl, wurde bei der Aufgabe 2+5=? erworben und anschließend bei der Aufgabe 2 + 22 = ? angewendet. Beim Ferntransfer hingegen muss eine Kompetenz modifiziert werden, damit sie auf eine neue Situation übertragen werden kann. So liegt der Aufzählstrategie ebenso wie der Abkürzungsstrategie beim Lösen von Inversionsaufgaben eine gemeinsame funktionale Möglichkeit zugrunde: nämlich, dass die Reihenfolge, in der die Zahlen verrechnet werden, selbst bestimmt werden kann und nicht mit der ersten Zahl beginnen muss. Die Aufzählstrategie wird bereits von Kindern im Vorschulalter erworben, während die Abkürzungsstrategie spontan nur von wenigen Kindern unter zehn Jahren angewendet wird. Letztere kann auch als Ferntransfer interpretiert werden: Durch die wiederholte Anwendung der Aufzählstrategie wurde offensichtlich nicht nur diese Strategie gelernt, sondern es wurden auch Einsichten zu mathematischen Prinzipien erworben: nämlich, dass die Reihenfolge, in der die Zahlen verrechnet werden, irrelevant ist.

Beim Ferntransfer spielen Symbolsysteme eine besondere Rolle. Sie dienen nicht nur zur Kommunikation von Wissen, sondern bilden darüber hinaus die Grundlage für die Konstruktion von neuen Inhalten. So ist beispielsweise das physikalische Konzept der Dichte daran gebunden, dass die Beziehung zwischen Masse und Volumen mit Hilfe mathematischer Werkzeuge dargestellt werden kann. Dieselben mathematischen Symbole können genutzt werden, um Geschwindigkeiten oder Stückpreise darzustellen. Diesen Größen ist gemeinsam, dass sie sich durch die Steigung des Graphen einer linearen Funktion in einem Koordinatensystem darstellen lassen. Hat man verstanden, dass die Steigung des Graphen einer linearen Funktion als die Rate der Veränderung der auf der y-Achse abgetragenen Variablen in Abhängigkeit von der auf der x-Achse abgetragenen Variablen interpretiert werden kann, dann ist man auch in der Lage, diese Form der grafisch-visuellen Veranschaulichung zur Strukturierung neuer Inhalte heranzuziehen. Ein zentrales Lernziel im Mathematikunterricht sollte daher darin bestehen, die Schüler zum flexiblen Umgang mit diesen Repräsentationswerkzeugen zu befähigen. Allerdings werden lineare Funktionen in der Schule meist zu spät, zu abstrakt und zu kurz eingeführt, so dass die Schüler deren Potenzial als Denkwerkzeuge nicht wirklich kennen lernen. Werden ihnen hingegen Aufgaben gestellt, bei denen Konzepte wie Dichte oder Geschwindigkeit mit Hilfe von Graphen repräsentiert werden müssen, werden sie fast zwangsläufig zum Nachdenken über bestimmte Aspekte angeregt, etwa über die inhaltliche Bedeutung des Achsenabschnitts eines Graphen. Für »Geschwindigkeit« lassen sich Situationen denken, in denen der Graph nicht im Nullpunkt beginnt, für das Konzept »Dichte« hingegen nicht: Masse und Volumen bedingen einander. In der von Elsbeth Stern am Max-Planck-Institut für Bildungsforschung geleiteten Arbeitsgruppe »ENTERPRISE« wurde zum Transferpotenzial von Graphen insbesondere von Anja Felbrich geforscht. Zusammenfassungen hierzu können der Literaturliste entnommen werden.

Wissen ist der Schlüssel zum Können: Ergebnisse aus der Expertiseforschung

Stellen wir uns einen Personalchef vor, der zwischen zwei potenziellen Kandidaten für die Besetzung einer Position wählen muss: Einer der beiden verfügt bereits über Erfahrung in dem Tätigkeitsfeld und hat sich bewährt, sein IQ ist aber nur leicht überdurchschnittlich. Der andere Bewerber hingegen verfügt über einen deutlich höheren IQ, bringt aber weniger Vorwissen für den speziellen Tätigkeitsbereich mit. Aus Sicht der Intelligenz- und Expertiseforschung kann es nur eine Empfehlung geben: Der Personalchef wäre mit dem weniger intelligenten, aber erfahreneren Mitarbeiter besser bedient.

Die Bedeutung des Wissens für das Können wurde in den 1980er Jahren herausgearbeitet. Zu den bahnbrechenden Arbeiten in diesem Zusammenhang gehören Studien zum Schachspielen, die beispielsweise von de Groot, einem niederländischen Psychologen, durchgeführt und später in der Arbeitsgruppe des Nobelpreisträgers Herbert Simon weiterentwickelt wurden. Man zeigte Schachexperten und Schachnovizen (also nicht Laien, sondern Personen, die das Schachspiel beherrschen, wenn auch nicht auf professionellem Niveau) für eine begrenzte Zeit Bilder mit Schachbrettern und Schachfiguren. Die Versuchsteilnehmer hatten die Aufgabe, die Schachstellungen zu reproduzieren. Handelte es sich um Schachstellungen, die sich aus einem sinnvollen Spielverlauf ergeben, zeigten die Experten eine sehr viel bessere Gedächtnisleistung als die Novizen. Kein Unterschied hingegen trat auf, wenn die Schachfiguren auf dem Brett zufällig angeordnet waren. Man geht davon aus, dass Schachexperten Tausende von Schachstellungen als Einheiten gespeichert haben. Dieses Wissen, das es ihnen erlaubt, die möglichen Konsequenzen bestimmter Züge über mehrere Züge hinweg abzuschätzen, erleichtert ihnen die Gedächtnisaufgabe unter der Bedingung eines sinnvollen Spielverlaufs. Auf diesen Studien basierte die Redewendung, das Schachspiel sei für die Lernpsychologie das, was die Drosophila für die Genetik war. Dieser Fruchtfliege nämlich haben wir es zu verdanken, dass die Aufmerksamkeit der Biologen auf die Chromosomen gelenkt wurde und damit in den folgenden Jahrzehnten die Grundlagen für die Entschlüsselung des genetischen Codes geschaffen wurden. Die Studien zum Schachspiel hingegen waren ausschlaggebend dafür, dass die Aufmerksamkeit der Kognitionswissenschaftler auf den Erwerb, die Organisation und den Abruf von Wissen gelenkt wurde.

Im so genannten Experten-Novizen-Paradigma wurde der Einfluss von Intelligenz und Wissen getrennt betrachtet, indem man von allen Studienteilnehmern den IQ erfasste und sie einen Wissenstest ausführen ließ. In Abhängigkeit von der Leistung wurden die Versuchsteilnehmer vier Gruppen zugeordnet: 1) unterdurchschnittliche Intelligenz, unterdurchschnittliches Wissen (I–,W–), 2) unterdurchschnittliche Intelligenz, überdurchschnittliches Wissen (I–,W+), 3) überdurchschnittliche Intelligenz, unterdurchschnittliches Wissen (I+,W–), 4) überdurchschnittliche Intelligenz, überdurchschnittliches Wissen (I+,W+). Die spannende Frage ist natürlich, wie sich Leistungsunterschiede in den vier Gruppen zeigen. Dass die Gruppe I–,W– schlechter abschneidet als die anderen Gruppen, ist zu erwarten. Wie aber verhalten sich die Gruppen I+,W– und I–,W+ zueinander? Sind ihre Leistungen gleich gut, weil fehlendes Wissen durch Intelligenz kompensiert werden kann? Und sind Personen, die diesen beiden Gruppen angehören, Personen aus der Gruppe I+,W+ unterlegen, weil sich Intelligenz und Wissen in ihrer Wirkung aufaddieren? Experten-Novizen-Untersuchungen wurden unter anderem in den Gebieten Schach, Go (einem japanischen Brettspiel), Physik, Röntgentechnologie, Rechnen mit dem Abakus und Musik durchgeführt. Die Ergebnisse waren eindeutig: Eine gut strukturierte Wissensbasis war der Schlüssel zur Leistung. Die Gruppen I–,W+ und I+,W+ erbrachten vergleichbare Leistungen, während die Gruppe I+,W– schlechter abschnitt und häufig nicht einmal der Gruppe I-,W– überlegen war. Allerdings darf dabei nicht unerwähnt bleiben, dass nicht die gesamte Bandbreite an Intelligenz in die Untersuchung einbezogen wurde. Man wird kaum einen Röntgenarzt oder einen Physiker mit einem IQ unter 100 finden. Röntgenärzte und Physiker sind weit überdurchschnittlich intelligent, und natürlich mussten die Novizen auf diesem Niveau vergleichbar sein. In den Untersuchungen konnte gezeigt werden, dass ein Experte mit einem IQ von 120 einem Novizen mit einem IQ von 130 in dem jeweiligen Inhaltsbereich überlegen ist. Zwar lassen sich im Bereich des Schachspiels auch Experten mit niedrigerem IQ finden, aber der Durchschnitt liegt in diesem Bereich über dem der »Normalbevölkerung«. Man kann deshalb aus solchen Untersuchungen nicht schließen, dass jeder Mensch mit entsprechenden Übungsgelegenheiten Höchstleistungen erzielen kann. Hingegen lässt sich durchaus sagen, dass eine sehr hohe Intelligenz allein weder eine notwendige noch eine hinreichende Voraussetzung für Höchstleistungen ist. Wolfgang Schneider hat in einem viel gelesenen Aufsatz zur Expertise die Idee des Schwellenwerts hervorgehoben. In Abhängigkeit von dem Inhaltsgebiet muss man, um Höchstleistungen erbringen zu können, eine bestimmte Eingangsvoraussetzung an Intelligenz mitbringen – den Schwellenwert. Dieser liegt für Physik sicher höher als für Schach. Wolfgang Schneider selbst war an einer von dem bereits mehrfach erwähnten Lehr-Lern-Forscher Franz Weinert initiierten Studie beteiligt, in der das Zusammenwirken von Wissen und Intelligenz in einem Bereich erforscht wurde, der keine allzu hohen intellektuellen Anforderungen stellt: dem Wissen über Fußball. Immerhin aber wurde das Lesen von Texten über ein Fußballspiel verlangt. Es zeigte sich, dass weniger intelligente Fußballexperten deutlich mehr Informationen aus dem Text reproduzieren konnten als intelligentere Novizen. Und weniger intelligente Experten und intelligente Experten erreichten das gleiche Leistungsniveau, das heißt, Intelligenz allein hat keinen zusätzlichen Nutzen.

Wie aber wird man zum Experten? Durch Übung. Wobei die richtige Übung entscheidend ist. Der Expertiseforscher Anders Eriksson hat bei Musikern über mehrere Jahre hinweg den Weg zur Höchstleistung verfolgt. Er untersuchte, worin sich Personen mit weniger spektakulären Berufswegen von solchen unterschieden, die eine Karriere als Solisten in einem berühmten Orchester begannen, und fand heraus: Es waren quantitative, aber vor allem auch qualitative Aspekte der

Übung. Die erfolgreicheren Musiker hatten einen umfangreichen und durch große Regelmäßigkeit geprägten Übungsplan, an den sie sich hielten (dass sie außerdem regelmäßig Mittagsschlaf hielten, sei nur am Rande erwähnt). Bemerkenswert an dieser Studie war, dass sich die Unterschiede zwischen den Erfolgreichen und den weniger Erfolgreichen erst im Laufe der Zeit herausbildeten.

Worin unterscheidet sich Expertenwissen von Novizenwissen? Es sind nicht allein die so genannten *Chunks* oder Bündel, die die Anbindung eingehender Informationen an bestehendes Wissen steuern. Experten verfügen über hoch automatisierte Routinen, die gut in das übrige Wissen integriert sind. Gleichzeitig ist ihr Begriffswissen flexibel: Definitorische Konzepte, prototypische Situationen und regelhaftes Wissen sind integriert und bewusst zugänglich. Der japanische Expertiseforscher Giyoo Hatano sprach von *adaptiver Expertise*, wenn Experten nicht nur bei der Bewältigung von Routineaufgaben überlegen sind, sondern gerade auch mit unerwarteten Situationen souverän umgehen können.

Zusammenfassend lässt sich sagen, dass es Zusammenhänge zwischen Intelligenz und Lernen gibt, insofern als es intelligenten Menschen besser und effizienter gelingt, Wissen gerade auch in komplexen und abstrakten Gebieten zu erwerben. Umgekehrt können sich weniger intelligente Menschen bei entsprechenden Übungsmöglichkeiten in ein Inhaltsgebiet so einarbeiten, dass sie imstande sind, die gleichen Leistungen zu erbringen wie intelligentere Personen. Der Zusammenhang zwischen Wissen und Lernen lässt sich auf die einfache Formel bringen: Auch intelligente Menschen *müssen* lernen, und weniger intelligente Menschen *können* lernen. Die Unterschiede bestehen vor allem im Aufwand, den man betreiben muss, um ein bestimmtes Ziel zu erreichen.

Intelligenz als Produkt der Schulbildung

Intelligenztests verlangen geistige Operationen auf der Grundlage von figuralem, numerischem oder sprachlichem Wissen. Auch wenn wir schon mehrfach betont haben, dass Intelligenz nicht direkt geschult wird, so setzt die kompetente Bearbeitung von Intelligenztests doch den Schulbesuch voraus. Trotz aller wissenschaftlichen Kontroversen um das Konstrukt der Intelligenz besteht übereinstimmend die Auffassung, dass die in Tests gemessene Intelligenz auch das Ergebnis eines im kulturellen Kontext verankerten Lernprozesses ist. Spätestens seit dem als gescheitert zu betrachtenden Versuch, »kulturfaire« Intelligenztests zu konstruieren, musste man einsehen, dass selbst geistige Operationen im Umgang mit figuralem Material (wie z.B. beim Raven-Matrizen-Test) zumindest indirekt von den im kulturellen Kontext verankerten Lernprozessen gesteuert werden. Solange es sich dabei um universelle, das heißt im Prinzip allen Menschen eines Kulturkreises offenstehende, Lerngelegenheiten handelt, kann man davon ausgehen, dass Intelligenztests dennoch eine valide Methode zur Messung interindividueller Unterschiede in der geistigen Kapazität sind. Natürlich – und das wurde bereits mehrfach betont – lassen sich Unterschiede in Intelligenztests nur dann sinnvoll interpretieren, wenn alle getesteten Personen vergleichbare Lerngelegenheiten hatten, also Mitglieder ein und desselben Kulturkreises waren.

Besteht Grund, an der Vergleichbarkeit von Lerngelegenheiten zu zweifeln, so können so genannte Lerntests eingesetzt werden, die insbesondere vom Leipziger Intelligenzforscher Jürgen Guthke entwickelt wurden. Bei diesen Tests werden Testleistungen erst gewertet, nachdem die Teilnehmer Übungsgelegenheiten erhalten hatten. Es zeigte sich, dass gerade die so genannte prädiktive Validität von Intelligenztests verbessert wird, wenn die Testteilnehmer zuvor Gelegenheit hatten zu üben. Unter prädiktiver Validität ist »die Verlässlichkeit von Vorhersagen zu verstehen, die auf der Grundlage von Intelligenztest für den – nach bestimmten Kriterien gemessenen – Lebenserfolg gemacht werden«. Guthke und seine Mitarbeiter konnten nachweisen, dass insbesondere bei sozial benachteiligten Kindern zuverlässige Aussagen über die Intelligenz überhaupt erst nach einer Lernphase möglich waren. Als Lerntest eignet sich im Prinzip jeder Test. Wie viele Lerndurchgänge nötig sind, um die Validität des Tests zu maximieren, bedarf einer sorgfältigen empirischen Prüfung.

Selbst in Ländern mit relativ homogenen Schulbedingungen lassen sich interindividuelle IQ-Unterschiede auf den Schulbesuch zurückführen. In unterschiedlichsten Studien, unter anderem in einer an der Universität Marburg durchgeführten Untersuchung, zeigte sich, dass die Dauer des Schulbesuchs mit dem verbalen und dem nicht verbalen IQ korreliert. Dabei wurde in Marburg die Tatsache ausgenutzt, dass Kinder bei der Einschulung unterschiedlich alt sind, weil sich die Geburten gleichmäßig über das ganze Kalenderjahr verteilen, während es nur einen Einschulungstermin gibt. Letzterer wird in manchen Ländern sehr strikt gehandhabt, während es in anderen Ländern – wie Deutschland – im Ermessensspielraum der Eltern liegt, ob die Einschulung ein Jahr früher oder später erfolgt. Zwar spielen bei dieser Entscheidung manchmal auch psychologische und medizinische Gründe eine Rolle, aber in vielen Fällen ist es einfach Geschmackssache der Eltern, ob sie ihrem Kind »noch ein Jahr gönnen, bevor der Ernst des Lebens beginnt«, wie das in Deutschland typische Argument für einen späteren Schuleintritt lautet. Andere Eltern wiederum befürworten eine möglichst frühe Einschulung, weil sie befürchten, ihre Kinder könnten unterfordert sein. So trifft man in ein und derselben Schulklasse Kinder mit ansonsten ähnlichen Voraussetzungen an, die sich im Alter manchmal um mehr als ein Jahr unterscheiden, und kann daher gleich alte Kinder miteinander vergleichen, die sich um ein ganzes Jahr an Schulerfahrung unterscheiden.

Was bedeutet aber eine frühere Einschulung wirklich für die Intelligenzentwicklung? Mehrere Studien, so auch die aus Marburg, belegen ganz klar, dass sie sich vorteilhaft auf die Intelligenz auswirkt. So hatten 10-jährige Kinder, die ein Jahr früher eingeschult worden waren, sowohl in sprachlichen als auch in nicht-sprachlichen Tests einen um etwa vier Punkte höheren Intelligenzquotienten als ihre gleichaltrigen Kameraden.

Effekte des Schulbesuchs auf die Intelligenztestleistung lassen sich auch in so genannten Sommerloch-Studien nachweisen. Der Intelligenzforscher Stephen Ceci berichtet von Untersuchungen, die zutage brachten, dass der IQ nach den dreimonatigen Sommerferien um drei bis vier Punkte niedriger war als vor den Sommerferien. Bei Kindern aus bildungsfernen Schichten zeigte sich dieser Effekt besonders dramatisch, was sich dadurch erklären lässt, dass diese in den Sommerferien weniger lesen oder anderen intellektuellen Beschäftigungen nachgehen.

Wie kommt es aber, dass der Schulbesuch einen so starken Einfluss auf die Intelligenzentwicklung hat, obwohl nicht davon auszugehen ist, dass Intelligenztests in der Schule geübt werden? Das in der Schule erworbene bereichsspezifische und bereichsübergreifende Wissen kann beim Lösen von Intelligenztests hilfreich sein. Bei verbalen und numerischen Aufgaben kann man sich einen indirekten Einfluss erklären, da Zahlen und Buchstaben in der Schule eine zentrale Rolle spielen. Aus dem Schulunterricht bekannte Wörter können das Bilden von sprachlichen Analogien oder das Finden von Gemeinsamkeiten zwischen verschiedenen Begriffen erleichtern. Wer bereits viel Erfahrung im Umgang mit den Grundrechenarten hat, dem wird das Fortsetzen von Zahlenreihen leichter fallen. Selbst wenn es darum geht, Regelhaftigkeiten bei räumlich-visuellem Material zu erkennen, kann auf in der Schule erworbenes Wissen zurückgegriffen werden, zum Beispiel wenn man bemerkt, dass sich ein Rechteck aus zwei rechtwinkligen Dreiecken zusammensetzt.

Neben solchem eher inhaltsspezifischen Wissen spielen aber auch metakognitive Prozesse für das Lösen von Intelligenzaufgaben eine zentrale Rolle. Was hat man sich darunter vorzustellen? Der Begriff der Metakognition wurde in den 1970er Jahren insbesondere von John Flavell, einem kalifornischen Entwicklungspsychologen, geprägt. Er bezeichnet die Fähigkeit, die eigenen geistigen Prozesse zu kennen und bewusst zu kontrollieren. Metakognition umfasst sowohl konzeptuelles Wissen über den menschlichen Geist als auch automatisiertes Handlungswissen über geistige Aktivitäten. Zu Letzterem gehören beispielsweise auch Kontrollstrategien, also die Überprüfung der Aufgabenausführung. Diese sind beim Lernen aus Texten unabdingbar, wenn man immer wieder sicherstellen muss, dass der rote Faden erhalten bleibt. Natürlich ist es plausibel, dass intelligente Menschen gerade in diesen Dingen sehr viel effizienter sind als weniger intelligente Menschen.

In den 1980er Jahren setzte man große Hoffnungen in die Metakognition als erklärende Variable. Sie ist zentraler Bestandteil in dem bereits erwähnten Intelligenzmodell von Robert Sternberg und wurde zeitweise ganz euphorisch als der Faktor g der 1980er Jahre bezeichnet. Diese Euphorie ist allerdings inzwischen etwas abgeklungen. Obwohl es mehr als plausibel klingt, dass sich Intelligenzunterschiede im Strategiewissen über Lernen und Denken niederschlagen, gelang es bisher nicht wirklich, solche Unterschiede in zufriedenstellender Weise zu messen. Vielmehr zeigte sich, dass sich messbare Defizite im metakognitiven Wissen und seiner Anwendung nur bei Menschen im unteren Leistungsbereich nachweisen lassen, denen es häufig an den einfachsten Lern- und Denkstrategien mangelt, wie die Arbeitsgruppe des Göttinger Psychologen Marcus Hasselhorn in vielen Untersuchungen belegen konnte. Leistungsunterschiede im mittleren und oberen Bereich lassen sich hingegen nicht mit metakognitiven Kompetenzen erklären. Mit anderen Worten: Zwischen Menschen, die in herkömmlichen Intelligenztests einen IQ von 110 haben, und Menschen, die um zehn Punkte höher liegen, lassen sich keine zuverlässig bestimmbaren Unterschiede in der Metakognition nachweisen. Diese Befunde dürfen jedoch nicht darüber hinwegtäuschen, dass selbst der Erwerb grundlegender metakognitiver Kompetenzen ohne Schulbesuch nicht denkbar ist. Untersuchungen an Menschen aus illiteraten Kulturen zeigen, dass diese nicht einmal einfache Gedächtnisstrategien wie das Wiederholen von Zahlen oder Wörtern nutzen, die Kinder in Ländern mit Schulpflicht normalerweise spontan etwa in der Mitte der Grundschulzeit und ohne direkte Instruktion entwickeln, wie die beiden Gedächtnis- und Lernforscher Wolfgang Schneider und Michael Pressley sowie auch Robert Kail und John Borkowski zeigen konnten. Weiter unten in diesem Kapitel wird die Frage nach einem Training von Lern- und Denkstrategien noch vertieft werden. Aber bereits an dieser Stelle sollte deutlich geworden sein, dass alles, was unter dem Begriff der Metakognition zusammengefasst wird, zwar eine entscheidende Voraussetzung für das Erbringen anspruchsvoller geistiger Leistungen, aber keine sehr differenzierte Quelle interindividueller Unterschiede ist.

Eine weitere zentrale Aktivität höherer Ordnung ist das schlussfolgernde Denken, das ja, wie bereits ausgiebig erörtert wurde, zum Kernbereich der Intelligenz gehört und in Intelligenztests eine zentrale Stellung einnimmt. Auch hier dürfen die großen interindividuellen Unterschiede in der Testleistung nicht über die Tatsache hinwegtäuschen, dass wichtige Grundlagen für diese Fähigkeit erst durch den Schulbesuch gelegt werden. Menschen wie wir, die in einer alphabetisierten Gesellschaft aufgewachsen sind, wissen, welche Antwort von ihnen erwartet wird, wenn sie mit einer Aufgabe wie der folgenden konfrontiert werden: »Im Stamm der Kiri tragen alle unverheirateten Frauen Blumen im Haar. Lara gehört dem Stamm der Kiri an und ist eine unverheiratete Frau.« Sie sollen sagen, dass Lara Blumen im Haar trägt, oder zumindest die Frage: »Trägt Lara Blumen im Haar?« mit »Ja« beantworten. Wir wüssten, dass es bei dieser Aufgabe nicht darauf ankommt, unsere Kenntnisse über den Stamm der Kiri oder über Lara zum Besten zu geben, und wir fragen uns nicht einmal, ob beide existieren oder jemals existiert haben; vielmehr wüssten wir, dass es darum geht, aus gegebener Information neue Information abzuleiten, und nicht darum, den Wahrheitsgehalt der Prämissen zu prüfen. Von erwachsenen Menschen aus illiteraten Gesellschaften sowie von Kindern, die noch nicht lesen und schreiben gelernt haben, wird hingegen berichtet, dass Antworten kommen wie »Ich kenne Lara nicht, wie soll ich das wissen?« oder »Dem Stamm der Kiri bin ich noch nie begegnet«. Beiden Gruppen sind also die Spielregeln im Umgang mit hypothetischen Situationen nicht bekannt.

Wie in Kapitel 2 erörtert, zeigte sich an Untersuchungen mit Kindern, dass sie dann Schwierigkeiten mit Aufgaben zum schlussfolgernden Denken haben, wenn sie ihren Erfahrungen widersprechen. Erst im Laufe der Grundschulzeit lernen die Kinder, allein aus sprachlicher Information Sinn zu konstruieren und neue Ideen abzuleiten.

Induktives Denken, also das Finden von Gemeinsamkeiten und Oberbegriffen, wird von Anfang an beherrscht. Allerdings werden Menschen, die (noch) keinen Zugang zur schulischen Bildung hatten, dabei eher nach Oberflächenmerkmalen gehen, während in anspruchsvollen Intelligenzaufgaben gerade abstraktere Beziehungen erfragt werden. Auch das ist ein Grund dafür, dass sich Unterschiede in der Intelligenztestleistung erst durch den Schulbesuch voll entfalten können.

In einer 2004 fertig gestellten, sehr lesenswerten Dissertation hat Katja Boedeker einmal mehr zeigen können, welchen Einfluss eine Welt mit formaler Schulbildung auf die geistige Leistungsfähigkeit hat. Auf der pazifischen Inselgruppe Trobriand gibt es vollständig illiterate Kulturen, in denen auch keine metrischen Systeme wie Waagen und Längenmessungen üblich sind. Dennoch haben sich die Menschen eine recht gut funktionierende Umgebung aufgebaut, die sie in die Lage versetzt, Boote zu bauen und Nutzpflanzen zu kultivieren. An manchen Orten der Inselgruppe wurde jedoch infolge des Einflusses von außen ein Schulsystem eingeführt, indem die Kinder Lesen, Schreiben und Rechnen lernen. Katja Boedeker ging in ihrer Arbeit der Frage nach, ob die erwachsenen Menschen in Trobriand, die weder Schrift noch numerische Systeme kannten, die Masse von Objekten miteinander vergleichen konnten. Sie war mit großen Mengen von Watte, Knetmasse und Gegenständen aus Holz und Eisen nach Trobriand gereist. Dort stellte sie Schülern der Klasse 5 und illiteraten Erwachsenen Fragen, wie sie in Abbildung 7.1 aufgeführt sind, wobei diese in einen größeren Kontext eingebettet waren und sichergestellt wurde, dass nicht sprachliche Missverständnisse die Ursachen für bestimmte Antworten waren. Die gleichen Fragen stellte Boedeker nach ihrer Rückkehr nach Deutschland Berliner Fünftklässlern. In Abbildung 7.1 sind die Häufigkeiten abgetragen, mit denen die drei Gruppen die erste und die dritte Frage mit »Ja« und die zweite Frage mit »Nein« beantwortet haben. Ganz offensichtlich haben die illiteraten Menschen in Trobriand keinen quantifizierbaren Begriff von Gewicht entwickelt. Für sie ist Gewicht – wie auch für jüngere Kinder in Gesellschaften mit einem Schulsystem – »sich schwer anfühlen«. Erst wenn man Zahlensymbole zur Verfügung und gelernt hat, dass man diese zur Beschreibung des Gewichts (bzw. der Masse) nutzen kann, ist eine Dimension gefunden, über die man auch sehr verschieden aussehende Gegenstände miteinander vergleichen kann. Katja Boedekers Ergebnisse zeigen eindringlich, wie selbst einfache Begriffe von dem kulturellen Umfeld und den darin entwickelten Symbolsystemen abhängen.

Kann man so viel Watte aufhäufen, dass diese genauso viel wiegt wie diese Eisenkugel?

Ändert sich das Gewicht der Knetmasse, wenn sich die Form ändert?

Kann man eine Holzkugel herstellen, die genauso viel wiegt wie diese Eisenkugel?

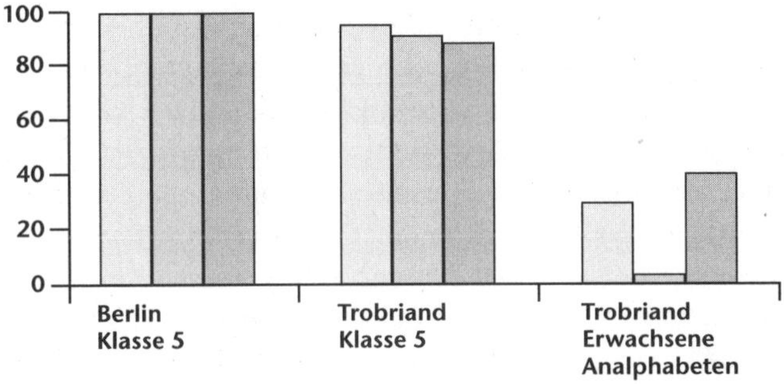

Abbildung 7.1: Prozentsatz der in unserem Sinne korrekten Antworten in der Arbeit von Katja Boedeker

Der im Kapitel zur Intelligenzmessung dargestellte Flynn-Effekt, mit dem die in den vergangenen Jahrzehnten zu beobachtende Steigung des IQ um drei Punkte pro Dekade charakterisiert wird, ist teilweise auf die längere Schulbildung jüngerer Generationen zurückzuführen.

Intelligenz und das mehrgliedrige Schulsystem

Intelligenzunterschiede folgen der Normalverteilung. Die meisten Menschen sind sich, was die Intelligenz angeht, eher ähnlich und verteilen sich um einen Mittelwert herum. Sehr stark über- und sehr stark unterdurchschnittlich intelligente Menschen sind eher selten. Von der Intelligenz hängt es ab, wie effizient ein Lernangebot genutzt werden kann. Die Unterschiede in den geistigen Eingangsvoraussetzungen stellen eine besondere Herausforderung für die Gestaltung von Lerngelegenheiten dar und wecken bei Lehrern und schulpolitisch Verantwortlichen häufig den Wunsch nach Separierung. Dass Kinder, die am oberen Ende der IQ-Skala rangieren, und solche, die sich am entgegengesetzten Ende befinden, nicht optimal davon profitieren würden, wenn sie vom ersten bis zum letzten Schultag ununterbrochen gemeinsam die Schulbank drückten, ist unmittelbar einsichtig. Fest steht aber auch, dass sich ein zwei- oder dreigliedriges Schulsystem nicht mit der Normalverteilung der Intelligenz rechtfertigen lässt. Denn wo sollte man bei einer kontinuierlich verteilten Variablen wie der Intelligenz die Grenze für die Zuweisung zu den unterschiedlichen Schultypen ziehen? Das ist jedoch nur einer von vielen problematischen Aspekten.

Inzwischen gehen in Österreich wie in Deutschland mancherorts etwa die Hälfte aller Schüler auf das Gymnasium. Dabei muss man sich vergegenwärtigen, dass die schulische Trennung in einem Bereich der Intelligenz vollzogen wird, in dem sich die Menschen gerade am ähnlichsten sind, also am »Buckel« der Normalverteilung. Studien wie die Münchner Längsschnittstudie LOGIK, die im folgenden Kapitel noch näher beschrieben wird, belegen beispielsweise, dass Schüler, die einen IQ von 110 haben, mit etwa gleich großer Wahrscheinlichkeit auf dem Gymnasium wie auf einer anderen Schule landen. In dieser Studie wurden 1983 220 Kinder im Alter von drei Jahren erstmals in ihrer Intelligenz und anderen Merkmalen getestet, und dann jedes Jahr wieder neu. Erst als die Kinder zwölf Jahre alt waren, erfolgten die Tests in größeren Abständen. Solche Studien erlauben natürlich eine Vielfalt an Analysen zur Entwicklung der Intelligenz. Hier werden Ergebnisse zur Verteilung der Intelligenz in Abhängigkeit von der Schulform berichtet. In der vierten Klasse wurde entschieden, ob die Schüler auf das Gymnasium oder auf die

Haupt- bzw. Realschule kamen (die damals in Bayern bis zur 6. Klasse noch gemeinsam geführt wurden). Die Verteilung der Intelligenztestleistung in der vierten Klasse für beide Gruppen von Schülern ist Abbildung 7.2 zu entnehmen. Es zeigt sich eine sehr große Überlappung: Bei der überwiegenden Zahl der Schüler konnte man aus dem IQ keine zuverlässige Vorhersage in Bezug auf den Schultyp treffen.

Wie kommt es aber, dass Kinder mit einem IQ von 120 auf die Haupt- bzw. Realschule gehen und Kinder mit einem IQ von 110 auf das Gymnasium? Grundlage der Zuweisung für den jeweiligen Schultyp sind die Noten in den Kernfächern. Noten, das wissen wir, hängen von vielen Faktoren ab, wobei der Einfluss der Intelligenz zwar groß ist, aber nicht alles erklärt. Im Zusammenhang mit der PISA-Studie in Deutschland konnte einwandfrei festgestellt werden, dass die soziale Herkunft eine große Rolle dabei spielt, ob ein Schüler das Gymnasium oder eine andere Schule besucht. So kann man davon ausgehen, dass in einer Akademikerfamilie aus dem Mittelbereich der Intelligenzverteilung die Eltern rechtzeitig Sorge dafür tragen, dass ihr Kind im Endeffekt eine Empfehlung fürs Gymnasium erhält. Sind die Eltern keine Akademiker, werden sie sich eher damit abfinden, dass ihr Kind nicht ins Gymnasium übertritt. Dass bei der Frage nach dem richtigen Schultyp in so großem Stile die Willkür der sozialen Herkunft waltet, ist mit der Normalverteilung zu erklären. Wir verlangen von Grundschullehrern, Zuordnungen in einem Bereich vorzunehmen, in dem die Unterschiede zwischen den Kindern sehr gering sind.

Auch der Versuch, eine besonders anspruchsvolle Schule für Kinder, deren IQ im oberen Viertel liegt, zu schaffen, birgt Probleme, die sich wiederum aus der Normalverteilung ergeben: Bei 50 % aller Menschen bewegt sich der Intelligenzquotient zwischen 90 und 110, das heißt, die Bandbreite beträgt gerade einmal 20 Punkte. Im oberen (und natürlich auch im unteren) Viertel hingegen ist die Bandbreite der IQ deutlich größer. In einer Schule, die Kindern mit einem IQ im oberen Viertel vorbehalten wäre, hätte man folglich eine sehr viel heterogenere Schülerschaft als an einer Schule mit den mittleren 50 %.

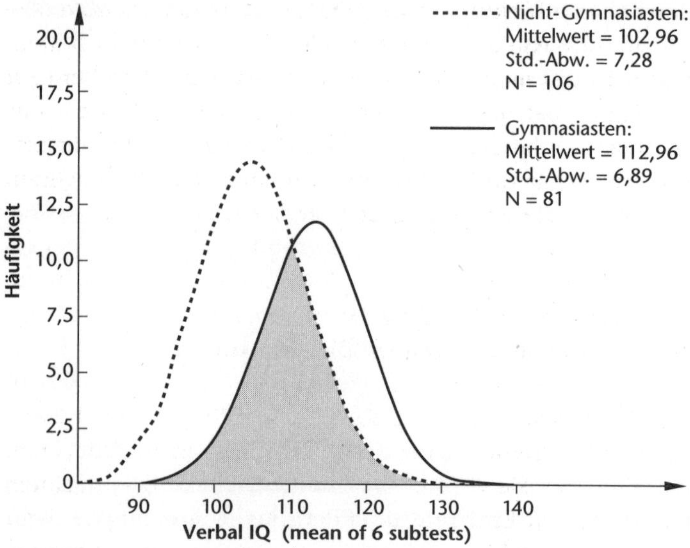

Abbildung 7.2: Die überlappende Intelligenzverteilung

Im vorangegangenen Abschnitt wurden Belege dafür angeführt, dass die Dauer des Schulbesuchs Auswirkungen auf den IQ hat. Wie aber sieht es mit der Qualität des Schulbesuchs aus? In Ländern mit mehrgliedrigem Schulsystem stellt sich tatsächlich die Frage, ob sich die Intelligenz zweier Schüler, die in der vierten Klasse den gleichen IQ hatten, unterschiedlich entwickelt, wenn der eine auf das Gymnasium geht und der andere nicht. Dieser Frage konnten wir in der LOGIK-Studie nachgehen. Wie der langjährige Leiter der Studie, Wolfgang Schneider, berichtet, konnten keine Belege gefunden werden, dass der IQ bei den Hauptschülern abnahm und bei den Gymnasiasten zunahm. Etwas anders stellen sich die Ergebnisse einer weiteren Studie dar. In der am Max-Planck-Institut für Bildungsforschung in Berlin durchgeführten Längsschnittstudie BIJU (Bildungsverläufe von Jugendlichen) zeigen sich in einer Stichprobe aus den neuen Bundesländern dramatische Effekte nach der Wiedervereinigung. Schüler, die bis zur 7. Klasse die Einheitsschule der DDR besucht hatten, waren in das mehrgliedrige Schulsystem der BRD überführt worden. Dabei zeigte sich, dass Schüler, die ab Klasse 7 das Gymnasium besuchten, ihre nicht-sprachliche Intelligenztestleistung bis zur 9. Klasse um 11 IQ-Punkte mehr steigerten als Schüler, die die Realschule besuchten.

Holzwege in der Bildung: Lernen lernen statt Wissen aneignen und Gehirnjogging

Menschen lieben schnelle Erfolge. Sie wollen nicht durch harte Arbeit oder eisernes Sparen reich werden, sondern über Nacht an der Börse. Sie wollen mit Crashdiäten, nicht aber einem ausgewogenen Ernährungs- und Fitnessplan eine gute Figur bekommen. Und auch schnell und einfach intelligent zu werden, gehört zu ihren Wunschvorstellungen. Aus diesem Grunde wurde die Forschung zum so genannten Mozarteffekt mit großer Begeisterung aufgenommen. US-amerikanische Forscher wollten Beweise haben, dass, wer Mozart hört, kurzfristig seine räumlich-visuellen Leistungen verbessern kann. Die Ergebnisse wurden in weiten Kreisen fasziniert aufgenommen, so auch vom Herausgeber der Zeitschrift *Nature*, der – sehr untypisch für ein Magazin dieses Niveaus – das Ergebnis sehr unkritisch aufnahm und veröffentlichte. Da die Untersuchungen bei genauerem Hinsehen gravierende Fehler enthielten, wie eine Gegendarstellung mit dem launigen Titel *A requiem for the Mozart effect* betonte, hagelte es Kritik. Solidere Untersuchungen, wie sie von dem kanadischen Psychologen

Glenn Schellenberg vorgestellt werden, sprechen zwar tatsächlich dafür, dass aktiver Musikunterricht – wie auch andere Formen von Unterricht – einen IQ-Anstieg um drei bis vier IQ-Punkte bewirken. Aber dafür, dass passiver Musikgenuss oder aktive Musikausübung eine besonders effiziente Möglichkeit zur Steigerung der Intelligenz ist, gibt es keine Anzeichen. Zu diesem Schluss kommt auch eine im Auftrag des deutschen Bundesministeriums für Bildung und Forschung unter Federführung des Berliner Philosophen Ralph Schumacher erstellte Expertise. Der Wunsch nach einer möglichst effizienten und »kostengünstigen« Steigerung der Intelligenz besteht weiter. Wie wäre es damit, einfach Intelligenztestaufgaben zu üben?

Wir haben immer wieder betont, dass die Leistung, die in Intelligenztests erbracht wird, keineswegs allein eine Funktion der Gene ist, die die Hirnfunktionen steuern, sondern mit dem Schulbesuch in Zusammenhang steht. Nur bei Menschen, die vergleichbare Lerngelegenheiten hatten, lässt sich aus Unterschieden im IQ auch auf Unterschiede in den Genen schließen. Für Leistungen in Intelligenztests gilt dasselbe wie für jede andere Leistung: Sie kann durch Übung gesteigert werden. Die Verbesserung der Leistung in Intelligenztests ist dabei sehr viel weniger von der Instruktion durch einen Lehrer abhängig, als dies in anderen Bereichen der Fall ist. Wer eine komplizierte Aufgabe in Physik oder Mathematik nicht lösen kann oder einen fremdsprachigen Text nicht versteht, wird durch bloßes Wiederholen nicht weiterkommen; er muss versuchen, sein fehlendes Wissen durch Interaktion mit anderen Menschen oder mit Lernmaterial zu erwerben. Intelligenztests hingegen sind gerade dadurch gekennzeichnet, dass sie möglichst wenig Wissensanteile voraussetzen. Vielmehr geht es darum, den effizienten Zugriff auf bestehendes Wissen zu erfassen und es so umzuorganisieren, dass es in neuen Situationen angewendet werden kann. Der Zugriff auf bestehendes Wissen lässt sich durch die einfachste Form der Übung, die repetitive Wiederholung, steigern. Weiter oben wurde von der Automatisierung bzw. Prozeduralisierung des Wissens gesprochen. Gerade geistige Operationen in Tests zur räumlich-visuellen Verarbeitung, bei denen Figuren gedreht, zusammengesetzt oder auseinandergenommen werden müssen, lassen sich durch bloße Wiederholung verbessern. In Tests zum schlussfolgernden Denken, gleichgültig ob mit numerischem, sprachlichem oder figuralem Material, müssen häufig bisher unbeachtete Beziehungen zwischen den Elementen gesehen werden. Beispielsweise müssen sprachliche Begriffe miteinander verglichen werden, um einen Oberbegriff zu finden, der Gemeinsamkeiten hervorhebt, oder aber um sie voneinander abzugrenzen. Das Fortsetzen von Zahlenreihen ist ein zentraler Intelligenztest, bei dem sich die mathematischen Voraussetzungen auf die Grundrechenarten beschränken. Die intelligente Leistung besteht darin, die verschiedenen Grundrechenarten simultan in Erwägung zu ziehen, wenn die Beziehung zwischen den Zahlen einer Reihe analysiert wird. In dem bereits dargestellten Raven-Matrizen-Test geht es darum, sich möglichst viele Operationsmöglichkeiten mit abstrakten Figuren zu vergegenwärtigen: sie in verschiedene Richtungen zu drehen, übereinanderzuschieben, auseinanderzunehmen etc. Es gilt, willkürlich vom Testkonstrukteur entwickelte Regeln (etwa: wenn zwei schwarze Teilflächen einer Figur aufeinander liegen, dann wird die Fläche weiß) zu erkennen.

Die Kognitionspsychologen Marcel Just und Patricia Carpenter von der Carnegie-Mellon-Universität Pittsburgh haben schon vor mehr als einem Jahrzehnt ein Computerprogramm geschrieben, das den menschlichen Lernprozess beim Raven-Test simuliert. Um alle Aufgaben dieses Tests zu lösen, muss man einige Dutzend Regeln und Operationen anwenden. Durch wiederholtes Üben lernt man diese kennen und bekommt – etwas salopp ausgedrückt – ein Gefühl dafür, wann man sie einsetzen kann. Mit anderen Worten: Durch wiederholtes Üben lassen sich im Raven-Test bessere Ergebnisse erzielen. Das zeigen Computersimulationen ebenso wie Untersuchungen mit Menschen. Keine Frage also, Intelligenztests – und insbesondere die nicht-sprachlichen – lassen sich üben und können den IQ steigern. Aber wird man auch intelligenter? Kann man dadurch auch besser und schneller lernen und denken? Können jüngere Kinder, mit denen die Bearbeitung von Intelligenztests trainiert wird, schneller und besser lesen, schreiben und rechnen lernen? Das klang zunächst sehr plausibel.

In den 1950er Jahren machte man sich in Israel Gedanken über die ungleichen Bildungschancen von Einwanderungsgruppen. Die so genannten sephardischen Juden, also Einwanderer aus Nordafrika und Vorderasien, waren sehr viel seltener in höheren beruflichen Positionen und an Universitäten zu finden als die Aschkenasim, die jüdischen Einwanderer aus Europa. Eine Maßnahme, dieses Problem anzugehen, bestand darin, bereits die Kinder dieser Einwanderungsgruppe zu fördern. Der Psychologe und Pädagoge Reuven Feuerstein wurde mit der Entwicklung und Durchführung eines Trainingsprogramms beauftragt. Feuerstein, der an der Bar-Ilan-Universität in Tel Aviv lehrte, wollte den schnellen Weg gehen. Er ließ Kinder Denksportaufgaben üben, die Intelligenztests ähnlich waren, und tatsächlich stieg ihr IQ deutlich an. Leider aber wirkte sich dieses Training nicht wesentlich auf die Schulleistung der Schüler aus, das heißt, die Kinder lernten nicht besser lesen, schreiben und rechnen. John Bransford, der an verschiedenen US-amerikanischen Universitäten Zentren für schulisches Lernen geleitet hat, kommt zu dem klaren Schluss, dass alle Versuche, die Intelligenz allgemein zu steigern, als gescheitert betrachtet werden müssen. In Deutschland hat sich der Aachener Pädagogikprofessor Karl-Josef Klauer um allgemeine Denktrainings verdient gemacht. Er hat sprachliche und nicht-sprachliche Aufgaben zum schlussfolgernden Denken für verschiedene Altersgruppen entwickelt. Tatsächlich zeigten sich positive Effekte beim Transfer auf Intelligenztests. Die Göttinger Psychologen Marcus Hasselhorn und Willi Hager haben jedoch kritisch angemerkt, dass die Trainingseffekte nicht spezifisch auf das Programm zurückgeführt werden können. Möglicherweise haben auch andere Formen der geistigen Betätigung zu einem entsprechenden Anstieg der Intelligenzleistung geführt. Deutliche Effekte von Klauers Programm zeigten sich allerdings bei sehr schwachen Schülern, also solchen im unteren Intelligenzbereich. Inzwischen besteht bei Lehr-Lern-Forschern Konsens über den eingeschränkten Wert von Trainings, in denen Aufgaben geübt werden, die jenen von Intelligenztests entsprechen und unter Bezeichnungen wie »Gehirnjogging« oder *brain enhancement* geführt werden. Normal intelligente und überdurchschnittlich intelligente Schüler können ihre Zeit sinnvoller mit dem Erwerb geistiger Kompetenzen in anspruchsvollen Inhaltsgebieten verbringen, die die sprachliche, mathematische oder räumlich-visuelle Kompetenz fördern. Auf diese Weise kann breit einsetzbares Wissen erworben werden, welches das weitere Lernen unterstützen kann. Von der Beschäftigung mit inhaltsarmen, aus dem Kontext gerissenen Problemen hingegen ist keine wirkliche Verbesserung der geistigen Kompetenzen zu erwarten. Zwar wird man in Intelligenztests besser abschneiden, aber die Intelligenz wirklich steigern wird man nicht.

Einzige Ausnahme von dieser Regel: Menschen mit großen Lernschwierigkeiten, deren Probleme im Bereich der Metakognition ja bereits angesprochen wurden und die im Umgang mit schriftlichem Material ganz grundlegende Fehler machen. Beispielsweise wählen sie bei Multiple-Choice-Aufgaben die erstbeste Antwort aus, ohne sich überhaupt auf die Problemstellung einzulassen. Der Umgang mit überschaubaren Aufgaben kann für diese Gruppe hilfreich sein, um überhaupt geistige Grundvoraussetzungen zu erwerben. Positive Effekte von Aufgaben zum Gehirnjogging wurden auch bei älteren

Menschen gefunden. Allerdings dürfen solche Effekte keinesfalls auf die Schule übertragen werden. Ältere Menschen, zumal wenn sie bereits im Altersheim leben, profitieren von jeder Form der geistigen Betätigung. Mit anderen Worten, es ist besser für ältere Menschen, die sich nicht mehr auf zukünftige Lebensaufgaben vorbereiten müssen, Bridge zu spielen als Mensch-ärgere-dich-nicht, da Ersteres hohe Anforderungen an das Arbeitsgedächtnis stellt. Stehen ältere Menschen hingegen vor der Wahl zwischen einem Computerkurs oder Gehirnjogging, ist es sicherlich sinnvoller, wenn sie ihre Zeit in einen Computerkurs investieren. Es gibt gute Gründe für die Annahme, dass sich die Möglichkeiten der Weiterbildung durch das Internet stärker auf die geistige Leistungsfähigkeit auswirken werden als das Bearbeiten von Intelligenztests.

Wirklich intelligenter werden wir nicht durch Intelligenztests, sondern nur durch die Auseinandersetzung mit anspruchsvollen Inhalten. Dabei erwerben wir ganz nebenbei, aber sehr effizient, Lern- und Denkstrategien, die sich verselbständigen und zu einem eigenständigen Wissensgebiet werden, das mit Metakognition bezeichnet wird. Auf der Grundlage der auf diese Weise erworbenen Lern- und Denkstrategien kann Wissen auch in unbekannten Gebieten effizient erworben werden. Wir verbessern also unsere allgemeine Lern- und Denkfähigkeit, indem wir spezifisches Wissen in anspruchsvollen Inhaltsgebieten erwerben. Diese Erkenntnis erklärt auch, warum selbst intelligente Menschen in Inhaltsgebieten, die neu für sie sind, zunächst Probleme haben und ebenso wie weniger intelligente Menschen den mühsamen Weg über den Wissenserwerb gehen müssen.

Der Wunsch nach einer Verbesserung der allgemeinen Lern- und Denkfähigkeit ist ungebrochen und angesichts der vielfältigen Anforderungen einer modernen Wissensgesellschaft nur verständlich. Vor diesem Hintergrund stellt sich natürlich die Frage, ob man beim Erwerb von anspruchsvollem Inhaltswissen den Erwerb von breit einsetzbaren Lern- und Denkstrategien zusätzlich unterstützen kann. Hier gibt es tatsächlich Möglichkeiten, wie aus wissenschaftlichen Untersuchungen an Menschen verschiedenen Alters hervorgeht. So konnte die kalifornische Psychologin Diane Halpern zeigen, wie Studierende von dem *Critical Thinking Program* profitieren. Bei diesem Programm werden die Lernenden dazu angehalten, beim Lesen von Texten grafisch-visuelle Veranschaulichungen anzufertigen und alternative Interpretationsmöglichkeiten zu bedenken, um voreilige Schlüsse zu vermeiden. Solche unterstützenden Maßnahmen können – natürlich auf die jeweiligen Voraussetzungen abgestimmt – in allen Altersgruppen eingesetzt werden. Lern- und Denkstrategien sind eben lernbar, aber nur sehr bedingt direkt lehrbar. Und für Intelligenz gilt: Sie kann und muss sich in Abhängigkeit von den Lernangeboten entwickeln, aber sie ist nicht direkt trainierbar.

Der mehrfach erwähnte Flynn-Effekt kann nicht zuletzt auch darauf zurückgeführt werden, dass Intelligenztestaufgaben immer besser zugänglich sind und deshalb auch geübt werden.

Neurowissenschaftliche Grundlagen des Lernens

Jeglicher Lernprozess ist von Änderungen im Gehirn begleitet. Aus neurowissenschaftlicher Perspektive stellt sich Lernen überhaupt als Resultat einer Veränderung im Gehirn dar. Welche Aspekte der Gehirnmorphologie sensibel auf Lernprozesse (also im weitesten Sinne auf Umweltreize) reagieren und welche eher durch die Gene vorbestimmt sind, ist beim gegenwärtigen Wissensstand noch nicht endgültig beantwortbar. Für die Neuronenzahl und das Myelin legen populationsgenetische Studien (an Zwillingen) eine hohe Erblichkeit (zwischen 80 und 90%) nahe, also einen großen Einfluss der Gene sowohl auf die so genannte graue Substanz (hauptsächlich Nervenzellkörper und Zellkerne) als auch auf die weiße Substanz (hauptsächlich Axonen mit Myelinummantelung).

Demgegenüber scheint das Synapsenwachstum stark mit Lernprozessen und daher mit Umwelteinflüssen in Zusammenhang zu stehen. Bereits 1949 hat Donald O. Hebb das später nach ihm benannte Prinzip postuliert: *»What fires together, wires together.«* Mit anderen Worten, wenn zwei Neuronen als Folge eines Lernprozesses häufig gemeinsam aktiviert werden, dann wird die synaptische Verbindung zwischen ihnen stärker, was in der Folge bedeutet, dass die beiden Neuronen zukünftig leichter gemeinsam aktiv werden: Wenn das eine Neuron aktiviert wird, wird das andere Neuron mit erhöhter Wahrscheinlichkeit mitaktiviert.

Wie Befunde vor allem für sensorische und motorische Prozesse nahelegen, kann diese Form der »Gehirnmodifikation« durch Synapsenbildung aber nicht in jedem Alter gleich gut vonstatten gehen. Vielmehr legen Studien sowohl an Tieren wie auch an Menschen nahe, dass es zumindest für Prozesse der sensorischen Reizwahrnehmung, aber auch für einige motorische Prozesse »sensible Phasen« oder *windows of opportunity* gibt: Fenster, die sich wieder schließen, was die negative Implikation mit sich bringt, dass ein bestimmter Lernprozess, wenn er nicht in dem Zeitfenster stattgefunden hat, später nur mehr schwierig und unter wesentlich größeren Mühen nachgeholt werden kann.

Welche Bedeutung derartige sensible Phasen für die Entwicklung des Menschen haben, für welche psychologischen Prozesse sie tatsächlich zutreffen und inwieweit ein Versäumnis der Nutzung der »sensiblen Phasen« nachgeholt werden kann, wird in der Entwicklungspsychologie je nach untersuchter Fähigkeit ganz unterschiedlich beantwortet. Aus den dazu durchgeführten Studien könnte man die generelle Schlussfolgerung ziehen, dass die Bedeutung sensibler Phasen für den Erwerb bestimmter Fähigkeiten wohl bislang eher überschätzt wurde. In ihrem Buch *Wie wir lernen* kommen Sarah-Jayne Blakemore und Uta Frith zu der Ansicht, dass für die meisten höheren kognitiven Funktionen die Annahme kritischer Phasen wenig plausibel sei. Die einseitige Konzentration von Förder- und Bildungsprogrammen auf die ersten Lebensjahre ist auf der Basis jüngerer neurowissenschaftlicher Erkenntnisse nicht mehr aufrechtzuerhalten.

Tatsächlich legen immer mehr Studien nahe, dass sich das Gehirn auch im Erwachsenenalter noch reaktiv (das heißt durch Lernprozesse stimuliert) verändert:

- Bei Musikern vergrößert sich das fürs Hören zuständige Gebiet der Hirnrinde um bis zu 25 %.
- Ein mehrwöchiges Jongliertraining vergrößert die zuständigen motorischen Areale des Kortex.
- Bei Taxifahrern scheint sich der für die räumliche Orientierung zuständige Teil des Hippocampus zu vergrößern, wobei die Größe in einer linearen Beziehung zur Berufserfahrung steht: Je länger die Erfahrung, desto größer der rechte hintere Hippocampus.

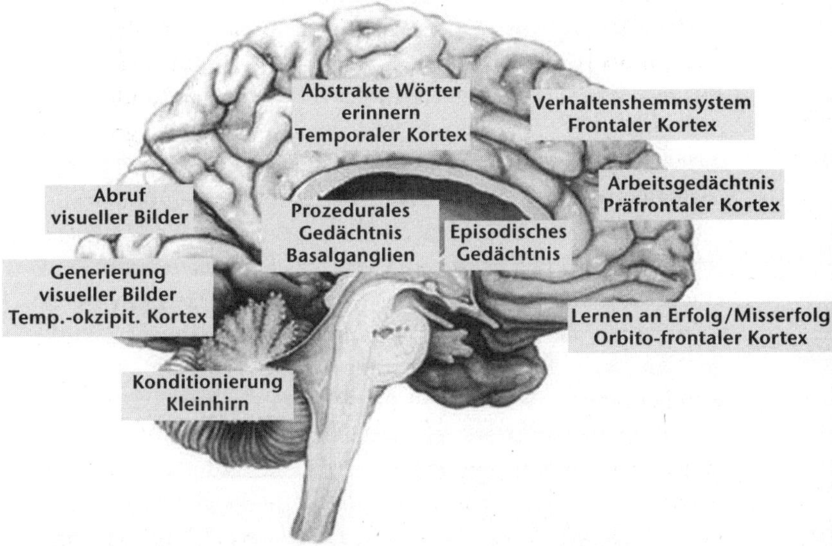

Abbildung 7.3: Lernfunktionen im menschlichen Gehirn

Zudem ist – was die Lokalisierung im Gehirn betrifft – Lernen nicht gleich Lernen. Abbildung 7.3 zeigt anhand eines Gehirns im Querschnitt einige Formen des Lernens bzw. damit assoziierte Prozesse hinsichtlich ihrer Lokalisation im Gehirn. Unterschiedliche Formen des Lernens werden durch verschiedene Gehirnteile gesteuert, welche sich wiederum durch das Lernen verändern.

Die vielleicht spannendste – aber noch völlig offene – Frage an eine neurowissenschaftlich orientierte Begabungsforschung einerseits und die Lehr-Lern-Forschung andererseits ist sicherlich die, wie die offensichtlich relativ stark genetisch determinierten Strukturvariablen der Neuronenzahl (graue Substanz) und der Myelinisierung (weiße Substanz), die noch dazu substanziell mit Intelligenz korrelieren, mit dem eher dynamisch und durch Lernen bzw. Umwelt determinierten Prozess der Synapsenbildung (und -rückbildung) zusammenwirken. Können Lernen oder generell Umwelteinflüsse auch die Neuronenzahl und das Ausmaß der Myelinisierung beeinflussen? Und umgekehrt: Inwieweit ist der Prozess des Synapsenwachstums in den ersten Jahren, vor allem aber der Prozess der synaptischen Bereinigung zum Zeitpunkt der Pubertät umweltabhängig oder doch genetisch vorbestimmt? Hängt der Beginn der Pubertät selbst damit irgendwie zusammen?

Und selbst wenn wir uns nicht auf die Ebene der gehirnstrukturellen Veränderung einlassen: Inwieweit kann man eine effizientere Gehirnnutzung trainieren? Werden Gehirne, wenn sie sich jahrelang mit einer bestimmten Aufgabe beschäftigen, im Laufe der Zeit effizienter, das heißt, verbrauchen sie weniger Energie, wenn sie in der Aufgabe trainiert sind? Neueste Studien aus unserer eigenen Forschungsarbeit legen dies nahe: Kürzlich testeten wir unter Federführung von Roland Grabner Taxifahrer unterschiedlichen Intelligenzniveaus mit zwei Aufgaben: einer, die sich auf die Kenntnis des (Grazer) Stadtplans bezog; und einer anderen intelligenzabhängigen, sonst aber weitgehend vergleichbaren Aufgabe. Dabei wurde die Gehirnaktivität gemessen. Die Muster der Gehirnaktivierung waren wie folgt: Während sich bei der (neuartigen) Intelligenzaufgabe das erwartete Muster einer höheren neuralen Effizienz für intelligentere Personen zeigte, war bei der »Expertenaufgabe« (Abrufe aus dem Grazer Stadtplan) sogar tendenziell das Gegenteil zu beobachten (obgleich der Unterschied bei dieser Aufgabe nicht statistische Signifikanz erreichte). Dies kann aus unserer Sicht so interpretiert werden, dass auch weniger intelligente Personen die Effizienz ihrer Gehirnnutzung steigern, wenn sie sich nur lange genug mit einer speziellen Aufgabe oder Wissensdomäne beschäftigen.

Bedeutet dieser Befund, dass jeder alles erlernen und damit auch alles im Leben erreichen kann? Mitnichten, wie eine andere Studie aus der Forschung von Aljoscha Neubauer zeigt: Lässt man nämlich Menschen kurzzeitig etwas lernen oder trainieren, so werden sie auch in einem solchen Kurzzeitlernexperiment neural effizienter. Wir konfrontierten Versuchspersonen mit einem Test zum schlussfolgernden Denken (Prätest). Anschließend trainierten wir diese Fähigkeit, um danach mit einem so genannten Paralleltest (die gleiche Fähigkeit wird getestet, aber es werden andere Aufgaben gestellt) die Personen noch einmal zu testen (Posttest). Der Sinn und Zweck dieses Kurzzeitlerntests besteht darin, zu überprüfen, inwieweit die einzelnen Personen vom Training profitieren: Während sich manche Personen stark verbessern (die »Lernfähigen«), zeigen andere Personen trotz Trainings kaum Leistungszuwachs; gleichzeitig tritt bei manchen Personen eine starke Steigerung der Gehirneffizienz auf. Interessant war dabei vor allem der Befund, dass die Steigerung der neuralen Effizienz signifikant mit einer – unabhängig erhobenen – Intelligenzmessung korrelierte. Dies kann so interpretiert werden, dass Intelligenz vor allem dann eine große (und vielleicht alles überragende) Bedeutung hat, wenn es darum geht, in kurzer Zeit neues Wissen zu erwerben, eine neue Fertigkeit zu entwickeln, etc. Die weniger intelligente Person mag langfristig die gleiche neurale Effizienz erreichen wie eine intelligentere Person, aber sie braucht wohl erheblich mehr Zeit dafür.

Gleichzeitig legen Befunde aus der Intelligenzforschung nahe, dass es Domänen gibt, bei denen eine gewisse Mindestintelligenz gegeben sein muss, um die relevanten Themen und Probleme des Wissensbereichs überhaupt nachvollziehen zu können. Augenfällig ist das vor allem im Bereich der Naturwissenschaften: Hier erscheint es wohl den meisten Menschen einsichtig, dass nicht jeder die *Gabe* (im Sinne von Begabung) hat, Physiker oder Mathematiker zu werden. Aber auch im sprachlichen Bereich dürfte es nur wenigen Menschen vergönnt sein, etwa ein erfolgreicher (oder künstlerisch anerkannter) Schriftsteller zu werden. Es scheint generell doch (genetisch festgelegte) neurostrukturelle Beschränkungen zu geben, die verhindern, dass jeder Mensch auf jedem Gebiet erfolgreich tätig werden kann. Selbst noch so viel Training und damit Steigerung der Gehirneffizienz macht aus einer genetisch weniger begabten Person keinen Einstein oder Goethe. Andererseits kann ein hohes Ausmaß an Motivation und ein daraus resultierender hoher Arbeitseinsatz oder Trainingsaufwand ein Weniger an Begabung zumindest partiell kompensieren. Wie diese Kompensation eines »Weniger an Begabung« durch ein »Mehr an Motivation und Arbeitsaufwand« neurowissenschaftlich erklärt werden könnte, liegt bislang völlig im Dunkeln. Damit eröffnet sich hier nach Ansicht der Verfasser ein spannendes neues Gebiet der psychologischen Forschung an der Grenze zwischen differentialpsychologischer Begabungsforschung, Lehr-Lern-Forschung und Neurowissenschaften.

KAPITEL 8

Die Entwicklung von Intelligenzunterschieden über die Lebensspanne

In Kapitel 2 haben wir die universelle Entwicklung der Intelligenz skizziert. Es wurde gezeigt, dass Menschen mit Wissen ausgestattet sind, welches ihnen bei der Orientierung in der belebten und in der unbelebten Welt hilft. Gleichzeitig sind sie mit der Fähigkeit ausgestattet, auf der Grundlage bestehenden Wissens mittels deduktiver und induktiv-analoger Schlussfolgerungen neues Wissen aufzubauen. Schlussfolgerndes Denken ist der Kernbereich menschlicher Intelligenz, bei dem nicht nur das Vorhandensein von Wissen vorausgesetzt wird, sondern auch dessen Aktivierung zum richtigen Zeitpunkt. Wir haben gelernt, dass die Zusammenführung von verfügbarem Wissen und neu eingehender Information ein funktionierendes Arbeitsgedächtnis voraussetzt, welches geistige Inhalte gezielt aktiviert und hemmt. Dass diese Funktionen von der Effizienz der Hirnphysiologie, insbesondere im Frontalkortex, abhängen, wurde bereits ausgiebig diskutiert. In Kapitel 2 wurde auch deutlich, dass die hier aufgeführten Komponenten zwar von Geburt an verfügbar sind, sich aber im Laufe der Kindheit noch vervollständigen und verbessern. Das gilt einerseits für das Wissen, welches sich durch Lernen in seiner Vernetzung verändert, und andererseits für die Funktionen des Arbeitsspeichers. Die fundamentalen Veränderungen vor allem im Begriffswissen seien in Erinnerung gerufen. Zunächst gruppieren Kinder Begriffe fast ausschließlich um charakteristische Merkmale. Erst mit zunehmendem Verständnis von Situationen und Zielen beginnen sie, definitorische Merkmale zu berücksichtigen und auf dieser Grundlage ein abstrakteres Begriffswissen aufzubauen. Gleichzeitig entwickeln sich durch Reifungsprozesse im Frontalkortex Funktionen des Arbeitsgedächtnisses wie die Hemmung und Aktivierung von Information. Die Kombination aus definitorischem Begriffswissen und verbesserten Arbeitsgedächtnisfunktionen führt zu einer kontinuierlichen Steigerung der Intelligenz im Laufe der Kindheit. Sofern keine traumatischen Einwirkungen und Krankheiten auftreten, werden Kinder also mit zunehmendem Alter immer intelligenter. Diese für alle Menschen geltende und damit universelle Tendenz wirft aber Fragen hinsichtlich der interindividuellen Unterschiede auf. Auch wenn so gut wie alle Kinder im Laufe ihrer Entwicklung intelligenter werden, kann diese unterschiedlich verlaufen. Man spricht deshalb als Kontrastierung zur universellen Entwicklung von der differentiellen Entwicklung. In diesem Zusammenhang ist die Stabilität interindividueller Unterschiede von besonderem Interesse. Mit anderen Worten: Sind intelligente Kinder später auch die intelligenteren Erwachsenen? Mit welcher Wahrscheinlichkeit bleibt der IQ stabil? Da der IQ relativ zur jeweiligen Altersgruppe berechnet wird, können Kinder bei der Bearbeitung von Intelligenzaufgaben absolut gesehen zwar immer besser und dennoch relativ zu ihren Altersgenossen schlechter werden. Nehmen wir an, ein Kind bekommt im Alter von 6, 7 und 8 Jahren den in Kapitel 4 vorgestellten Hamburg-Wechsler-Intelligenztest vorgelegt. Mit 6 Jahren erreicht das Kind 60 Rohpunkte, mit 7 Jahren 64 Punkte und mit 8 Jahren 66 Punkte. Das entspräche im Alter von 6 Jahren einem weit überdurchschnittlichen IQ von 129, im Alter von 7 Jahren einem immer noch überdurchschnittlichen Wert von 113 und im Alter von 8 Jahren einem nahe am Durchschnittswert liegenden IQ von 105. Relativ zu seinen Altersgenossen würde dieses Kind also immer weniger intelligent werden, obwohl es natürlich absolut seine Leistung steigert. Hätte das Kind seinen IQ von 129 halten wollen, hätte es im Alter von 7 Jahren 70 Rohpunkte und im Alter von 8 Jahren 83 Rohpunkte erreichen müssen.

Die relative Position der Intelligenz eines Kindes ist dann von größtem Interesse, wenn man Vorhersagen über die zukünftige Entwicklung treffen möchte. Kann jemand, der als Kind zu den unteren 10 % in der Normalverteilung der Intelligenz gehörte, als Erwachsener zu den oberen 10 % gehören? Wie groß ist die Wahrscheinlichkeit, dass jemand, der als Kind intelligenzmäßig zu den obersten 2 % gehörte, sich auch noch als Erwachsener in diesem Bereich bewegt? Solche und andere Fragen betreffen die Stabilität interindividueller Unterschiede über die Lebensspanne und erfordern Längsschnittuntersuchungen. Dazu werden dieselben Personen wiederholt getestet, und auf der Grundlage von Korrelationsstudien wird die Stabilität der Unterschiede erfasst, das heißt, es wird errechnet, wie stabil die interindividuellen Unterschiede über die Zeit sind.

Längsschnittstudien sind aufwändig und teuer, und meist werden sie erst von älteren Wissenschaftlern initiiert, weshalb sie nicht selten nur über wenige Jahre geführt werden. Beginnt ein 45-jähriger Wissenschaftler eine Längsschnittstudie mit Kindern, werden diese zum Zeitpunkt seiner Pensionierung in den 20ern sein. Nur wenn sich jüngere Wissenschaftler finden, die die Studie fortführen, lassen sich Aussagen über die Stabilität der interindividuellen Unterschiede machen. Zu bedenken ist auch, dass empirische sozial- und humanwissenschaftliche Forschung erst durch die Verbreitung und Verbesserung der elektronischen Datenverarbeitung in großem Stile möglich wurde. Zwar gibt es seit über 50 Jahren Computer, aber in den ersten Jahrzehnten war ihr Gebrauch mühsam und fehleranfällig. Die Autoren dieses Buches, beide im besten Wissenschaftleralter, erinnern sich noch lebhaft an die Lochkarten, mit denen sie die Daten ihrer Examensarbeiten verarbeitet haben. Aus heutiger Sicht ist nur noch schwer nachzuvollziehen, welch kleine Datenmengen noch vor 15 Jahren einen Rechner zum Absturz brachten. Erst seit etwa zehn Jahren ist der Umgang mit Computern und sehr großen Datenmengen, die sich auf allen Ebenen problemlos verarbeiten lassen, eine Selbstverständlichkeit geworden. Vor diesem Hintergrund ist es nicht verwunderlich, dass Längsschnittstudien noch immer selten sind und sich Erkenntnisse über die Stabilität interindividueller Unterschiede erst langsam herausbilden. Der Aufwand, den ältere Wissenschaftler betrieben haben, um Längsschnittstudien durchzuführen, kann gar nicht hoch genug eingeschätzt werden. Die größte Altersspanne umfasst sicherlich die von Terman initiierte und von anderen Wissenschaftlern fortgeführte Hochbegabtenstudie, bei der weit überdurchschnittlich intelligente Menschen vom Schulalter bis zum höheren Lebensalter in regelmäßigen Abständen untersucht wurden. Sie wird im nächsten Kapitel ausführlich beschrieben.

Es gibt unseres Wissens keine derartig lange Längsschnittstudie an einer so genannten unausgelesenen Stichprobe, das heißt einer Stichprobe, in der von Anfang an die gesamte Bandbreite der Intelligenz vertreten ist. Allerdings gibt es mehrere über zehn oder 20 Jahre gehende Längsschnittstudien, aus denen sich Aussagen über die Stabilität interindividueller Unterschiede ableiten lassen. McCall hat bereits 1977 in der renommierten Zeitschrift *Science* eine Übersicht über verschiedene Studien gegeben. Danach wird der IQ spätestens mit 15 Jahren stabil. Mit anderen Worten, wenn man bei einer 15-jährigen Person den IQ misst und ihn 25 Jahre später wieder misst, wird man mit hoher Wahrscheinlichkeit den gleichen Wert erhalten. Oder anders ausgedrückt, wenn man eine größere Gruppe von Personen im Alter von 15, 16 und 40 Jahren testet, wird die Korrelation zwischen den mit 15 und 16 Jahren erhobenen Messwerten nur unerheblich höher sein als die Korrelation zwischen den mit 15 und 40 Jahren erhobenen Messwerten. Nur bei wenigen Menschen wird sich der IQ noch nach dem Alter von 15 Jahren verändern, beispielsweise krankheitsbedingt zurückgehen oder aber durch erst nach der Adoleszenz einsetzende Lernaktivitäten steigen.

Jemand, der erst mit 20 Jahren die Gelegenheit erhält, lesen und schreiben zu lernen, wird als jugendlicher Analphabet auch in nicht-sprachlichen IQ-Tests eher schlecht abschneiden. Mit dem Erwerb der Schriftsprache und den dabei erworbenen Strategien wird der IQ in kürzester Zeit ansteigen und auch auf längere Sicht noch kontinuierlich wachsen, da neue Quellen zur Aneignung von Wissen genutzt werden können. Die Aussage, dass sich der IQ mit spätestens 15 Jahren stabilisiert, bezieht sich auf Personengruppen, die zu diesem Zeitpunkt fast ein Jahrzehnt in der Schule verbracht haben.

Mit Beginn des Erwachsenenalters erreicht der IQ also im Allgemeinen seinen Höhepunkt. Wie lange aber bleibt er stabil? Wann ist mit dem allseits gefürchteten Altersabbau zu rechnen? Auch dieser Frage werden wir uns in diesem Kapitel ausgiebig zuwenden. Zunächst aber befassen wir uns mit der Entwicklung von Intelligenzunterschieden in der Kindheit.

Die Entwicklung von Intelligenzunterschieden in der Kindheit: Die LOGIK-Studie

Am Max-Planck-Institut für psychologische Forschung in München wurde 1983 unter der Leitung von Franz E. Weinert die bereits im vorangegangenen Kapitel kurz angesprochene Längsschnittstudie LOGIK (Longitudinalstudie zur Genese individueller Kompetenzen) initiiert, die später von dem Würzburger Psychologieprofessor Wolfgang Schneider weitergeführt wurde. Abbildung 8.1 gibt das Design der Studien wieder. Bei den beteiligten Kindern wurden vom dritten bis zum zwölften Lebensjahr in jährlichen Abständen sprachliche und nichtsprachliche Intelligenztests sowie Leistungstests in unterschiedlichen Funktions- und Leistungsbereichen (Gedächtnis, Metakognition, Mathematik, Schriftspracherwerb) durchgeführt sowie mit Fragebögen Persönlichkeitsmerkmale und motivationale Variablen erfasst. Befragungen von Personen aus dem sozialen Umfeld (Eltern, Freunde) rundeten das Bild ab. Mit dem zwölften Lebensjahr der Probanden wurden die jährlichen Untersuchungen abgeschlossen, und es gab eine 5-jährige Pause. Die Studienteilnehmer durchlebten die Pubertät mehr oder weniger krisenfrei – darüber liegen keine Informationen vor – und erklärten sich fast alle im Alter von 17 Jahren erneut zur Teilnahme bereit. Ein Teil der Probanden ging noch zur Schule, während andere bereits eine Berufsausbildung absolvierten. Wiederum sechs Jahre später wurden die Teilnehmer von Wolfgang Schneider noch einmal zur Untersuchung gebeten. Immerhin 150 Probanden kamen noch der Bitte nach, ihre Intelligenz messen zu lassen.

Zumindest die Lernbedingungen in der Grundschulzeit konnten teilweise mit in der Studie erfasst werden, denn als die LOGIK-Kinder eingeschult wurden, wurde der Versuch unternommen, auch ihre Schulklassen einzubeziehen. Das gelang immerhin für 118 Schüler. In ihren Klassen wurden in der Jahrgangsstufe 1–4 Gruppentests vor allem in den Leistungsbereichen Mathematik und Schriftsprache durchgeführt und außerdem einige Lehrervariablen erfasst. Diese mit der LOGIK-Studie eng verschränkte Längsschnittstudie wurde SCHOLASTIK

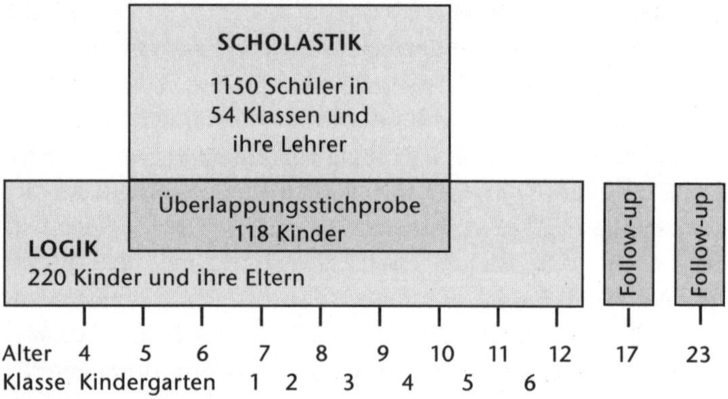

Abbildung 8.1: Das Design der Münchner Längsschnittstudien

(Schulorganisierte Lernangebote und Sozialisation von Talenten, Interessen und Kompetenzen) genannt. In den von Franz Weinert herausgegebenen Büchern können die vielfältigen Befunde der Münchner Längsschnittstudien nachgelesen werden. In diesem Kapitel werden vor allen Dingen die Entwicklung der Intelligenz und ihre Auswirkung auf das Lernen diskutiert.

Da jährlich sprachliche und nicht-sprachliche Intelligenztests durchgeführt wurden, konnte die Stabilität der gemessenen Intelligenzquotienten im Abstand von einem Jahr erfasst werden. Wolfgang Schneider und Jan Stefanek haben in Artikeln und Vorträgen die Intelligenzdaten verarbeitet. An dieser Stelle werden bereits veröffentlichte Analysen durch einige Neuberechnungen ergänzt.

Zunächst war die zentrale Frage, in welchem Alter sich die IQ-Unterschiede so weit stabilisiert haben, dass Veränderungen nur noch in Ausnahmefällen zu erwarten sind. Wie jede Messung ist auch die Intelligenzmessung mit einem Fehler behaftet. Selbst wenn sich die Intelligenz einer Person nicht im Geringsten veränderte, würden bei mehrmaliger Messung nicht die gleichen Werte herauskommen. Bei Intelligenztests kann man eine Genauigkeit von .80 erwarten, das heißt, bei zweimaliger Durchführung beträgt die Korrelation r = .80. In welchem Alter also wird ein IQ gemessen, der mit dem ein oder zwei Jahre später gemessenen IQ zu mindestens .80 korreliert? Hier zeigten sich Unterschiede zwischen sprachlichen und nicht-sprachlichen Intelligenztests insofern, als bei Letzterem die Korrelationen später ansteigen als bei Ersterem. Die sprachliche Intelligenz stabilisiert sich erstaunlich früh: Der im 2. Schuljahr, also im Alter von 7–8 Jahren, gemessene sprachliche IQ hängt mit dem späteren IQ schon in hohem Maße zusammen, nämlich zu r = .70, das heißt, der Abstand der Werte der einzelnen Personen zum Mittelwert der jeweiligen Messung ändert sich nur noch geringfügig, wie Abbildung 8.2 zu entnehmen ist. Bei der nicht-sprachlichen Intelligenz stellt sich dieser Stabilisierungseffekt erst am Ende der Grundschulzeit ein. Dass sich die stärker sprachgebundenen Intelligenzunterschiede früher stabilisieren, gehört zu den wichtigen Erkenntnissen, die aus der LOGIK-Studie gewonnen werden konnten. Wenn nicht-sprachliche Intelligenztests wirklich messen würden, was ihnen unterstellt wird, nämlich eine grundlegende Intelligenz, die frei ist von Lernerfahrung und kulturellen Einflüssen, dann müsste sich der nicht-sprachliche IQ früher stabilisieren als der sprachliche. Wie bereits früher ausführlich erörtert wurde, lässt sich die Leistung in nicht-sprachlichen Intelligenztests durch direkte oder indirekte Übung steigern. Es gibt gute Gründe für die Annahme, dass in der Grundschule die sprachliche Intelligenz stärker

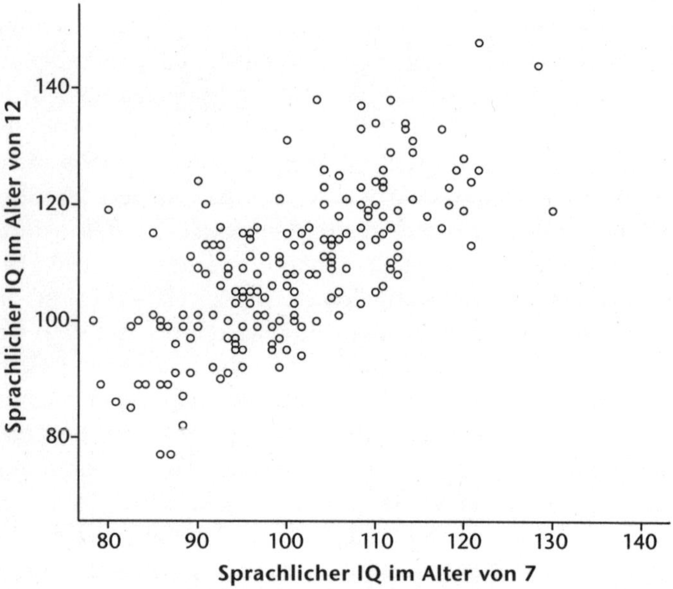

Abbildung 8.2: Zeitliche Stabilität des sprachlichen Intelligenzquotienten über 5 Jahre: korrelative Zusammenhänge zwischen dem Alter von 7 Jahren und dem Alter von 12 Jahren

trainiert wird als die nicht-sprachliche Intelligenz, denn im Grundschulunterricht nimmt die Schriftsprache eine überragende Rolle ein. Ihr Erwerb eröffnet insbesondere Kindern mit guten Voraussetzungen ganz neue Möglichkeiten zur Erweiterung ihrer sprachlichen Kompetenzen. Im Gegensatz dazu wird das Erkennen von Gesetzmäßigkeiten bei visuellen Mustern, wie es bei nicht-sprachlichen Intelligenztests verlangt wird, nicht so direkt geübt. Erst am Ende ihrer Grundschulzeit haben Kinder – zum Beispiel im Mathematikunterricht – ausreichende indirekte Lernerfahrungen gesammelt, um das erworbene Wissen in Abhängigkeit von ihren geistigen Voraussetzungen bei der Bewältigung von neuen Aufgaben, wie sie die Intelligenztestaufgaben darstellen, nutzen zu kön-

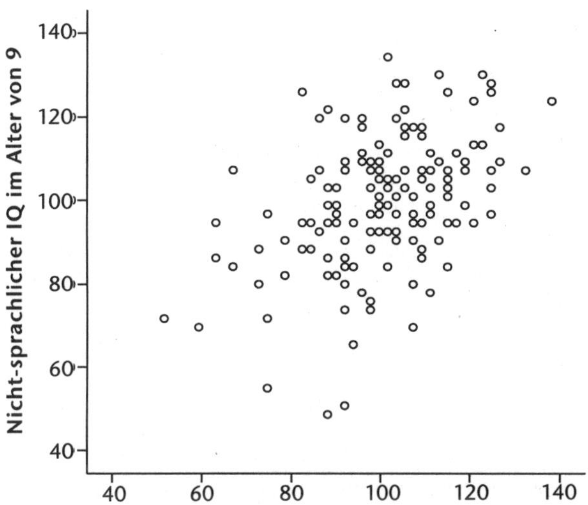

Abbildung 8.3: Zeitliche Stabilität des nicht-sprachlichen Intelligenzquotienten über fünf Jahre: korrelative Zusammenhänge zwischen dem Alter von 4 Jahren und dem Alter von 9 Jahren

nen. Die Befunde der LOGIK-Studie zeigen einmal mehr, dass die Intelligenztestleistung erst dann ein zuverlässiges Abbild interindividueller Unterschiede ist, wenn Menschen die Gelegenheit hatten, in einer herausfordernden Lernumgebung ihre Intelligenz unter Beweis zu stellen.

Wie Abbildung 8.3 zu entnehmen ist, gibt es bereits in der Vorschulzeit substanzielle Zusammenhänge mit der späteren Intelligenz. Die mit 4 und 9 Jahren gemessene nicht-sprachliche Intelligenz hängt immerhin zu $r = .54$ zusammen. Dennoch muss betont werden, dass die im Vorschulalter gemessene Intelligenz nur sehr bedingt Aussagen über die spätere Intelligenzentwicklung zulässt. Manche Kinder, die im Alter von 4 Jahren eine unterdurchschnittliche Intelligenz aufweisen (also einen IQ von unter 85), haben fünf Jahre später einen deutlich überdurchschnittlichen IQ (über 120). Den umgekehrten Fall gibt es ebenso. Drei Jahre später hingegen sind in sprachlichen IQ-Tests so starke Abweichungen die Ausnahme, wie Abbildung 8.2 zeigt, aber sie kommen immerhin vor. Anhand von Abbildung 8.2 wird auch deutlich, wie unsicher die Diagnose der Hochbegabung zu Beginn der Grundschulzeit noch ist. Von den beiden Kindern, die mit 7 Jahren einen IQ von über 130 hatten, hielt nur eines dieses Niveau, während das andere in den oberen Durchschnittsbereich abrutschte.

Die Bedeutung der Intelligenz für das Lernen in der Kindheit

In Kapitel 5 wurde ausgiebig diskutiert, dass eine überdurchschnittliche Intelligenz keinesfalls eine hinreichende Voraussetzung für gute und sehr gute Leistungen ist. Entscheidend ist der Zugriff auf eine gut organisierte und reichhaltige Wissensbasis. Intelligenz hat nur einen mittelbaren Einfluss, indem sie den Erwerb und den Abruf des Wissens steuert. Ist die Bedeutung des Wissens für das Können erst kennzeichnend für das Erwachsenenalter, oder zeigt sich der Effekt bereits in der Kindheit? Hier konnte die LOGIK-Studie Aufklärung bringen. In den zentralen Lernbereichen Mathematik und Schriftsprache wurden Leistungen im Grundschulalter gemessen. Für die Bereiche Schriftspracherwerb und Mathematik zeigte sich der gleiche Effekt: Interindividuelle Unterschiede im Vorwissen in der Vorschulzeit konnten spätere Leistungsunterschiede besser erklären als Unterschiede in der allgemeinen Intelligenz. Was aber genau soll man sich unter interindividuellen Unterschieden im bereichsspezifischen Vorwissen bei Vorschulkindern vorstellen? Diese Frage müssen wir für den Schriftspracherwerb und die Mathematik getrennt betrachten.

Fangen wir mit dem Schriftspracherwerb an. Als Schriftsprachexperten, die wir das Erkennen und Produzieren von Wörtern und Sätzen hochgradig automatisiert haben und in Bruchteilen von Sekunden Geschriebenem Sinn entnehmen können, fällt es uns nicht leicht, uns in Novizen hineinzudenken. Dass man ein lang gezogenes »e« wie bei »Meer« mit Doppel-»e« oder wie bei »mehr« mit »eh« schreiben kann, müssen wir uns nicht mühsam vergegenwärtigen. Analphabeten hingegen ist vielleicht nicht einmal der Unterschied zwischen einem lang gezogenen und einem kurzen »e« bewusst oder dass die Wörter »Aua« und »Auto« die gleichen Anlaute haben. Auch Reime und Silben als Merkmale der Lautsprache nehmen sie weniger selbstverständlich wahr. Aber gerade für das schnelle Erkennen solcher Sprachmerkmale ist der Erwerb der Schriftsprache unabdingbar. Man bezeichnet diese Form von Wissen auch als phonologische Bewusstheit. Der Schriftspracherwerb setzt einen gewissen Grad an phonologischer Bewusstheit voraus, und durch den Gebrauch der Schriftsprache wird die phonologische Bewusstheit perfektioniert. In der LOGIK-Studie wie auch in anderen Studien konnte gezeigt werden, dass das Ausmaß der phonologischen Bewusstheit im Vorschulalter recht zuverlässig die spätere Schriftsprachkompetenz vorhersagt, und zwar auch, wenn die Intelligenzunterschiede herausgerechnet wurden. Damit wurde sichergestellt, dass die Unterschiede in der phonologischen Bewusstheit nicht einfach auf Unterschiede in der Intelligenz zurückgehen, sondern einen spezifischeren Wissensbereich abdecken. Um phonologische Bewusstheit zu messen, wurden bereits mehrere Tests entwickelt, in denen die Kinder unter anderem Reime und Anlaute bilden und erkennen sollen. Mit ihrer Hilfe sollten auch Kinder mit Lese-Rechtschreib-Problemen frühzeitig identifiziert werden können. Unter anderem konnte Wolfgang Schneider in einigen langfristig angelegten Trainingsstudien nachweisen, dass bei Kindern aus Kindergärten, in denen die phonologische Bewusstheit durch das Singen von Liedern und durch Rhythmusübungen wie das Klatschen von Silben spielerisch gefördert wurde, später seltener Lese-Rechtschreib-Schwäche zu beobachten war. Die LOGIK-Studie zeigte im Übrigen auch, dass eine frühe Buchstabenkenntnis spätere Kompetenzen bei der Schriftsprache recht gut vorhersagen konnte. Wie gut ein Kind in der Schule lesen und schreiben lernt, hängt vor allem von seinem Wissen über die Lautstruktur der gesprochenen Sprache ab. Dieses Wissen wird durch den spielerischen Umgang mit der Sprache erworben, aber es setzt natürlich eine funktionierende akustische Wahrnehmungsfähigkeit voraus. Beeinträchtigungen im Hörorgan oder zerebrale Störungen bei der Verarbeitung akustischer Information beeinträchtigen ganz massiv die Entwicklung der phonologischen Bewusstheit.

Arthur Jacobs von der Freien Universität Berlin und seine Arbeitsgruppe haben zerebrale Merkmale der akustischen Informationsverarbeitung herausgearbeitet, die auf eine Lese-Rechtschreib-Schwäche hinweisen. Die Entwicklung der phonologischen Bewusstheit hängt also keineswegs allein von dem Übungsangebot der Umwelt ab, sondern auch von den individuellen Voraussetzungen zur Nutzung dieser Angebote. So kann eine unbehandelte Mittelohrentzündung im ersten Lebensjahr eine spätere Lese-Rechtschreib-Schwäche zur Folge haben. Kinder erkennen die typischen Laute ihrer Umgebungssprache bereits in den ersten zwölf Monaten. Bemerken sie aber aufgrund einer Beeinträchtigung ihrer Hörorgane den Unterschied zwischen B und P nicht, werden sie später – sofern ihre phonologische Bewusstheit nicht in der Vorschulzeit gefördert wurde – auch in der Schule Schwierigkeiten haben, zwischen den beiden Buchstaben zu unterscheiden.

Fassen wir also zusammen: Interindividuelle Unterschiede im Erwerb von Schriftsprachkompetenzen lassen sich auf Unterschiede im bereichsspezifischen Vorwissen, also in der phonologischen Bewusstheit und der Buchstabenkenntnis, zurückführen. Der Erwerb dieser Kompetenzen kann natürlich von der allgemeinen Intelligenz gesteuert werden. Mit anderen Worten: Es ist davon auszugehen, dass intelligentere Kinder, sofern sie keine spezifischen Beeinträchtigungen im Hören und Sehen haben, das für den Schriftspracherwerb nötige Vorwissen erwerben. Umgekehrt muss aber eine niedrigere Intelligenz nicht zwangsläufig den Schriftspracherwerb beeinträchtigen: Spielerische Förderprogramme im Vorschulalter können Defizite kompensieren.

Die Ergebnisse der LOGIK-Studie zur Entwicklung der mathematischen Kompetenzen gehen in eine ähnliche Richtung. Das nötige Vorwissen lässt sich hier aber noch etwas anders beschreiben. Im Vorschulalter wurde den Kindern die in Kapitel 2 näher beschriebene Aufgabe zur Zahlinvarianz gestellt. Außerdem wurde das Schätzen von Mengen getestet, indem man den Kindern 3 bis 7 kleine Würfel zeigte und sie bat, deren Anzahl zu bestimmen, ohne zu zählen. Die Ergebnisse in beiden Tests zeigten erstaunlich hohe Zusammenhänge mit der Mathematikleistung in der Grundschulzeit.

Beiden Tests gemeinsam ist, dass sie es erfordern, die Welt in einer quantitativen Perspektive zu sehen. Bei der Zahlinvarianzaufgabe soll nicht die räumliche Ausdehnung der Knöpfe beachtet werden, sondern ihre Anzahl. Diese Sensibilität für Quantitäten wird auch in der Aufgabe zum Schätzen von

Mengen erwartet. Inzwischen gibt es aus unterschiedlichen Forschungsrichtungen Belege dafür, dass dieser so genannte *Zahlensinn,* nach dem der bekannte französische Neurowissenschaftler Stanislaus Dehaene auch ein Buch benannt hat, im menschlichen Gehirn verankert ist. Dafür sprechen auch die in Kapitel 2 dargestellten Befunde der Säuglingsforschung. Das Ausmaß, in dem dieser Zahlensinn im Vorschulalter variiert, scheint jedoch beträchtlich zu sein, wie zahlreiche Studien an dieser Altersgruppe inzwischen belegen. Manche Kinder können bereits mit drei Jahren durch Zählen Mengen mit über 20 Gegenständen bestimmen, während andere Kinder dies noch nicht einmal bei Schuleintritt beherrschen. Diese Unterschiede lassen sich nicht allein mit Unterschieden in der Anregung durch die Umgebung erklären. Der einfache Umgang mit Zahlen ist universell und nicht an einen bestimmten Bildungshintergrund gebunden. Die Ergebnisse der LOGIK-Studie sprechen dafür, dass die Mathematikleistungen in der Grundschulzeit umso besser sind, je früher die Kinder die Sensibilität für Quantitäten entwickeln. Das Besondere an der LOGIK-Studie war einmal mehr, dass der Einfluss der allgemeinen Intelligenz und der spezifischen mathematischen Kompetenzen miteinander verglichen werden konnte. Dabei zeigten sich ähnliche Ergebnisse wie bei der Schriftsprache: Der Einfluss der allgemeinen Intelligenz ging zurück, sobald spezifische Maße herangezogen wurden.

Auch die Ergebnisse anderer Studien sprechen für frühe Unterschiede in den spezifischen mathematisch-numerischen Kompetenzen: In Finnland wurde von Erno Lehtinen und Minna Hannulla ein Test für 3-jährige Kinder entwickelt, bei dem ein Plüschvogel imitiert werden sollte, der nach Körnern pickt. Welche Aspekte des Verhaltens des Plüschvogels werden imitiert? Die Wissenschaftler konnten in Längsschnittstudien nachweisen, dass Kinder, die die exakte Anzahl der Pickvorgänge imitierten, also eine Sensibilität für Quantitäten zeigten, später in der Grundschule bessere Mathematikleistungen aufwiesen. Andere Studien wie die von Kristin Krajewski zeigen, dass Kinder, die in der Vorschulzeit keine spontane Neigung zur Quantifizierung entwickeln, später in der Schule mit größerer Wahrscheinlichkeit unter Rechenschwäche leiden. Kann man einer solchen Rechenschwäche durch systematische Frühförderung im numerischen Bereich vorbeugen? Erste Längsschnittstudien von Robert Siegler von der Carnegie-Mellon-Universität Pittsburgh sprechen dafür, dass dies zumindest bei Kindern mit starker sozialer Benachteiligung der Fall ist. Einfache Brettspiele, die in den meisten Familien ganz selbstverständlich zum Alltag gehören, aber in bildungsfernen Familien keine Selbstverständlichkeit sind, können sozial benachteiligten Kindern den Zugang zur Mathematik erleichtern. Auch Programme zur Frühförderung von Kindern, die eine Prognose für Rechenschwäche haben, bestätigen die Wirksamkeit von Trainings bei Risikokindern. Dafür hat Jens-Holger Lorenz von der Universität Frankfurt am Main, einer der führenden deutschen Forscher zur Rechenschwäche, entsprechende Befunde geliefert.

Auch wenn wir noch weit davon entfernt sind, die neurophysiologischen Grundlagen mathematischer Begabung zu verstehen, und noch recht vage Vorstellungen davon haben, welche Umweltbedingungen förderlich sind, so ist doch unumstritten, dass mathematische Kompetenzen weder allein als Produkt des Gehirns noch allein als Produkt der Umwelt gesehen werden können. Unser Gehirn ist in seiner Grundstruktur seit mindestens 40 000 Jahren unverändert. Mathematik hingegen, so wie sie heute in der Schule gelehrt wird, ist eine Entwicklung der jüngeren Geschichte. Die im Römischen Reich verwendeten Zahlen beispielsweise eigneten sich nicht für die Division und Multiplikation. Selbst Menschen mit den besten genetischen Voraussetzungen für mathematische Begabung wären nicht in der Lage, die Aufgabe CIV : XXVI = ? zu lösen, während ein mittelmäßig begabtes Grundschulkind ohne Probleme das Ergebnis von 104 : 26 = ? finden wird. Prozentrechnung und Algebra, die heute ganz selbstverständlich auf dem Lehrplan der Mittelstufe stehen, sind Entwicklungen der Neuzeit. Das Gehirn der meisten Menschen bringt zwar die Voraussetzungen für den Erwerb der kulturellen Mathematik mit, aber um mathematische Kompetenzen zu erwerben, bedarf es der systematischen und professionellen Instruktion. Die großen interindividuellen Unterschiede in der Nutzung von Lerngelegenheiten sind Gegenstand der Lehr-Lern-Forschung. Sowohl für den mathematischen als auch für den naturwissenschaftlichen Unterricht wurden inzwischen für alle Altersgruppen Kriterien für gute Lernumgebungen erarbeitet, wie beispielsweise bei Andreas Helmke, einem Landauer Unterrichtsforscher, nachzulesen ist.

Die besorgniserregenden Ergebnisse internationaler Schulleistungsstudien in Deutschland und Österreich haben die Aufmerksamkeit auf suboptimale Lernbedingungen gerichtet. Schüler mit guten intellektuellen Voraussetzungen bleiben hinter ihrem Leistungsoptimum zurück. Im Durchschnitt kann man natürlich davon ausgehen, dass intelligentere Kinder von Lernbedingungen mehr profitieren als weniger intelligente Kinder. Intelligentere Kinder werden auch unter suboptimalen Bedingungen das Informationsangebot zum Aufbau neuen Wissens nutzen, wobei sich die Frage stellt, wie bereichsspezifisches Vorwissen und Intelligenz bei der Nutzung schulischer Lerngelegenheiten zusammenwirken. Erste Belege für die Annahme, dass im Zweifelsfalle Wissen wichtiger ist als Intelligenz, erbrachten Franz Weinert und Andreas Helmke in den 1980er Jahren in der so genannten Hauptschulstudie, einem der ersten Projekte am damals neu gegründeten Max-Planck-Institut für psychologische Forschung in München. Zu Beginn der sechsten Klasse testete man, was die Kinder über Brüche/Bruchrechnung wussten, und führte außerdem Intelligenztests durch. Am Ende des Schuljahrs, in dem Bruchrechnen im Mittelpunkt des Mathematikunterrichtes stand, wurde dann die Leistung im Bruchrechnen erfasst. Dabei zeigte sich recht klar: Die zu Beginn des sechsten Schuljahres erbrachte Leistung im Lösen von Bruchaufgaben sagt die Leistung im Bruchrechnen am Ende des sechsten Schuljahres besser vorher als die Intelligenz. Wie bereits für die Expertiseforschung im vorangegangenen Kapitel ausführlich besprochen wurde, kann fehlendes Vorwissen nicht durch überdurchschnittliche Intelligenz kompensiert werden, während der umgekehrte Fall durchaus möglich ist.

In die gleiche Richtung wie die Ergebnisse der Münchner Hauptschulstudie gehen die Ergebnisse der LOGIK-Studie, wenn auch mit anderen mathematischen Inhalten und in einer anderen Leistungsgruppe. Während der gesamten Laufzeit der Studie ließ Elsbeth Stern die Teilnehmer Mathematikaufgaben lösen, und zwar vorwiegend solche, mit denen mathematisches Verständnis in neuen Situationen gemessen werden sollte. Zu Beginn der Grundschulzeit waren das insbesondere komplexe Textaufgaben zum quantitativen Vergleich wie: Peter hat 5 Murmeln. Susanne hat 3 Murmeln mehr als Peter. Wie viele Murmeln haben Susanne und Peter zusammen?

An anderer Stelle wurde bereits dargestellt, dass solche Aufgaben ein fortgeschrittenes mathematisches Verständnis messen, in dem zum Ausdruck kommt, dass Zahlen nicht nur zum Zählen da sind, sondern auch die Beziehung zwischen Mengen ausdrücken können. In Aussagen wie »Es gibt 3 Kühe mehr, als es Schafe gibt«, ist die 3 keine Kardinalzahl, die die Größe (bzw., mathematisch ausgedrückt, die Mächtigkeit) einer Menge ausdrückt, sondern eine Relationszahl, die die Differenz zwischen den beiden Mengen bezeichnet. In westdeutschen Grundschulen etwa wurden solche Aufgaben im Mathematikunterricht nur selten behandelt, das heißt, die Grundschulkinder wurden bei der Erweiterung ihres Zahlenverständnisses durch die Schule nicht optimal unterstützt. Es zeigte sich aber, dass viele Kinder trotzdem Vergleichsaufgaben unterschiedlicher Komplexität lösen konnten. Offensichtlich haben sie das bei der Bearbeitung von Arithmetikaufgaben erworbene Wissen zum Aufbau eines erweiterten mathematischen Verständnisses genutzt.

In den beiden Folgemessungen im Alter von 17 und 23 Jahren wurde die Mathematikleistung noch einmal erfasst. Im Alter von 17 Jahren wurden Algebraaufgaben gestellt, die etwa drei Jahre zuvor im Schulunterricht behandelt worden waren und mit denen sich die Grundlagen des mathematischen Verständnisses identifizieren lassen. Ein Beispiel für eine solche Aufgabe, die in einer bestimmten Zeit bearbeitet werden musste, ist:

Welcher x-Wert erfüllt die Gleichung $x^2 - 14x + 49 = 0$

A) 7 und 0
B) 7
C) –14
D) 7 und –7
E) 14

Die Ergebnisse waren überraschend: Die Mathematikleistung in Klasse 11 ließ sich sehr viel besser mit der Mathematikleistung aus Klasse 2 vorhersagen als mit der Intelligenzleistung aus Klasse 11.

Im Alter von 23 Jahren wurde die Mathematikleistung der Probanden erneut gemessen, doch diesmal war der Test weniger stark am Schulstoff orientiert. Letzteres wäre wenig sinnvoll gewesen, da die Schulzeit der Teilnehmer mindestens 4 Jahre zurück lag. Ob die Teilnehmer den Abiturstoff noch beherrschten, hing vor allem davon ab, ob er im Beruf oder Studium aktuell noch gebraucht wurde. Die Aufgaben in einem numerischen Intelligenztest hingegen erfordern kein mathematisches Spezialwissen, sondern so etwas wie ein tiefer gehendes Zahlenverständnis, wie es beispielsweise beim Fortsetzen von Zahlenreihen gemessen wird. Tatsächlich zeigten sich zwischen den im Vor- und Grundschulalter gemessenen mathematischen Kompetenzen und der mathematischen Kompetenz im Alter von 23 Jahren Korrelationen um $r = .40$, und zwar nachdem die allgemeine Intelligenz bereits statistisch herausgerechnet war.

Wie lassen sich Leistungsunterschiede bei solchen Aufgaben erklären? Sind sie ein Abbild der allgemeinen Intelligenz oder das Ergebnis eines spezifischen Lernprozesses? Die LOGIK-Studie brachte zutage, dass spezifische Zusammenhänge eine größere Rolle spielen als allgemeine. Besonders beachtlich ist der substanzielle Zusammenhang zwischen numerischen Kompetenzen im Vorschulalter und der Leistung in numerischen Intelligenztests fast 20 Jahre später. Die Korrelationen sind für spezifische mathematische Maße höher als für die allgemeine Intelligenz, auch wenn die spezifischen Lernprozesse länger zurückliegen.

Wie beim Schriftspracherwerb sprechen also auch die Ergebnisse zur Entwicklung mathematischer Kompetenzen für das Vorliegen spezifischer Begabungsunterschiede. Bereits im Vorschulalter, also noch bevor die systematische mathematische Instruktion einsetzt, unterscheiden sich Kinder in ihrem mathematischen Interesse. Diese Unterschiede sind erstaunlich stabil. Menschen, die bereits in den ersten Lebensjahren ein besonderes Interesse an Zahlen und Quantitäten haben, sind mit recht hoher Wahrscheinlichkeit auch später besser im Lösen mathematischer Aufgaben. Woher aber kommen die frühen Unterschiede in der mathematischen Begabung? Und warum sind sie so stabil? Beides sind wichtige Fragen, auf die es zwar noch keine definitiven Antworten gibt, die jedoch, wenn man sie differenziert genug betrachtet, mehr als nur Mutmaßungen zulassen.

Wie weiter oben ausführlich dargestellt, lassen Zwillingsstudien keinen Zweifel an der hohen Erblichkeitsrate von Intelligenzunterschieden. Das trifft auch auf spezifischere Begabungen wie sprachliche und mathematische Kompetenzen zu; so können Rechen- wie auch Lese-Rechtschreib-Schwäche ihre Ursache in einer genetischen Abweichung haben. Auch in den unteren und oberen Extrembereichen konnten genetische Ursachen nachgewiesen werden. Zweifellos sind sprachliche und mathematische Hochbegabung an die genetische Ausstattung geknüpft, auch wenn wir bisher bestenfalls vage Hypothesen darüber haben, welche geistigen Ressourcen genetisch gesteuert sind. Fest steht aber, wir bringen unterschiedlich gute Voraussetzungen für den Erwerb von Kulturtechniken und von kulturellem Wissen mit. Die Tests von Minna Hannulla zur Sensibilität für Quantitäten sind wahrscheinlich imstande, zumindest teilweise Unterschiede in der genetischen Ausstattung zu messen.

Wie wirken sich Unterschiede im Lernumfeld auf die Entwicklung von Kompetenzen aus? Weiter oben wurde bereits betont, dass Kinder mit ungünstigen Ausgangsbedingungen – weil sie entweder eine Disposition zur Rechenschwäche haben oder aber in einem wenig stimulierenden Umfeld aufwachsen – von Frühförderung profitieren. Die Ergebnisse aus der LOGIK-Studie sprechen zudem dafür, dass ein früher Vorsprung nachhaltige Wirkungen hat. Dennoch wäre es unangemessen, so etwas wie eine kritische Phase für die Entwicklung mathematischer Kompetenzen zu postulieren. Nach allem, was wir bisher wissen, können Versäumnisse in der Frühförderung später durchaus nachgeholt werden, wenn die entsprechende Gelegenheit geboten wird. Ob allerdings der Vorsprung aufgeholt werden kann, den Kinder haben, die früh und kontinuierlich gefördert wurden, ist eine andere, noch offene Frage.

Intelligenzunterschiede im Säuglings- und Kleinkindalter: Gibt es kritische Phasen der Intelligenzentwicklung?

Etwa ab dem dritten Lebensjahr können Kinder Intelligenztests bearbeiten, die denen für Erwachsene ähneln, auch wenn sie natürlich noch keine schriftlichen Anweisungen erhalten. Aber wie ältere Kinder und Erwachsene sollen auch sie dabei ihr Sprachverständnis unter Beweis stellen sowie Regelhaftes in Mustern erkennen und begriffliche Ähnlichkeiten zwischen bildlich dargestellten Gegenständen erfassen. Unter drei Jahren reicht die Sprachkompetenz von Kindern noch nicht aus, um solche Tests durchzuführen. Wie am Beispiel der LOGIK-Daten gezeigt werden konnte, kann die im Alter von 3 bis 4 Jahren gemessene Intelligenzleistung zwar im Durchschnitt den späteren IQ ganz gut, aber keineswegs perfekt vorhersagen. Das sprachliche und motorische Entwicklungstempo ist von der geistigen Entwicklung weitgehend abgekoppelt.

Wir haben bereits bei sehr kleinen Kindern das Gefühl, dass sie in unterschiedlicher Weise »aufgeweckt« sind und sich daraus Hinweise auf ihre Begabung ableiten lassen. Gibt es dafür wissenschaftliche Belege? Nach längeren Kontroversen kann man diese Frage heute mit »Ja« beantworten. Worin zeigen sich unterschiedliche geistige Kompetenzen im Säuglingsalter? Als bestes Maß hat sich die so genannte Habituationszeit herausgestellt, also die Zeit, die Kinder mit der Exploration neuer Reize zubringen, bevor sie sich gelangweilt abwenden. Je kürzer diese Zeit ist, umso schneller wird die Information verarbeitet. Dieser Ansatz knüpft natürlich sehr eng an die in Kapitel 5 dargestellten Vorstellungen zur basalen Informationsverarbeitungsgeschwindigkeit an. Zahlreiche Längsschnittstudien, die in dem Buch von Michael Anderson zusammengefasst werden, liefern Korrelationen um r=.50 mit später durchgeführten Intelligenztests und belegen damit, dass sich spätere Intelligenzunterschiede durch frühe Unterschiede in der Informationsverarbeitung ankündigen.

Dass sich spätere Intelligenzunterschiede nicht allein mit genetischen Unterschieden erklären lassen, sondern auch mit Unterschieden in den Lerngelegenheiten, ist unbestritten. An verschiedenen Stellen dieses Buches wurde die Bedeutung der schulischen Lerngelegenheiten für die Ausbildung der Intelligenz betont. Welche Bedeutung kommt dabei den frühen

Jahren zu? Sind diese – wie immer wieder zu lesen ist – entscheidend für die spätere Entwicklung? Die Antwort der Wissenschaft ist ein klares »Nein«. John Bruers viel gelesenes Buch, *Der Mythos der ersten drei Jahre,* räumt mit diesem Vorurteil endgültig auf. Natürlich sind die ersten Jahre des Kindes wichtig für seine Entwicklung, aber sie sind keineswegs entscheidend. Mit anderen Worten: Die Jahre zwischen 0 und 3 sind nicht zwangsläufig wichtiger als die zwischen 4 und 6 oder zwischen 7 und 9.

Wie konnte sich – und kann sich noch immer – ein solcher Mythos so lange halten? Wie so häufig wurde aus medizinischen Extrembeispielen auf den psychologischen Alltag geschlossen. Aus der Medizin ist lange bekannt, dass eine Frau, die in den ersten beiden Schwangerschaftsmonaten an Röteln erkrankt, ein deutlich erhöhtes Risiko hat, ein Kind mit erheblichen Störungen der Sinnesfunktionen zur Welt zu bringen. In den ersten Wochen der Schwangerschaft werden entscheidende Grundlagen zur Ausbildung dieser Sinnesorgane gelegt, und die Viren, die Röteln verursachen, stören diesen Prozess nachhaltig. Hier kann man von einer kritischen Entwicklungsphase sprechen: Wird in einem bestimmten Zeitraum ein Entwicklungsvorgang von außen unterdrückt, kann er nicht mehr nachgeholt werden, bzw. es entstehen irreversible Fehlbildungen. Es ist in diesem Zusammenhang deshalb sinnvoll, von kritischen Phasen der Entwicklung zu sprechen. Erkrankt eine Schwangere nach dem fünften Monat an Röteln, ist eine derartige Beeinträchtigung nicht zu befürchten. Ein anderes Beispiel einer kritischen Phase spielte sich in Westdeutschland Ende der 1950er Jahre ab, als etwa 5000 Kinder mit stark verkürzten Armen zur Welt kamen. Ihre Mütter hatten während der Schwangerschaft das Schlafmittel Contergan genommen, dessen Substanzen die Produktion von Wachstumsfaktoren unterdrückten. Auch wenn wenige andere markante Fälle dieser Art bekannt sind, so kann doch davon ausgegangen werden, dass die Entwicklung körperlicher und psychologischer Merkmale vor und nach der Geburt zu manchen Zeitpunkten stärker durch äußere Einflüsse gestört werden kann als zu anderen. Das gilt natürlich auch für die Intelligenzentwicklung. Dass die Einnahme von Alkohol und Drogen während der Schwangerschaft die Entwicklung des zentralen Nervensystems zu unterschiedlichen Zeiten in unterschiedlicher Stärke nachhaltig negativ beeinflussen kann, ist unbestritten. Nachgewiesen ist auch, dass sich Umweltgifte wie Blei negativ auf die Intelligenzentwicklung auswirken.

Eine ganz andere Frage betrifft die indirekten Auswirkungen der sozialen Umgebung auf die geistige Entwicklung. Kann man durch soziale Vernachlässigung im frühen Kindesalter die Intelligenz nachhaltig zerstören? Erste Ergebnisse der Studie des berühmten Kinderpsychiaters Michael Rutter mit rumänischen Waisenkindern, die die ersten Jahre ihres Lebens in schlimmsten Verhältnissen verbracht hatten und dann von sehr fürsorglichen Adoptiveltern aufgenommen worden waren, lassen verhaltenen Optimismus zu. Natürlich ist es für Kinder besser, wenn sie weder physisch noch emotional vernachlässigt werden. Dass sich jedoch bei Säuglingen, die in ausreichender Weise emotional und körperlich versorgt werden, ein frühes Investment in die geistige Entwicklung ganz besonders auszahlt, ist ein Mythos, mit dem unter anderen die Entwicklungspsychologin Kathy Hirsh-Pasek in ihrem wunderbaren Buch *Einstein never used Flashcards* aufräumt.

Veränderungen der Intelligenz im Erwachsenenalter

Kaum ein Thema treibt erwachsene Menschen mehr um als die Frage nach der Intelligenzentwicklung im höheren Lebensalter. Muss man, nachdem man im Laufe der Kindheit mühsam seinen Intelligenzgipfel erreicht hat, bereits nach wenigen Jahren wieder mit einem Abbau rechnen? Mancher rechtfertigt seinen Lebens- und Arbeitsstil mit angeblichen Befunden der Intelligenz- und Hirnforschung, denen zufolge die Fähigkeit zum Lernen von Neuem mit zunehmendem Alter so rapide abnehme, dass sich der Aufwand nicht lohne. Andere wiederum lassen sich ihren Optimismus nicht nehmen und entfalten weit überdurchschnittliche geistige Aktivitäten, weil sie überzeugt sind, auf diese Weise dem Altersabbau der Intelligenz entgegenwirken zu können. Auch wenn beide Ansichten entgegengesetzte Positionen ausdrücken, so liegt ihnen doch die gleiche Annahme zugrunde: Mit zunehmendem Alter läuft man Gefahr, einen Teil seiner Intelligenz einzubüßen. Bevor wir der Frage nachgehen, ob man dagegen etwas tun kann, stellt sich zunächst die Frage nach der Richtigkeit der Prämisse. Ihr wollen wir uns zuerst zuwenden.

Zum Altersabbau der Intelligenz

Erste empirische Ergebnisse schienen eindeutig. In den 1960er Jahren wurden in den USA mit einer großen Zahl von Menschen unterschiedlicher Altersgruppen IQ-Tests durchgeführt. Das Ergebnis war niederschmetternd. Die 20-Jährigen zeigten die höchsten Werte, danach sank der Mittelwert rapide und kontinuierlich mit zunehmendem Alter. Inzwischen wissen wir, dass dieses Ergebnis ein forschungsmethodisches Artefakt ist. Es handelt sich um eine Querschnittstudie, das heißt, zu einem bestimmten Zeitpunkt wurden Menschen unterschiedlichen Alters miteinander verglichen. Diese Menschen unterschieden sich nicht nur in ihrem biologischen Alter, sondern auch in ihrem Lebensumfeld, vor allem aber in ihren Bildungserfahrungen in der Jugend. Unter den 60-Jährigen in dieser Stichprobe, deren Geburtsjahr um 1900 lag, war der Anteil derjenigen, die in der Schule nur Grundkenntnisse erwerben konnten, sehr viel größer als unter den 20-Jährigen, die um 1940 geboren wurden und in den USA deutlich bessere Möglichkeiten der Schulbildung hatten. Wie im vorangegangenen Kapitel bereits ausgiebig erörtert wurde, lassen sich unterschiedliche Leistungen in einem Intelligenztest nur bei vergleichbaren schulischen Lernbedingungen als Unterschiede in der geistigen Kapazität interpretieren. Mit anderen Worten: Hätte man bei den jetzt 60-Jährigen den IQ 40 Jahre zuvor gemessen, also im Alter von 20 Jahren, wäre, so kann angenommen werden, auch dieser Wert niedriger ausgefallen, weil in den USA die Lebens- und Bildungsbedingungen der um 1900 geborenen Menschen sehr viel ungünstiger waren als die der um 1940 geborenen Menschen. Der bereits mehrfach erwähnte Flynn-Effekt, wonach in den letzten Jahrzehnten die Intelligenztestleistung kontinuierlich angestiegen ist, könnte teilweise dieser Tatsache geschuldet sein. Allerdings stagniert diese Entwicklung seit einigen Jahren. Analog dazu findet man in heutigen Querschnittstudien nicht mehr annähernd so große altersbedingte Unterschiede wie in früheren Studien. Die Lebens- und Schulsituationen in den ersten beiden Lebensjahrzehnten heutiger 20- und 40-Jähriger unterscheiden sich eben nicht mehr so sehr voneinander wie noch vor 50 Jahren.

Ganz leugnen lässt sich allerdings eine altersbedingte Abnahme der durchschnittlichen Intelligenz nicht. Sowohl heute durchgeführte Querschnittstudien als auch einige seit mehreren Jahren laufende Längsschnittstudien zeigen, dass ein Muster, bei dem der IQ im Alter von 60 Jahren niedriger ist als der im Alter von 40 Jahren und dieser wiederum niedriger als im Alter von 20 Jahren, sehr viel wahrscheinlicher ist als das umgekehrte Muster. Mittelt man in Längsschnittstudien den IQ, findet man zwar keinen besonders starken, aber doch einen kontinuierlichen Abfall um ca. 2 bis 3 Punkte pro Jahrzehnt. Dass die Intelligenz im Erwachsenenalter eher ab- als zunimmt, ist also unbestritten. Was bedeutet das aber für das viel beschworene lebenslange Lernen? Bevor wir uns dieser wichtigen Frage zuwenden, ist eine differenziertere Betrachtung des Altersabbaus erforderlich. Dabei ergeben sich die Fragen, ob dieser bei allen Menschen auftritt und ob die Veränderungen mit dem Alter für alle Arten der Intelligenz gleich sind.

Was die erste Frage anbelangt, so kann die durchschnittliche Altersveränderung mindestens zwei voneinander unabhängige Ursachen haben: so genannte universelle Veränderungen, also Veränderungen, die bei jedem Menschen auftreten, oder aber aufsummierte Störfaktoren, verursacht unter anderem durch Krankheit, Schicksalsschläge und Unfälle. Mit zunehmendem Alter steigt logischerweise die Wahrscheinlichkeit solcher Schicksalsschläge, die sich natürlich auch auf die Intelligenz auswirken können. Selbstverständlich kann dauerhaftes körperliches Unwohlsein die Intelligenztestleistung beeinflussen, und krankheits- und unfallbedingte Auswirkungen auf das Gehirn können dramatisch sein. Neben solchen starken Effekten, die Menschen in ganz unterschiedlichem Maße treffen können und andere wiederum gar nicht, kann es auch solche geben, die im Zuge der biologischen Altersentwicklung bei allen Menschen auftreten. Bei der körperlichen Erscheinung kennen wir das zur Genüge. Egal, wie gesund man gelebt und wie sehr man auf sein Erscheinungsbild geachtet hat: Jeder Mensch hat mit 50 mehr Falten und graue Haare als mit 30. Ein Blick in den Sportteil der Zeitung zeigt, dass im Profisport Menschen unter 30 dominieren. Selbst Spitzensportler sind nur wenige Jahre konkurrenzfähig. Lediglich wenn man sich nicht allein auf die eigene Körperkraft verlassen muss – wie zum Beispiel beim Dressurreiten – kann man auch im höheren Alter Spitzenleistungen erbringen.

Die Frage, warum Lebewesen altern, ist zurzeit vor allem Gegenstand der Biologie. Klar ist, dass die Alterungsprozesse von den Zellen ausgehen. Man nimmt an, dass die einzelnen Zellbestandteile im Laufe der Zeit an Funktionsfähigkeit einbüßen und es deshalb zu verringerter Belastbarkeit einzelner Gewebeteile kommt. Noch offen ist, ob die beobachteten Veränderungen der DNA, welche die gesamte Erbinformation eines Menschen enthält, Ursache oder Folge des Alterns sind.

Eine Hypothese ist, dass Altern und letztendlich der Tod im »genetischen Programm« jeder Zelle bereits fest verankert sind und daher diesem »Programm« zufolge ablaufen. Beim Menschen zeigen sich Veränderungen in den Muskelzellen beispielsweise darin, dass sich das Auge nicht mehr flexibel an Entfernungen anpassen kann und fast alle spätestens mit 50 eine Sehhilfe brauchen. Es gibt keinen Grund für die Annahme, dass Gehirnzellen von solchen biologischen Alterungsprozessen ausgenommen sind. Sowohl die so genannte graue Substanz, also die Nervenzellen, als auch die weiße Substanz, also die Zellen, die die Effizienz der Informationsübertragung steuern, verändern sich mit der Zeit; allerdings wissen wir über die Details bislang wenig.

Da wir über die Zusammenhänge zwischen den Funktionen in den Hirnzellen und den geistigen Prozessen nur partielles Wissen haben und von einer umfassenden biologisch fundierten Kognitionstheorie noch weit entfernt sind, können wir die zu beobachtende kontinuierliche Abnahme der Intelligenz nicht eindeutig auf bestimmte zelluläre Alterungsprozesse im Gehirn zurückführen. Lediglich bei ganz offensichtlichen Gehirnerkrankungen wie zum Beispiel der Alzheimer-Krankheit ist unser Wissen über die Vorgänge in den Gehirnzellen inzwischen so gut, dass Medikamente immer effizienter wirken können. Zweifellos ist der *durchschnittliche* Rückgang der Intelligenz insbesondere im höheren Lebensalter auch damit zu erklären, dass der Prozentsatz der Personen, die von einer Gehirnkrankheit betroffen sind, rapide ansteigt.

Wie aber sieht es mit dem Altersabbau der Intelligenz bei Menschen aus, die von Krankheiten verschont bleiben? Diese Frage wurde in der so genannten Berliner Altersstudie am Max-Planck-Institut für Bildungsforschung und anderen Einrichtungen sehr intensiv erforscht. In zahlreichen Längsschnittstudien – z. B. der Berliner Altersstudie BASE – wurden Erwachsene ab einem bestimmten Alter wiederholt mit psychologischen und medizinischen Maßen getestet. Was die

Entwicklung der allgemeinen Intelligenz anging, so zeigte sich bei der überwiegenden Mehrheit der Probanden ein leichter Rückgang ab dem 40. Lebensjahr, der aber bis zum 80. Lebensjahr eher gering war. Es gab nicht wenige Personen, deren Intelligenz bis zum 80. Lebensjahr konstant blieb. In der Studie wurde für Personen in den 60ern und 70ern der Begriff von den »jungen Alten« geprägt. Während viele junge Alte nur geringfügig vom Intelligenzabbau betroffen waren, zeigte sich ab dem Alter von 80 Jahren doch ein allgemeiner Abbau, obwohl es natürlich gerade im hohen Alter sehr große Unterschiede gibt. Während einige Menschen mit 80 bereits hochgradig dement sind, lernen andere noch erfolgreich Fremdsprachen. Aber auch für diese Menschen gilt, dass das persönliche Optimum zu einem früheren Zeitpunkt lag. Mit anderen Worten: Sie hätten die Fremdsprache zehn oder 20 Jahre zuvor wohl noch effektiver erlernen können. Die Daten der Berliner Altersstudie legen nahe, 80 als die magische Altergrenze zu sehen. Die an der Studie beteiligten Wissenschaftler warnen jedoch vor einer »biologistischen« Interpretation dieses Datums. Es spricht nichts dafür, dass ein Gen existiert, welches am 80. Geburtstag Prozesse in Gang setzt, die den geistigen Abbau fördern. Dass wir altern, ist biologisch vorprogrammiert, aber welchen Einfluss zelluläre Alterungsprozesse auf unsere Funktionsfähigkeit haben, hängt in hohem Maße von den Lebensumständen ab. So wie ein heutiger 60-Jähriger die Vitalität eines vor 100 Jahren lebenden 30-Jährigen hat, so kann in einigen Jahren vielleicht auch das Optimum der geistigen Leistungsfähigkeit über das 80. Lebensjahr hinaus aufrechterhalten werden. Darüber allerdings, welche Lebensbedingungen im Erwachsenenalter für die Aufrechterhaltung der Intelligenz benötigt werden, wissen wir weniger, als gemeinhin angenommen wird. Dieser Frage wollen wir uns aber erst im übernächsten Abschnitt zuwenden. Im Folgenden sollen zunächst Alterseffekte auf unterschiedliche Aspekte der Intelligenz näher erörtert werden.

Wie schon erwähnt, unterscheiden sich Intelligenztests darin, wie stark sie an den kulturellen Kontext gebunden sind. So genannte kristalline Tests setzen schriftsprachliche und mathematische Kenntnisse voraus, während in so genannten fluiden Tests einfaches figurales Material zu bearbeiten ist. Die Herausforderung besteht entweder darin, möglichst schnell zu sein oder aber das Material nach bestimmten Gesichtspunkten zu ordnen. Dass auch solche Aufgaben nicht völlig kulturunabhängig sind und deshalb nicht unabhängig vom Bildungshintergrund interpretiert werden können, wurde bereits betont. Aber gibt es bei der Lösung beider Arten von Aufgaben nicht vielleicht doch unterschiedliche Verläufe über die Lebensspanne? Darzulegen, dass dies tatsächlich der Fall ist, ist die Leistung der Berliner Altersstudie.

Dabei zeigte sich ein besonders beschleunigter Altersabbau in Tests, bei denen die Lösungsgeschwindigkeit gefragt war. Eine plausible Erklärung für diesen Befund ist, dass die Informationsverarbeitungsgeschwindigkeit im Gehirn aufgrund physiologischer Prozesse abnimmt. Denkbar wäre beispielsweise, dass ein Rückgang in der Myelinisierung die Leitungsgeschwindigkeit reduziert. Lediglich die physiologischen Veränderungen des Gehirns im Blick zu haben, wäre allerdings eine verkürzte Sichtweise. Wie wir gesehen haben, wirken sich Beeinträchtigungen der Sinnesfunktionen insbesondere auf Aufgaben aus, die hohe Anforderungen an die Lösungsgeschwindigkeit stellen. Bei manchen Aufgaben war kein Altersabbau mehr zu beobachten, nachdem die messbaren Beeinträchtigungen der Sehfähigkeit mit Hilfe von statistischen Methoden herausgerechnet wurden. Ein besonderes Verdienst der Berliner Altersstudie war der Einsatz der so genannten *Testing-the-limits*-Methode. Die getestete Person bekommt zunächst Lerngelegenheiten, und erst aus dem Lernfortschritt werden Schlussfolgerungen über die zugrunde liegenden Fähigkeiten gezogen. Bei Lerntests wird entweder eine bestimmte Übungszeit oder eine bestimmte Anzahl von Übungsdurchgängen vorgegeben, bevor die Leistung gemessen wird. Beim *Testing-the-limit*-Ansatz hingegen müssen die Testpersonen die Aufgabe längere Zeit üben, und der Verlauf des Leistungsfortschritts wird analysiert. Wie der Name des Verfahrens schon sagt, soll ermittelt werden, wann eine Person an ihre Leistungsgrenzen stößt, das heißt, wann zusätzliche Übung keinen Fortschritt mehr bringt. Dabei zeigte sich, dass der Intelligenzabbau umso geringer ist, je geringer bei einer Aufgabe die Anforderungen an die Lösungsgeschwindigkeit und je größer die Anforderungen an die Bildung sind.

Können wir den Altersabbau der Intelligenz steuern?

Angesichts der durch die geringe Reproduktionsrate und die hohe Lebenserwartung verursachten Probleme in der Altersversorgung gewinnt diese Frage an Brisanz – nicht nur für das Individuum, sondern für die gesamte Gesellschaft. Was können wir mit 30 tun, um mit 70 noch die geistige Vitalität zu besitzen, die nötig ist, um anspruchsvollen beruflichen Anforderungen gerecht zu werden und ab 80 die Rente auf Reisen zu genießen, statt sie in ein Pflegeheim für Alzheimerkranke zu investieren? Oder haben intelligentere Menschen zumindest eine höhere Chance, gesund zu altern? Diese Frage bedarf einer sehr differenzierten Betrachtung. Zunächst einmal ist klar, dass hohe Intelligenz kein Garant für das Ausbleiben der Alzheimerkrankheit ist. Das zeigt schon die Tatsache, dass sie auch bei sehr intelligenten Menschen auftreten kann. Gleichzeitig gibt es aber durchaus Belege dafür, dass intelligentere Menschen im Alter Vorteile haben. Der bereits mehrfach erwähnte schottische Intelligenzforscher Ian Deary hat zusammen mit einer Reihe anderer Wissenschaftler bei einer sehr großen Gruppe älterer Menschen ermittelt, dass das erreichte Lebensalter durchaus von der im frühen bis mittleren Erwachsenenalter gemessenen Intelligenz abhängt. Mit anderen Worten: Weniger intelligente Menschen sterben früher.

Dies könnte zunächst eine eher triviale Ursache haben: Intelligentere Menschen haben im Durchschnitt ein höheres Einkommen und können sich deshalb – spätestens ab dem Erwachsenenalter – eine bessere Gesundheitsvorsorge, bessere Ernährung und bessere Erholungsmaßnahmen gönnen, alle starke Einflussfaktoren. Allerdings – und das ist das Besondere an der Studie aus Schottland – blieb der Einfluss auch dann erhalten, wenn die finanziellen Verhältnisse der Personen und der Umstand, ob sie rauchten oder nicht, mit Hilfe statistischer Methoden herausgerechnet wurden. Das Rauchen wurde deshalb herausgerechnet, weil es Anhaltspunkte für einen negativen Zusammenhang zwischen Intelligenz und Rauchen gab. Der Gewinn an Lebenszeit durch die »reine« Intelligenz, also ohne die durch finanzielle Vorteile erkaufte Lebensqualität (inklusive des Verzichts auf das Rauchen), betrug zwar nur Monate, aber es bleibt ein beachtliches Ergebnis. Was also hält Menschen, die mit mehr Intelligenz ausgestattet sind, länger am Leben? Darüber kann man gegenwärtig nur spekulieren. Haben sich im Gehirn intelligenterer Leute physiologische Strukturen gebildet, die für bessere körperliche Abwehrreaktionen sorgen? Ist es das größere Vertrauen in die eigenen Fähigkeiten, das intelligentere Leute in den letzten Monaten zu einem Verhalten veranlasst, welches das Leben verlängert? Das muss die zukünftige Forschung zeigen.

Es sollte noch einmal betont werden, dass in der Studie aus Schottland die Intelligenz im früheren oder mittleren Erwachsenenalter gemessen wurde und keine Informationen darüber vorliegen, ob die früher gemessene Intelligenz im höheren Erwachsenenalter gehalten wurde. Andere Studien, wie die bereits erwähnte Berliner Altersstudie sowie eine große Längsschnittstudie des in Atlanta ansässigen Altersforschers Timothy Salthouse, haben die Intelligenz mehrfach gemessen, um mögliche Ursachen für Altersveränderungen herauszufinden. Besonders spannend ist dabei natürlich die Frage, ob der Lebenswandel einer Person im frühen und mittleren

Erwachsenenalter einen Einfluss auf ihren Intelligenzabbau im Alter hat. Glaubt man der öffentlichen Meinung und den für die Gesundheit zuständigen Behörden wie auch vielen Ärzten, so haben wir es in hohem Maße selbst in der Hand, wie wir geistig altern. Aktives Altern – viel lesen, anregende Gespräche mit Freunden und Bekannten führen und sich den Herausforderungen des Lebens aktiv stellen – wird häufig als der Schlüssel zum Erfolg gesehen, was wissenschaftlich allerdings nicht bestätigt werden kann. In keiner der beiden Längsschnittstudien konnte der altersbedingte Abbau der Intelligenz mit dem Grad der Aktivität in Verbindung gebracht werden. Ist es also für die Intelligenztestleistung mit 70 egal, ob man zwischen 40 und 60 eine Couch-Potato war, mit großer Leidenschaft seinem Hobby nachgegangen ist oder sich beruflich stark engagiert hat? Beim gegenwärtigen Wissensstand scheint die Antwort »Ja« zu lauten, so wenig glaubhaft das zunächst klingt. Was bereits bei der Frühförderung wenige Abschnitte zuvor ausgeführt wurde, gilt auch im späteren Lebensalter: Zwar kann man Fehlentwicklungen vorbeugen, aber eine Steuerung in eine positive Richtung ist weit weniger gut planbar. Anders ausgedrückt: Wir können unsere Intelligenz durch Alkohol- und Drogenexzesse ruinieren und damit im Alter deutlich schlechter dastehen, als dies von der Ausgangslage her hätte sein müssen, wissen umgekehrt aber (noch) nicht wirklich, wie wir dem »natürlichen« Altersabbau der Intelligenz entgegenwirken können.

Soll man also getrost dem inneren Schweinehund nachgeben und seine Zeit vor dem Fernseher verdösen, statt an beruflichen Weiterbildungsprogrammen teilzunehmen oder sich anregende Pläne für die Freizeitgestaltung zurechtzuschneidern? Mit den erwähnten Ergebnissen lässt sich dies jedenfalls nicht begründen. Denn im Alter gilt mindestens so stark wie in Kindheit und Jugend: Intelligenz ist eine Sache, und geistige Kompetenzen sind eine andere. Das heißt, es kann davon ausgegangen werden, dass bei gleicher Intelligenz derjenige, der ein Leben als Couch-Potato geführt hat, im Zweifelsfalle den Anforderungen des Lebens weniger gut gewachsen ist als derjenige, die seine Intelligenz in brauchbares Wissen umgesetzt und häufig die Gelegenheit genutzt hat, dieses anzuwenden. Damit werden sich beide Personen auch in der Lebenszufriedenheit unterscheiden. Im Alter gilt das Gleiche wie in früheren Lebensabschnitten: Wir können in einer weitgehend optimierten Umwelt die Intelligenz nicht verbessern, aber wir haben ein Leben lang großen Einfluss darauf, was wir aus unserer Intelligenz machen.

Wenn Nachteile zu Vorteilen werden: Lernen im Erwachsenenalter

Obwohl die Prinzipien des Aufbaus und der Veränderung von Wissen bei Kindern und Erwachsenen ähnlich sind, können zwischen beiden Gruppen doch erhebliche Unterschiede beim Lernen auftreten, die sich mit unterschiedlichem Vorwissen erklären lassen. Aufgrund ihrer längeren Lebenszeit verfügen Erwachsene im Allgemeinen über mehr und anders strukturiertes Vorwissen als Kinder und lernen daher anders – was sich in den drei folgenden Aspekten zeigt:

1. Erwachsene haben Verhaltensweisen, die sie häufig ausführen, automatisiert. Damit haben sie freie Ressourcen für die Erweiterung und Umstrukturierung ihres Wissens auf der Grundlage eingehender Informationen. So haben geübte Leser die Identifikation der Buchstaben und der meisten Wörter so weit automatisiert, dass sie sich vollständig auf den Inhalt eines Textes konzentrieren können. Auch in vielen anderen Bereichen haben sich Routinen gebildet, denen fehlerfreie Verhaltensabläufe zu verdanken sind. Problematisch wird die Automatisierung dann, wenn sich die Anforderungssituation ändert und infolgedessen eine Änderung des Verhaltensablaufs erforderlich ist. Einmal automatisierte Routinen sind nur sehr

schwer aufzubrechen, ein Umlernen bereitet also größte Probleme. Wer immer mit einem Auto mit Gangschaltung gefahren ist, wird bei einem Automatikwagen zunächst eine unfreiwillige Vollbremsung machen, weil er die Kupplung sucht. Wer über 40 Jahre lang Menschen mit Handschlag begrüßt hat, wird in Japan nicht spontan eine Verbeugung machen. Das Aufbrechen von Routinen stellt also eine echte Herausforderung für erwachsene Lernende dar. Dies kann erleichtert werden, indem man die neue Anforderungssituation so gestaltet, dass sie der alten so unähnlich wie möglich ist. Automatisierung zeichnet sich nämlich dadurch aus, dass das Verhalten durch sehr viele Reize in der Umgebung ausgelöst werden kann. Je mehr Reize wegfallen, umso größer ist die Chance umzulernen. Wenn Kinder also bestimmte Routinen schneller lernen als Erwachsene, ist dies nicht nur mit ihrer größeren neuronalen Plastizität zu erklären, sondern kann darauf zurückgeführt werden, dass Kinder neu lernen und nicht umlernen müssen. Wer beispielsweise von einem Auto mit Gangschaltung auf ein Auto mit Automatik umsteigt, sollte möglichst auch die Marke und die Farbe des Autos wechseln. Wer als Erwachsener eine neue Fremdsprache lernen möchte, muss auf negativen Transfer gefasst sein. Im Zweifelsfalle werden Grammatikregeln der Muttersprache übertragen und ähnlich klingende Wörter mit abweichender Bedeutung falsch verwendet. Ein Weg, dies zu vermeiden, könnte sein, über weniger vertraute Themen in ungewohnten sozialen Kontexten zu sprechen.

2. Erwachsene verfügen über ein Netzwerk von konzeptuellem Wissen, auf welches sie beim analogen Denken zurückgreifen können. Wie schon erwähnt, ist Lernen immer als ein konstruktiver Vorgang zu verstehen: Man knüpft eingehende Informationen an bestehendes Wissen an. Bestehende Begriffe werden erweitert oder Prinzipien werden auf neue Inhaltsgebiete übertragen. Entscheidende geistige Fortschritte basieren auf analogem Denken. Letzteres funktioniert umso einfacher, je reichhaltiger das bestehende Wissensnetzwerk ist. Kleine Hinweise und rudimentäre Erklärungen können schon ausreichen, um beim Lernenden umfangreiche Denkprozesse anzuregen. Direkte Instruktion in Form von Erklärungen kann eine sehr effiziente Form des Lernens sein, wenn der Lernende bereits über ausreichendes und flexibel angelegtes Vorwissen verfügt. Da Kinder aufgrund ihrer erst kurzen Lebenszeit weniger Gelegenheit zum Erwerb von Vorwissen hatten, können sie im Allgemeinen weniger von direkter Instruktion profitieren als Erwachsene. Für das Lernen im Erwachsenenalter hingegen kann eine gezielte Anknüpfung an bestehendes Vorwissen, etwa die gezielte Suche nach Beispielen, eine sehr effiziente Lernmethode sein.

3. Das reichhaltige metakognitive Wissen von Erwachsenen kann, wenn es gezielt genutzt wird, das Lernen erleichtern. Lern- und Denkstrategien, Planungskompetenzen und Wissen über Lernziele sind lernbar, aber nur sehr begrenzt lehrbar, da sie sich aus der Lernerfahrung entwickeln müssen. Dementsprechend verfügen Erwachsene aufgrund ihrer langen Lerngeschichte über konzeptuelles und prozedurales metakognitives Wissen, auf das in jeder Lernsituation zurückgegriffen wird. Dies kann gleichzeitig von Vorteil und von Nachteil sein. Wer vorwiegend oberflächliche Lesestrategien nutzt, wird sich schwerer tun, wenn es darum geht, genau zu lesen. Wer im mathematischen und naturwissenschaftlichen Unterricht in der Schule nur selten wirklich etwas verstanden hat, wird Oberflächenstrategien nutzen, um neue Probleme zu lösen, statt den Versuch zu unternehmen, einen Sachverhalt mit eigenen – wenn auch ungelenken – Worten auszudrücken. Das im Laufe der Lerngeschichte angesammelte metakognitive Wissen schützt Lernende aber andererseits auch vor nicht zu erfüllenden Erwartungen. Wer bereits eine Fremdsprache gelernt hat, weiß, dass man Vokabeln lernen muss und dass man Fehler macht, obwohl man die Grammatikregeln kennt. Wer die Erfahrung gemacht hat, dass Lernen sehr mühsam sein kann, möchte wissen, was er mit dem neu erworbenen Wissen anfangen kann, bevor er sich auf eine neue Lernsituation einlässt. Gleichzeitig kann man aber auch davon ausgehen, dass erwachsene Lernende, wenn sie erst einmal eingesehen haben, warum es sich lohnt, eine Sache zu lernen, ihr metakognitives Wissen nutzen können. Stärker als beim Lernen im Kindesalter kann man beim Lernen im Erwachsenenalter Lern- und Denkstrategien gezielt einsetzen und damit den Lernprozess beschleunigen.

KAPITEL 9

Die Perspektive der Hochbegabungsforschung

Für die Klärung der Frage, ob weit überdurchschnittliche menschliche Leistungen in einem Inhaltsgebiet überdurchschnittliche Begabung voraussetzen oder dem Erwerb einer profunden Wissensbasis die größere Bedeutung zukommt, erscheint es hilfreich, einen Blick in jene Teildisziplin zu werfen, die sich mit Fragen des Zustandekommens, der frühzeitigen Erkennung und der Förderung exzeptioneller menschlicher Leistungen beschäftigt: die *Hochbegabungsforschung.* Zwar können wir hier keinen umfassenden Überblick über dieses Teilgebiet an der Schnittstelle von Psychologie und Pädagogik geben, da dies den Umfang sprengen würde, aber vor dem Hintergrund der hier behandelten Kernfrage nach der Bedeutung von Intelligenz und Wissen für das Können sollen einige Befunde aus der Hochbegabungsforschung diskutiert werden.

Sowohl von Befürwortern als auch von Gegnern der Hochbegabungsfrüherkennung und Hochbegabtenförderung wird immer wieder die so genannte »Terman-Studie« zur Hochbegabung zitiert. Indem der Intelligenzforscher Louis Terman in den 1920er Jahren Tausende von Kindern zwischen drei und 18 Jahren auf ihren IQ testete, gelang es ihm, einen »Pool« von rund 1500 hochbegabten Kindern aufzubauen, die einen IQ über 135 hatten (in der Normalverteilung des IQ das oberste 1%). Die Probanden wurden dann im Hinblick auf ihre weitere Entwicklung über Jahrzehnte hinweg beobachtet, das heißt, man erhob in regelmäßigen Abständen ihre kognitive, psychomotorische, soziale und motivationale Entwicklung und verfolgte vor allem ihre berufliche Laufbahn. Die in der Fachliteratur oft liebevoll als »Termiten« bezeichneten Kinder wiesen in nahezu allen Bereichen der kognitiven Leistungsfähigkeit, aber auch in emotionaler und motivationaler Hinsicht einen beträchtlichen Entwicklungsvorsprung gegenüber ihren Altersgenossen auf. Hier die Befunde der Terman-Studie im groben Überblick:

- In der Kindheit lernten die »Termiten« früher gehen und sprechen, sie kamen früher in die Pubertät, und die Rate an physischen und psychischen Auffälligkeiten war niedriger.
- In der Schule war – neben besseren Schulleistungen – auch eine überdurchschnittliche Entwicklung in emotionaler, motivationaler und interessenbezogener Hinsicht zu vermerken.
- Im Erwachsenenalter erreichten die »Termiten« im Vergleich zum Bevölkerungsdurchschnitt statistisch signifikant mehr College-Abschlüsse und promovierten häufiger. Sie waren als Erwachsene häufig in hoch angesehenen (akademischen) Berufen wie Richter, Rechtsanwalt, Universitätsprofessor, Ingenieur, Arzt, Manager etc. tätig.
- Zudem kamen die »Termiten« als Erwachsene weniger mit dem Gesetz in Konflikt, litten weniger an Suchterkrankungen wie Alkoholismus und waren weniger an Unfällen beteiligt.
- Lediglich im Bereich der »sozialen Fähigkeiten« (den so genannten *social skills*) wiesen die Hochbegabten nur eine durchschnittliche Begabung auf, waren aber keineswegs – wie es gängige Stereotype oft nahelegen – in ihrem Sozialverhalten negativ auffällig.

Kognitiv Hochbegabte sind damit in keiner Weise »soziale Zombies« oder »Eierköpfe«, die in ihrer Peergroup unbeliebt sind und sich nur schwer in die Gemeinschaft einfügen können. Aktuelle Studien, wie beispielsweise das von Detlef Rost geleitete Marburger Hochbegabtenprojekt, legen nahe, dass Termans Befunde auch heute noch Gültigkeit haben. In den raren Fällen, in denen eine hohe kognitive Befähigung mit einem eher unangepassten Sozialverhalten einhergeht, ist die mutmaßliche Ursache zumeist in der negativen, wenig verständnisvollen Reaktion der Umwelt auf die Hochbegabung zu suchen, die häufig auch mit dem Phänomen des *Underachievement*, das heißt schwacher Leistung, einhergeht; siehe unten.

Diese und weitere Befunde aus der Terman-Studie, die inzwischen mehrheitlich in anderen Studien repliziert werden konnten, werden von den Befürwortern der Hochbegabungsforschung als Argumente für eine frühe Hochbegabungserkennung und einer darauf basierenden – möglichst frühen – Förderung angeführt.

Es gibt allerdings auch eine andere »Lesart« der Terman-Studie. Kritiker einer Hochbegabungsdiagnostik und der darauf basierenden speziellen Fördermaßnahmen weisen darauf hin, dass

- bei 15 % der »Termiten« der zu erwartende berufliche Erfolg überhaupt ausgeblieben ist und dass
- keiner der »Termiten« später ein identifiziertes »Genie« geworden ist, also eine Person, die durch eine Erfindung, eine wissenschaftliche Entdeckung oder eine besondere künstlerische Leistung einen nachhaltigen Einfluss hatte.

Kritiker der Hochbegabungsdiagnostik glauben zudem, die Sinnlosigkeit einer frühen Identifikation von Hochbegabten dadurch untermauern zu können, dass sich zwei spätere Nobelpreisträger (William Shockley, der für die Erfindung des Transistors ausgezeichnet wurde, und Louis Alvarez, der den Nobelpreis für Physik erhielt) zwar im Pool der von Terman und seinen Mitarbeitern getesteten Personen befanden, aber aufgrund eines »zu niedrigen IQ« (knapp unter 135) nicht in die Studie aufgenommen wurden. Wieder andere Autoren wie das amerikanische Begabungsforscherehepaar Camilla Benbow und David Lubinsky vermuten demgegenüber, dass die Nichtberücksichtigung von Shockley und Alvarez eine Folge dessen war, dass der IQ als »Globalmaß« herangezogen wurde und der damals von Terman verwendete Intelligenztest (Stanford-Binet-Test) eher sprachlastig war. Hätte man die mathematisch-rechnerische Begabung stärker bzw. differenzierter berücksichtigt, so wäre dieses »Missgeschick« höchstwahrscheinlich nicht passiert.

So zeigen denn auch Befunde aus einer Längsschnittstudie, in der Benbow und Lubinsky mathematisch Hochbegabte im Alter von 13 Jahren identifiziert und dann über einen Zeitraum von 20 Jahren im Hinblick auf ihre weitere Entwicklung beobachtet haben, dass gerade das Begabungsprofil einer Person (höhere mathematische als sprachliche Fähigkeiten oder umgekehrt) gezielte Vorhersagen über ihre weitere berufliche Entwicklung erlaubt. Eine (frühe) Begabungserkennung, die auf der Basis des IQ als Globalmaß der kognitiven Leistungsfähigkeit erfolgt, liefert hingegen nur unzureichende Prognosen über die spezifischen zukünftigen Leistungen eines Menschen.

Intelligenz bzw. die individuelle Begabungsstruktur ist also ein zentrales Merkmal, das bedeutsame Vorhersagen über die schulische und berufliche Entwicklung eines Menschen erlaubt. Allerdings bestimmt nicht Intelligenz allein, was jemand in seinem Leben erreicht. So zeigt eine deutsche kombinierte Quer- und Längsschnittstudie, dass eine Reihe weiterer Faktoren für spätere berufliche Höchstleistungen wichtig sind: Trost und Sieglen haben im Jahr 1973 begonnen, einen Personenpool von über 9000 Abiturienten aufzubauen, von denen sie eine Vielzahl von Testergebnissen, Verhaltensmerkmalen, Selbst- und Fremdeinschätzungen erhoben, darunter Resultate aus Tests für allgemeine Studierfähigkeit, Schulnoten, Selbsteinschätzungen der Schulleistungen, Lehrerurteile, außerschulische und fachliche Interessen und Aktivitäten (auch Beteiligung an Schülerwettbewerben), Indikatoren des Lern- und Arbeitsverhaltens, Konzentrationsvermögen und Beharrlichkeit, Einflussstreben und Initiative, Motivation sowie Umwelt- und Familieneinflüsse (Bildungsklima im Elternhaus, Förderung von Interessen im Elternhaus, Vorbildfunktionen von Verwandten) und anderes mehr. Bei rund 3500 von ihnen wurde retrospektiv (d. h. durch nachträgliche Befragung) die berufliche Entwicklung analysiert. Dabei sollten diejenigen identifiziert werden, die seit ihrem Schulabschluss außergewöhnliche berufliche Leistungen erbracht hatten. Als Kriterium für eine außergewöhnliche Leistung wurde das Zutreffen von mindestens zwei der folgenden Merkmale festgesetzt (Auszug):

- Zwei oder mehr veröffentlichte oder herausgegebene Fachbücher (1,3 %)
- Zehn oder mehr veröffentlichte Artikel (3,4 %)
- Beteiligung an mindestens einer patentwürdigen Erfindung (2,9 %)
- Direkte Weisungsbefugnis gegenüber mehr als 50 Mitarbeitern (2,9 %)
- Mehr als vier Beförderungen seit dem Eintritt in den Beruf (2,4 %)
- Bruttojahreseinkommen über 180000 DM (1,8 %)
- Mindestens ein herausragendes Projekt oder mindestens eine herausragende Leistung in der Wirtschaft unter der eigenen Verantwortung (1,9 %)
- Mindestens ein bedeutender Beitrag (Durchbruch) zur Fortentwicklung des eigenen Fachgebiets (2,2 %)
- Mindestens fünf Berichte in Fachzeitschriften oder sonstigen überregionalen Medien über eigene berufliche Leistungen (1,5 %)
- Mindestens eine nationale Auszeichnung für Arbeitsprodukte/-ergebnisse (1,6 %)
- Mindestens eine internationale Auszeichnung für Arbeitsprodukte/-ergebnisse (0,5 %)

Auf diese Art wurden aus dem oben genannten Pool 166 Personen (rund 5 %) identifiziert, von denen zum Teil auch noch Daten aus dem Längsschnitt vorhanden waren; überwiegend wurden die Daten aber retrospektiv erhoben, um mögliche Unterscheidungsmerkmale zu Personen ohne außergewöhnliche berufliche Leistungen erkennen zu können.

In der unten stehenden Tabelle werden die Ergebnisse ausgewählter Variablen dargestellt, bei denen signifikante Unterschiede zwischen den »beruflich Hochbegabten« und den »Normalbegabten« zu erkennen waren. Das Maß für die Bedeutung der jeweiligen Variable ist (mit einer Ausnahme) die so genannte Effektstärke d, die den Mittelwertsunterschied in Einheiten der Streuung (Standardabweichung) wiedergibt, wobei – nach gängiger Konvention – d-Werte von .2 bis .5 als kleine Effekte und d-Werte von .5 bis .8 als mittlere Effekte betrachtet werden (starke Effekte mit $d > .8$ wurden hier nicht beobachtet; bei d-Werten $< .2$ nimmt man keinen statistisch bedeutsamen Unterschied an).

Tabelle 9.1:

• *Motivationale Merkmale:*	
Motivation und Fähigkeit zum Problemlösen	d = .71**
Einflussstreben, Initiative und Führungserfolg	d = .62**
Erkenntnisstreben	d = .43**
• *Schulische Leistungen und intellektuelle Fähigkeiten:*	
Selbsteinschätzung der Schulleistung in den letzten 3 Schuljahren	d = .35**
Abiturdurchschnittsnote	d = .29**
Gesamtergebnis im Studierfähigkeitstest	d = .22**
• *Umwelteinflüsse und die Situation im Elternhaus:*	
Erziehung zu aktiver und selbständiger Lebensgestaltung durch Eltern	d = .42**
Förderung durch Lehrer	d = .31**
Wertschätzung von Bildung innerhalb der Familie	d = .21**
Förderung der Entwicklung von Fähigkeiten und Talenten durch Eltern	d = .20**
• *Schulische und außerschulische Interessen und Aktivitäten:*	
Anzahl außerschulischer Interessen	d = .26**
Durchschnittliche Dauer der Ausübung außerschulischer Interessen	d = .26**
Anzahl fachlicher Interessen	d = .11**

** sehr signifikanter Unterschied

Die Ergebnisse sind in die Richtung interpretierbar, dass sich anhand der motivationalen Variablen (mit d-Werten zwischen .43 und .71) am besten zwischen beruflich sehr Erfolgreichen und durchschnittlich Erfolgreichen unterscheiden lässt und dass diese Variablen somit vergleichsweise bedeutsamer zu sein scheinen als schulische Leistungen und kognitive Fähigkeiten (obgleich sich die Gruppen auch anhand dieser Variablen statistisch überzufällig unterscheiden lassen). Die einzige Variable, die annähernd die Erklärungskraft der motivationalen Faktoren erreicht, ist die Erziehung zu aktiver Lebensgestaltung durch die Eltern.

Es muss allerdings betont werden, dass das relativ geringere Erklärungspotenzial der schulischen Leistungen und intellektuellen Fähigkeiten auch darauf zurückzuführen ist, dass hier nur Abiturienten untersucht wurden, bei denen von vornherein eine (positive) Auslese nach der kognitiven Intelligenz angenommen werden muss. Wie bereits in Kapitel 3 dargelegt, werden Zusammenhangsmaße unterschätzt, wenn die Streuung eines Merkmals oder beider Merkmale eingeschränkt ist. Das Gleiche gilt auch für die hier durchgeführten Effektstärkenschätzungen: Der Variablen Intelligenz käme sicher eine größere Bedeutung zu, wenn man sie für den beruflichen Erfolg nicht nur von Abiturienten, sondern etwa der gesamten Population eines Landes einschätzen würde.

Zudem könnte die Studie dahingehend kritisiert werden, dass die meisten Daten nur retrospektiv, also durch nachträgliche Befragung, erhoben wurden (was sie anfällig für Verzerrungen aufgrund von Erinnerungseffekten und Fehleinschätzungen der eigenen Person macht); dennoch liefert die Untersuchung Hinweise, dass für berufliche Hochleistungen nicht nur Intelligenz bzw. kognitive Begabung, sondern auch motivationale Faktoren eine erhebliche Rolle spielen.

Bei Terman lassen sich ebenfalls Hinweise darauf finden, dass sich die erfolgreichsten von den wenig erfolgreichen »Termiten« vor allem durch Motivation, Willenskraft, Aufgabenorientierung und Durchhaltevermögen unterscheiden. Für Stichproben, die im Hinblick auf Intelligenz vorausgelesen wurden, gilt vielleicht tatsächlich das Wort von Thomas Edison: Genialität ist 1 % Prozent Inspiration und 99 % Transpiration.

Bei aller Euphorie um die mögliche Vorhersagekraft motivationaler Prozesse für berufliche Hoch- und Höchstleistungen darf aber nicht vergessen werden, dass die hohe Erklärungskraft der motivationalen Variablen sowohl bei Terman als auch bei Trost und Sieglen darauf zurückzuführen ist, dass Personenstichproben untersucht wurden, die hinsichtlich der Intelligenz ziemlich homogen waren. Für die Gesamtheit einer Population gilt sicher nicht, dass Motivation fast alles und Intelligenz kaum etwas erklärt. Vielmehr wird angenommen, dass, sobald die Intelligenz eines Menschen ein bestimmtes, für höhere berufliche Leistungen erforderliches Mindestmaß erreicht, andere Faktoren, vor allem motivationale Aspekte, wichtiger werden. Wie die Terman-Studie und andere Untersuchungen nahelegen, bedarf es für einen überdurchschnittlichen beruflichen Erfolg eines gewissen »Schwellen-IQ«. Eine darüber hinausgehende kognitive Fähigkeit scheint jedoch für den beruflichen Erfolg weniger bedeutend zu sein als etwa Motivation und Arbeitshaltung. Gänzlich unbedeutend ist ein »Mehr« an Intelligenz für den beruflichen Erfolg aber auch auf hohem Niveau nicht. So zeigen jüngste Daten der amerikanischen Begabungsforscher Camilla Benbow und David Lubinsky, dass sich selbst unter hoch ausgelesenen mathematisch Hochbegabten (dem obersten 1 % der Population) diejenigen, die innerhalb dieser Gruppe zu den oberen 25 % gehören, beruflich erfolgreicher entwickeln als die unteren 25 %.

Die Annahme eines kritischen IQ-Schwellenwerts für außergewöhnliche Leistungen findet sich aber auch, wenn man die Wechselbeziehung zwischen Intelligenz und Kreativität untersucht. Hier ist lange Zeit die Frage erörtert worden, ob man überdurchschnittlich intelligent sein muss, um kreative Leistungen erbringen zu können. So gibt es nach Robert Sternberg durchaus Menschen, die *bright but not brilliant* seien – das heißt, oberhalb einer gewissen Intelligenzschwelle (angenommen wurde ein IQ von 120) hat eine noch höhere Intelligenz keine positiven Auswirkungen mehr auf die kreative Leistung.

Obgleich bezüglich der Schwellenwerthypothese widersprüchliche Befunde existieren, legt sie doch eine interessante Perspektive nahe: Eine Intelligenz, die einen bestimmten Schwellenwert überschreitet, kann vielleicht eher als eine Art »Potenzial« für hohe Leistungen in Ausbildung und Beruf betrachtet werden. Für eine Umsetzung dieses Potenzials in Form von hohen oder sogar außergewöhnlichen Leistungen sind aber weitere Faktoren von Bedeutung. Diese Unterscheidung von intellektuellem Potenzial und realisiertem, also in beobachtbare Leistung umgesetztem Potenzial spiegelt sich auch in den verschiedenen Modellen der Hochbegabung wider, die entweder

a) Hochbegabung als Leistung betrachten, die durch das Zusammenwirken von Anlage und Umweltfaktoren zustande kommt,

Abbildung 9.1: Hochbegabung als Leistung

oder

b) Hochbegabung als Disposition sehen, für deren Umsetzung in sichtbare außergewöhnliche Leistungen weitere Umwelt- und Persönlichkeitsfaktoren hinzukommen müssen.

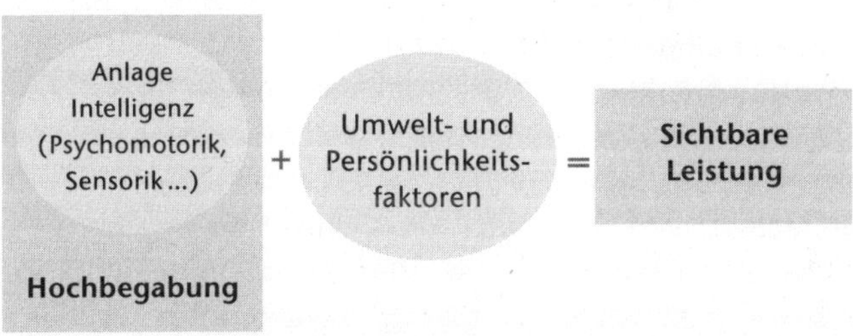

Abbildung 9.2: Hochbegabung als Disposition

Zunehmend versucht man auch auf der Sprachebene zwischen Potenzial und realisierter Leistung zu unterscheiden. So schlägt Gagné vor, den Begriff *Begabung* zur Beschreibung deutlich überdurchschnittlicher Kompetenz zu verwenden, während weit überdurchschnittliche Leistungen auf einem Gebiet als *Talent* bezeichnet werden. Begabung wäre demnach das (latente) Potenzial zu hohen Leistungen in einer bestimmten Domäne, Talent die manifeste Leistung in dieser Domäne. Diese Unterscheidung lässt allerdings die Frage nach der Einordnung des Terminus Intelligenz offen. Wir vertreten hier die Sichtweise, dass beide Begriffe (Intelligenz und Begabung) das Potenzial eines Menschen bezeichnen: Während *Begabung* als eine Art Oberbegriff für das Potenzial in verschiedenen Bereichen oder Domänen (z. B. auch im sozialen, künstlerischen oder sportlichen Bereich) betrachtet werden kann, bezieht sich *Intelligenz* ganz eindeutig auf das *kognitive Potenzial* eines Menschen.

Aber wie kommt es zur Umsetzung des Potenzials in beobachtbare hohe Leistungen? Zur Erklärung dieses Prozesses ist eine Vielzahl von Modellen vorgestellt worden. Eine Darstellung dieser vielen (auch zumeist grafisch skizzierten) Modelle erscheint für unsere Argumentation hier nicht von Bedeutung (zu verweisen wäre hier auf die einführenden Werke von Stapf und Holling & Kanning), weshalb wir uns auf das umfassende Modell von Gagné beschränken wollen. Dieses berücksichtigt viele der in früheren Modellen konzipierten Überlegungen und stellt somit in gewisser Form auch eine Integration dieser früheren Modellvorstellungen dar.

Wie aus Abbildung 9.3 ersichtlich ist, nimmt dieses Modell auf Seiten der (links dargestellten) Begabungsfaktoren eine Reihe von Fähigkeitsbereichen an, für die in einer Person (anlagebedingt) ein Mehr oder ein Weniger an Begabung vorhanden sein kann. Damit sich die Begabung(en) zu Talenten (rechts) entwickeln, muss gelernt, trainiert und geübt werden. Ob und inwieweit eine Person also aus der Begabung ein Talent

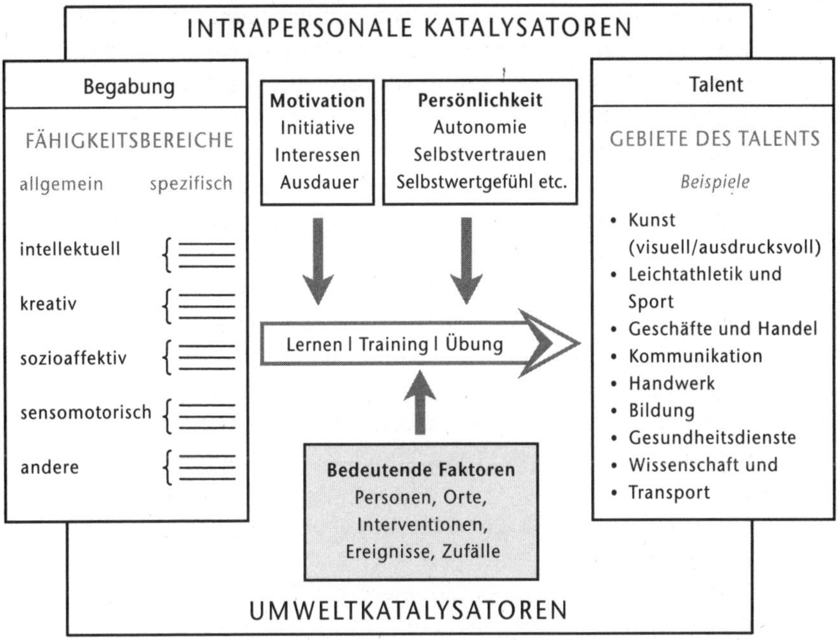

Abbildung 9.3: Modell von Gagné

entwickelt, hängt von der Quantität und Qualität des Lernens und Übens ab, und hier spielen einerseits so genannte intrapersonale Katalysatoren (Motivation und Persönlichkeitsmerkmale) und andererseits Umweltkatalysatoren eine Rolle, etwa die Begegnung mit bedeutsamen Personen (z. B. Mentoren), das Leben in oder der Wechsel zu bestimmten Orten (Ortswechsel), aber auch andere Ereignisse und Zufälle. Die Prozesse, die hier ablaufen, sind bislang kaum erforscht. Zentral für das Thema unseres Buches erscheint uns aber, dass sich aus Begabung nur dann Talent entwickelt, ein hohes Potenzial also nur dann realisiert wird, wenn bestimmte Faktoren seitens der Umwelt und seitens der Persönlichkeit dies begünstigen.

Die Unterscheidung von Begabung bzw. Intelligenz einerseits und realisiertem Talent andererseits spielt naheliegenderweise in der angewandten Psychologie vor allem dort eine Rolle, wo die Umsetzung von Potenzial in tatsächliche Leistung nicht gelingt, ein Phänomen, das in der Hochbegabungsforschung als *Underachievement* bezeichnet wird. Dabei handelt es sich um eine Art versteckte Hochbegabung. Untersucht wurde dieses Phänomen vor allem im schulischen Bereich, wo man, wie beispielsweise im Marburger Hochbegabtenprojekt von Detlef Rost, *Underachiever* (deutsch: Minderleister) als hochintelligent (zu den obersten 4% der IQ-Verteilung gehörend, das heißt IQ > 125) bei gleichzeitig bestenfalls durchschnittlichen Leistungen (Prozentrang < 50) definiert. Wie häufig dieses Phänomen tatsächlich ist, lässt sich – aufgrund seines latenten Charakters – nur schwer feststellen. Nach Rost bleiben 10 bis 12% der hochbegabten Schüler unerkannt, vereinzelt werden aber auch höhere Schätzungen (bis 50%) berichtet. *Underachievement* ist ein eher männliches Phänomen (Schätzungen nehmen Verhältnisse von 2:1 bis 3:1 an), da Jungen bei im Mittel gleicher Intelligenz häufiger schlechte Schulleistungen zeigen als Mädchen.

Underachiever zu entdecken scheint ein schwieriges Unterfangen: So sind dem deutschen Begabungsforscher Albert Ziegler zufolge Begabungseinschätzungen durch Eltern und Lehrer stark durch Schulleistungen beeinflusst, weshalb das eigentliche Potenzial oft unterschätzt wird. Selbsteinschätzungen von Schülern korrelieren sogar am geringsten mit Intelligenztestergebnissen. Daraus folgt, dass eine zuverlässige Potenzialabschätzung eigentlich nur mit Hilfe von Intelligenztests möglich ist, was einmal mehr deren große Bedeutung auch in angewandten Feldern der Psychologie bzw. in der psychologischen Diagnostik unterstreicht.

Andererseits zeigt nicht zuletzt das Phänomen der *Underachiever*, dass Intelligenz zwar eine notwendige, aber keine hinreichende Voraussetzung ist, wenn es darum geht, Erfolg in Schule, Berufsausbildung und Beruf zu erklären. Intelligenz ist wichtig, aber sie muss auch – zum Zwecke des Erwerbs von Wissen und Fertigkeiten – eingesetzt werden. Das Niveau der Intelligenz setzt für viele Berufe dahingehend Grenzen, was ein Mensch im Laufe seines Lebens erreichen kann. Eine hohe Intelligenz garantiert aber noch nicht, dass diese Grenze auch »ausgereizt« wird; hierfür müssen weitere persönliche Voraussetzungen und günstige Umweltbedingungen dazukommen.

Am Thema Hochbegabung speziell interessierte LeserInnen, vor allem aber »betroffene« Eltern eines hochbegabten Kindes interessieren sich vermutlich dafür, wie bzw. in welcher (auch institutionellen) Form Hochbegabten eine adäquate Lernumwelt bereitgestellt werden kann. Die Maßnahmen der Hochbegabtenförderung sind sehr vielfältig und werden kontrovers diskutiert. Soll man Hochbegabte im üblichen Klassenverband belassen und ihnen zusätzliche Förderangebote bieten, oder sollten sie besser spezielle Kurse, Klassenzüge oder gar Institutionen wie spezielle Hochbegabtenschulen besuchen? Eine Erörterung dieser außerordentlich komplexen, zum Teil aber auch widersprüchlichen und leider immer wieder ideologisch belasteten Diskussion würde den Rahmen des Buches sprengen. Die LeserInnen seien deshalb auf die exzellenten Bücher von Aiga Stapf und Joëlle Huser verwiesen. Unter welchen Bedingungen Schüler mit unterschiedlichen geistigen Eingangsvoraussetzungen gemeinsam lernen können, wurde in dem Kapitel »Intelligenz und Lernen« vertiefend diskutiert.

Beschließen möchten wir das Kapitel mit einem uneingeschränkten Plädoyer für eine positive Akzeptanz der Unterschiedlichkeit der Menschen. Aus unserer Perspektive, der einer Lehr-Lern-Forscherin und der eines Begabungsforschers, wird durch das Ignorieren und damit Nichtfördern von besonderen Begabungen weitaus mehr Schaden angerichtet als durch einen Mangel an gezielter Förderung von genetisch angelegten oder durch frühkindliche Förderung hervorgerufenen Begabungen. Eine auf der Basis einer modernen wissenschaftlichen Psychologie durchgeführte Begabungsidentifikation und darauf aufbauende seriöse Förderung mit dem Vorwurf zu diskreditieren, man leiste einer »Elitenbildung« Vorschub, erscheint nicht nur Kindern gegenüber als hochgradig unverantwortlich, sondern resultiert auch aus einem – leider häufig anzutreffenden – geschichtlichen Missverständnis: Zwar haben gerade die absolutistischen, totalitären Regime die Zugehörigkeit zu einer »Elite« propagiert, doch wurden diese Eliten eben nicht über die Begabung definiert, sondern über die Zugehörigkeit zu bestimmten Kasten, sozialen Schichten oder politischen Parteien bzw. Bewegungen.

Damit soll hier nicht die These vertreten werden, dass die Chancen eines Menschen in unseren freien, entwickelten Marktwirtschaften völlig unabhängig von seiner ökonomischen Herkunft wären; aber eine frühe und von sozioökonomischen Gesichtspunkten möglichst unabhängige Identifikation der Potenziale in einer Gesellschaft entspricht dem Ideal einer »Chancengleichheit aller Menschen« sicher mehr, als die Unterschiedlichkeit der Menschen schlichtweg zu ignorieren und keine speziellen oder differenzierten Bildungsangebote zuzulassen. Begabten Kindern die spezielle Förderung vorzuenthalten, die sie nicht nur verdienen, sondern auch brauchen, richtet einen Schaden an, der größer ist als jeder Gewinn, der durch die erzwungene Gleichbehandlung Ungleicher erzielt werden kann: »Es gibt nichts Ungleicheres als die gleiche Behandlung von ungleichen Menschen« (Thomas Jefferson).

KAPITEL 10

Antworten auf häufig gestellte Fragen

Intelligenz ist ein Thema, das niemanden kaltlässt und in fast allen Lebensbereichen bedeutsam ist. Wann immer wir Menschen begegnen – bekannten und unbekannten –, ziehen wir Rückschlüsse auf ihre Intelligenz. Müssen wir für uns selbst oder für andere über Ausbildungsgänge oder berufliche Schwerpunkte entscheiden, denken wir darüber nach, ob die geistigen Ressourcen ausreichen. Und natürlich wissen wir, dass sich Intelligenz mit dem Lebensalter entwickelt. Diesen Entwicklungsprozess möchten wir gerne bei uns und bei anderen beeinflussen. Wie und in welchem Ausmaß können wir das? Solche und ähnliche Fragen wurden in diesem Buch diskutiert. Im Abschlusskapitel soll noch einmal auf sieben häufig gestellte Fragen eingegangen werden, auf die es recht eindeutige Antworten gibt.

1. Werden Intelligenztests bald durch bio- und neurowissenschaftliche Methoden ersetzt?

Menschen in einen Brainscanner zu schieben und damit ihre Intelligenz zu messen oder aus einer mittels simplem Wangenabstrich gewonnenen Genomanalyse ein komplettes Persönlichkeitsprofil (inklusive IQ) eines Menschen zu gewinnen, ist eine in manchen Science-Fiction-Filmen anzutreffende Zukunftsvision. Sind diese Perspektiven ernstzunehmende *Science* oder eine durch keinerlei Empirie begründbare *Fiction*? Die Antwort auf diese Frage fällt für die jeweiligen *Diagnosemethoden* unterschiedlich aus. Während eine Intelligenzdiagnostik mittels Brainscan zwar derzeit noch völlig unmöglich erscheint, in Zukunft aber nicht völlig auszuschließen ist, wird eine

Genomanalyse nie eine Diagnose des IQ nach traditioneller Definition erlauben.

Zunächst zur Frage der Intelligenzmessung mittels der bildgebenden Verfahren der Gehirnforschung: Bislang sind wir noch weit davon entfernt, die Intelligenz eines Menschen mittels Brainscanner messen zu können, dafür sind die Zusammenhänge der auf diese Weise gewonnenen Daten mit der traditionell gemessenen Intelligenz (IQ-Tests) zu gering; sie liegen bestenfalls in Bereichen bis .5, meist deutlich darunter. Zudem können wir durch bildgebende Verfahren derzeit allenfalls das Niveau der *allgemeinen Intelligenz* erkennen; warum manche Menschen eher sprachlich, andere eher visuell-räumlich begabt sind, ist aus der Gehirnforschung noch viel weniger bekannt. Aber selbst wenn wir – was im Hinblick auf die Fortschritte bei der Entwicklung der bildgebenden Verfahren zu erwarten ist – in Zukunft deutlich höhere Zusammenhänge zwischen Gehirnprozessen und Intelligenz finden werden, stellt sich immer noch die Frage nach der *Validität* der so erhobenen Daten: Korrelieren die »Gehirnbilder« höher als Intelligenztests mit schulischem oder beruflichem Erfolg? Sind die Brainscans tatsächlich besser als Intelligenztests in der Lage, Ausbildungserfolg vorherzusagen? Im Normalfall, also bei einer gesunden geistigen Entwicklung und guten Förderung eines Menschen, ist nicht damit zu rechnen; Testverhalten (in Intelligenztests) korreliert fast immer höher mit realem Verhalten (Erfolg in Schule oder Beruf) als indirekte Maße wie Gehirnaktivierung und Gehirnstruktur.

Eine Ausnahme stellt möglicherweise die Entdeckung von ungenutzten intellektuellen Potenzialen eines Menschen dar. Personen, die von ihrer Gehirnstruktur bzw. ihrer Verschaltungen im Gehirn her eigentlich hochintelligent sind, aber aufgrund unzureichender Förderung durch Eltern, Schule etc. dieses Potenzial nicht annähernd in Leistungen umsetzen, könnten so zukünftig vielleicht leichter »entdeckt« werden, da bei ihnen die Messung der Gehirnstruktur eher das Potenzial erfassen würde und nicht, wie die Intelligenztests, die realisierte Umsetzung dieses Potenzials in beobachtbares und messbares Verhalten. So gesehen müssten Verfahren der Gehirnforschung höher mit Intelligenztests korrelieren, die eher die bildungsunabhängigen, fluiden Aspekte der Intelligenz erfassen, was sich auch in einer Reihe eigener neurowissenschaftlicher Untersuchungen von Aljoscha Neubauer und Mitarbeitern gezeigt hat. Hier ist allerdings noch viel mehr Forschung nötig, vor allem auch zu der Frage, welche Intelligenzaspekte mit welchen Gehirnparametern korrelieren und wie auf neurophysiologischer Ebene Intelligenz und Wissen zusammenwirken. Erschwerend kommt hinzu, dass Männer und Frauen, obgleich im Schnitt gleich intelligent, zum Teil deutlich unterschiedliche neurobiologische Korrelate der Intelligenz aufweisen. Wie Untersuchungen von Richard Haier sowie Schmithorst und Holland zeigen, dürften Jungen und Mädchen sowie Männer und Frauen intelligente Leistungen auf deutlich unterschiedlichen Wegen erreichen. Bei Männern scheint eher die graue Substanz, also die Anzahl der Neuronen und Synapsen eine Rolle für die Intelligenz zu spielen, bei Frauen hingegen eher die Verschaltung und Vernetzung, da bei ihnen die weiße Substanz (myelinisierte Axonen) höher mit Intelligenz korreliert.

Aufgrund der vielen ungelösten Fragen und unter Berücksichtigung der bisherigen Fortschritte der Wissenschaft erscheint somit eine »valide Intelligenzmessung« mittels bildgebender Verfahren aus der Gehirnforschung selbst bei optimistischer Sichtweise frühestens in 10 bis 20 Jahren plausibel.

Gänzlich unplausibel ist hingegen eine Intelligenzmessung mittels genetischer Analysen. Selbst wenn alle Gene (bzw. Allele) identifiziert wären, die für ein Mehr oder Weniger an Intelligenz »sorgen«, so würde die Genomanalyse uns nur Informationen über die »genetische Intelligenz« eines Menschen liefern, und diese macht – wie gezeigt wurde – nur rund 50% der gesamten Intelligenzunterschiede beim Menschen aus. In aller Regel ist man jedoch an der »phänotypischen« Intelligenz, also an dem Produkt von Anlage- und Umwelteffekten interessiert. Wenn ich beispielsweise einen Mitarbeiter für eine Stelle auf der Basis seiner Intelligenz auswählen möchte, so interessiert mich nicht, ob diese Person eine Häufung intelligenzförderlicher Gene hat. Wenn diese Person aufgrund unglücklicher Lebensumstände wenig oder gar nicht in die Schule gegangen ist, wird ihr IQ das daraus resultierende geringe geistige Niveau widerspiegeln, während eine Genomanalyse ein völlig falsches Bild von der Person liefern würde. Wäre diese Person bereits 20 Jahre oder älter, könnte sie trotz einer hohen genetischen Intelligenz nie mehr auch nur annähernd den Rückstand aufholen, den sie durch den fehlenden oder viel zu kurzen Schulbesuch »erworben« hat. Eine genetische Intelligenzdiagnostik könnte allenfalls dann sinnvolle Informationen über die Potenziale eines Menschen liefern, wenn alle Menschen weitgehend gleiche (Aus-) Bildungsbedingungen genossen hätten. In diesem Fall wären die Unterschiede aufgrund unterschiedlicher Umweltbedingungen verschwindend gering, und die genetischen Effekte würden sich durchsetzen. Aber dies wird man wohl in keinem Land der Welt finden!

2. Visualisierer und Verbalisierer: Ist die Unterteilung in Lerntypen sinnvoll?

Zu den weit verbreiteten Mythen gehört die Vorstellung, man könne Lernende in »Visualisierer« und »Verbalisierer« aufteilen. Andere Unterscheidungen beziehen sich auf analytische oder ganzheitliche Lerntypen. Es gibt sogar Angebote, gegen Bezahlung seinen Lerntyp ermitteln zu lassen. Wie man diese Informationen allerdings zur Gestaltung von Lerngelegenheiten nutzt, wird wohlweislich nicht thematisiert.

Tatsächlich ist die Aufteilung in Lerntypen weder wissenschaftlich begründet, noch hat sie einen praktischen Nutzen. Sinnvollerweise teilt man Menschen nur dann in Typen ein, wenn sich die zugrunde gelegten Kategorien nicht überschneiden, das heißt, wenn das Merkmal, nach dem man trennt, bei jeder Person nur in einer einzigen Ausprägung auftreten kann wie beispielsweise beim biologischen Geschlecht: Auf der Grundlage der primären Geschlechtsmerkmale lässt sich so gut wie immer festlegen, ob jemand männlich oder weiblich ist. Wenige andere Merkmale von Menschen eignen sich zur Typologisierung, manche auch nur in einer bestimmten Lebensspanne, so zum Beispiel die natürliche Haarfarbe: Jeder Jugendliche lässt sich in eine der Kategorien rot, blond, brünett, braun oder schwarz einordnen, auch wenn es innerhalb dieser Gruppen noch Abstufungen gibt. Sobald man sich aber in den Bereich der psychologischen Merkmale begibt, eignet sich das Typenkonzept nur mehr dazu, sehr untypische und nicht selten pathologische Ausprägungen von unauffälligen Ausprägungen abzugrenzen. Im medizinischen Bereich können Typologien ihre Berechtigung haben, wobei die Verteilung extrem asymmetrisch ist. Menschen, die unter psychischen Krankheiten wie Schizophrenie oder Autismus leiden, weisen Verhaltensformen auf, die bei anderen Menschen nicht auftreten. Vor diesem Hintergrund ist es durchaus gerechtfertigt, Menschen in Autisten und Nicht-Autisten oder in Schizophrene und Nicht-Schizophrene einzuteilen. Dabei ist die Zuweisung eines Menschen in die Nicht-Kategorien wenig aussagekräftig. Bei anderen psychischen Krankheitsbildern ist eine Typologisierung problematisch: Verhaltensweisen von Menschen mit Depressionen oder ADHS (Aufmerksamkeits-Defizit-Hyperaktivitäts-Syndrom) treten auch bei Menschen im »Normalbereich« auf, allerdings weniger häufig und weniger intensiv. Bereits hier ist die Anwendung des Typenkonzepts eher irreführend als aufklärend.

Interindividuelle Unterschiede im psychologischen Bereich bilden sich meist auf einem Kontinuum ab. Persönliche Eigenschaften wie Intelligenz, Introversion/Extraversion oder Neurotizismus sind bei einer Person mehr oder weniger stark ausgeprägt, aber die Übergänge sind fließend. Dies gilt auch für spezielle geistige Leistungen wie zum Beispiel sprachliche Fähigkeiten oder räumlich-visuelle Kompetenzen. Auch hier bilden sich die interindividuellen Unterschiede auf einem Kontinuum ab. Dennoch sind Fehlvorstellungen, gerade was diese Fähigkeiten angeht, weit verbreitet. So wird eine Typologisierung in Visualisierer und Verbalisierer vorgenommen, für die es tatsächlich keine diagnostische Grundlage und bei näherem Hinsehen auch keinen praktischen Nutzen gibt. Dennoch wird diese Typologisierung selbst in der Lehrerfort- und -weiterbildung propagiert, wie die Braunschweiger Biologiedidaktikerin Maike Loss kritisiert. Woher kommt diese Aufteilung? Sie basiert auf der durchaus angemessenen Beobachtung, dass manche Aufgaben auf unterschiedliche Weise gelöst werden können. Die Wegbeschreibung »Sobald du aus der Tür kommst, gehst du links 200 Meter, dann in die Seitenstraße nach rechts und an der zweiten Querstraße wieder links« kann man sprachlich in Stichworten speichern (links, rechts, zwei weiter, links), oder man kann sich den Weg bildlich als rudimentäre Landkarte vorstellen. Tatsächlich kommen beide Herangehensweisen vor. Ist es also doch richtig, von Typen zu sprechen? Das wäre dann sinnvoll, wenn jede Person bei jeder Anforderung dieser oder ähnlicher Art immer konsistent wäre, das heißt immer eine entweder sprachliche oder räumlich-visuelle Speicherung vornähme. Das ist aber nicht der Fall, wie viele Untersuchungen zeigen. In Abhängigkeit von zahlreichen Randbedingungen wird ein und derselbe Mensch manchmal sprachliche und manchmal räumlich-visuelle Strategien anwenden. Der weitaus überwiegende Teil der Menschen wird über beide Strategien verfügen und auch beide einsetzen. Unterschiede zwischen Menschen können hinsichtlich der Häufigkeit auftreten, mit der die jeweiligen Strategien angewendet werden. Im Extremfall wird es Menschen geben, die ausschließlich räumlich-visuelle oder ausschließlich sprachliche Strategien einsetzen. Aber selbst für diese Menschen wäre das Typenkonzept unangemessen, denn es sind in den seltensten Fällen Blindheit oder Taubheit, die zu derartigen Strategiekonstellationen führen, sondern vor allem Gewohnheiten oder ein Mangel an Lerngelegenheiten. Obwohl also durchaus individuelle Unterschiede in der Nutzung von Strategien bestehen, ist es dennoch wenig sinnvoll, sie auf der Grundlage des Typenkonzepts zu beschreiben. Besser ist es, von *Stilen* zu sprechen. Mit Hilfe dieses Konzepts lassen sich Unterschiede zwischen Menschen in fast allen Bereichen beschreiben, ohne dass man die Menschen in Schubladen zwängen muss, in die sie nicht wirklich passen: so zum Beispiel Unterschiede in der alltäglichen Lebensgestaltung, etwa was Kleidung oder Essgewohnheiten angeht. Bei Letzteren ist die Aufteilung in Vegetarier und Nicht-Vegetarier weniger informativ als Informationen darüber, in welchem Verhältnis Gemüse, Milchprodukte und Fleisch auf dem jeweiligen Speiseplan vertreten sind. Wenig hilfreich ist auch die Aufteilung von Frauen in Rock- und Hosentypen, da die meisten Frauen über beide Kleidungsstücke verfügen, wenn auch in jeweils unterschiedlichen Verhältnissen. Hat eine Frau überwiegend Hosen im Schrank, würde man den Kleidungsstil als sportlich bezeichnen, bei einer größeren Anzahl von Röcken dagegen als elegant.

Menschen verfügen zur Bewältigung geistiger Anforderungen über eine größere Zahl spezieller Fähigkeiten und Strategien, die sie unterschiedlich gut beherrschen und auf die sie unterschiedlichen Zugriff haben. Man kann die Strategien und Fähigkeiten als den Bestand eines Werkzeugkastens verstehen, der in unterschiedlicher Menge und Qualität und mehr oder weniger gut geordnet Werkzeuge enthält. Wie gut und effizient ein ausgebildeter Handwerker seine Arbeit ausführt, hängt unter anderem von der Qualität seines Werkzeugkastens und von seinem Zugriff auf diesen ab. Um effizient geistige Leistungen zu erbringen, muss man unterschiedliche Strategien zur Verfügung haben. Eine Geometrieaufgabe wäre kaum zu lösen, wenn man lediglich auf sprachliche Ressourcen zurückgreifen würde. Umgekehrt wird zum Verständnis einer literarischen Metapher die Aktivierung räumlich-visueller Ressourcen wenig hilfreich sein.

Selbst wenn es einen eher sprachlichen und einen eher räumlich-visuellen Lern- und Denkstil gibt, darf man sich als Lehrer nicht mit dieser Typologisierung zufriedengeben. Um die Inhalte zu lernen, die in der Schule als wichtig erachtet werden, muss man auf ein breites Repertoire von geistigen Ressourcen zurückgreifen können. Im Mathematik- wie auch im Physikunterricht muss man sprachliche und räumlich-visuelle Informationen mit numerischen Informationen integrieren können. Entdeckt man bei einem Schüler Defizite in der Nutzung räumlich-visueller Veranschaulichungen, wäre es kontraproduktiv, die Inhalte zu versprachlichen, statt den Schüler bei der Nutzung räumlich-visueller Veranschaulichungen zu unterstützen. Welche Form der Wissensrepräsentation benötigt wird, wird durch den Inhalt bestimmt und nicht durch die Vorlieben der Lernenden.

3. Was nützt Gehirnjogging wirklich?

Alles, was Lebewesen erleben und lernen, schlägt sich in einer Veränderung der neurophysiologischen Hirnstruktur nieder. Verbindungen zwischen Nervenzellen werden aufgebaut, verstärkt, abgeschwächt oder aufgelöst. Lernen wird erleichtert, wenn bereits starke Verbindungen zwischen den Nervenzellen bestehen, die am Lernprozess beteiligt sind, indem sie entweder an der Wahrnehmung und Verarbeitung der Reizsituation mitwirken oder das Verhalten steuern oder aber die Verbindung zwischen der wahrgenommenen Situation und dem Verhalten herstellen. Wann immer man bereits etablierte neuronale Strukturen nutzen kann, fällt das Lernen leichter. Auf neuronale Strukturen, die an sehr unterschiedlichen Anforderungen beteiligt sind, kann demnach auf sehr vielfältige Weise zurückgegriffen werden. So wurde an mehreren Stellen ausgeführt, dass das Frontalhirn an allen geistigen Operationen beteiligt ist, die bewusste Planung erfordern und bei denen unterschiedliche Wissensbereiche zusammengebracht werden müssen. Wer derartigen geistigen Tätigkeiten gehäuft nachgeht, wird im Frontalhirn Synapsenverbindungen aufbauen, die vielfach genutzt werden können. Auch der Umstand, dass zweisprachig aufwachsende Menschen bei nicht-sprachlichen Aufgaben etwas bessere Leistungen erbringen als einsprachige Menschen, spricht für eine Mehrfachnutzung zentraler Hirnareale. Vor dem Hintergrund dieser Überlegungen könnte man tatsächlich meinen, dass die beste Art der Steigerung der geistigen Leistungsfähigkeit das Gehirntraining mit Hilfe von Intelligenzaufgaben sei. So wünschenswert dieser Gedanke auch ist – nicht zuletzt weil das Material leicht zu beschaffen und überall einsetzbar ist –, so illusionär bleibt er. Die Transfereffekte, wenn sie denn überhaupt auftreten, sind so gering, dass sie in keinem Verhältnis zum Aufwand stehen.

Empirische Ergebnisse sprechen eine klare Sprache: Transferiert wird Wissen, und Wissen ist zunächst auf die jeweilige Anforderungssituation zugeschnitten. Wenn wir intelligenter werden wollen, müssen wir uns mit komplexeren Anforderungen auseinandersetzen, die den flexiblen Einsatz von Wissen erfordern. Das Gehirn funktioniert nicht wie ein Muskel, der durch Bewegungen jeder Art trainiert werden kann, aber das menschliche Gehirn ermöglicht es dem Individuum, das durch Erfahrung und Lernen erworbene Wissen nicht nur zu speichern, sondern mit diesem Wissen auch zu arbeiten. Durch Nachdenken können wir einzelne Aspekte des Wissens isoliert betrachten. Wir können diese Aspekte gezielt zu anderem Wissen in Beziehung setzen und es in neuen Bereichen einsetzen. Es ist das Lernen in anspruchsvollen Inhaltsbereichen, das uns intelligent macht.

4. Können Personen mit unterschiedlicher Intelligenz gemeinsam lernen?

Intelligenztestleistungen sind normal verteilt, folgen also der Gauß'schen Glockenkurve. Die Leistungen der meisten Menschen liegen im mittleren Bereich; deutlich überdurchschnittliche und deutlich unterdurchschnittliche Leistungen sind sehr viel seltener. Dass Kinder, die sich am oberen bzw. am unteren Extrem dieser Verteilung befinden, nicht optimal vom Unterricht profitieren, wenn sie vom ersten bis zum letzten Tag gemeinsam die Schulbank drücken, leuchtet unmittelbar ein. Das ist genauso, als nähmen Anfänger und Fortgeschrittene am selben Skikurs teil: Am so genannten Idiotenhügel kann der Fortgeschrittene im Allgemeinen seine Fähigkeiten nicht perfektionieren. Zu große Heterogenität in einer Lerngruppe kann also zweifellos hinderlich sein, insbesondere wenn es um fest umrissene Fähigkeiten wie das Erlernen einer Fremdsprache oder Skifahren geht. Lässt sich aber daraus folgern, dass homogene Lerngruppen zum besten Lernergebnis führen? In Deutschland und Österreich liegt das gegliederte Schulsystem dieser Annahme zugrunde. Aber ist sie wirklich realistisch? Erinnern wir uns, dass sich Intelligenz normal verteilt. Daraus ergibt sich, dass das obere und das untere Viertel deutlich heterogener sind als die mittleren 50%. Ein zweigliedriges Schulsystem, in dem jeweils die Hälfte der Schüler unterschiedlichen Schultypen zugewiesen wird, wird der Normalverteilung nicht wirklich gerecht, denn man nimmt die Unterteilung gerade in dem Bereich vor, in dem sich die Schüler am ähnlichsten sind. Stellen wir uns ein Land vor, in dem ein Intelligenztest durchgeführt wird, um darüber zu entscheiden, welchem Schultyp ein Schüler zugewiesen wird. Hat er einen IQ von 99, kommt er in den unteren Schultyp, mit einem IQ von 100 in den oberen. Wie wir gelernt haben, ist die Messung des IQ mit einem Fehler behaftet; mit anderen Worten, zwei unterschiedliche Intelligenztests, die an ein und derselben Person zu unterschiedlichen Zeitpunkten durchgeführt werden, kommen nur selten punktgenau zum selben Ergebnis. Wir haben auch gelernt, dass mit einer Wahrscheinlichkeit von 95 % der »wahre« Wert einer Person bis zu 8 Punkten unter bzw. über dem gemessenen Wert liegen kann. Würde die Entscheidung über die Zuweisung zum einen oder anderen Schultyp lediglich auf einer Intelligenzmessung beruhen, träfe man möglicherweise bei bis zu einem Viertel der Schüler eine Fehlentscheidung. Die Hälfte dieser Kinder landete zu Unrecht im unteren, die andere Hälfte zu Unrecht im oberen Schultyp. Wird als Kriterium für die Zuweisung zum jeweiligen Schultyp nicht die Intelligenz, sondern wie in Deutschland und Österreich die Schulleistung zugrunde gelegt, dann ergeben sich bei der Intelligenztestleistung große Überlappungen zwischen den beiden Schultypen.

Zu den Unterschieden in der allgemeinen Intelligenz kommen Unterschiede in den spezifischen Fähigkeiten, allen voran die räumlich-visuellen, numerischen und verbalen Fähigkeiten. Jeder Mensch hat ein bestimmtes Fähigkeitsprofil, das den Erwerb von bestimmten Inhalten erleichtert oder erschwert. Diese Unterschiede stellen ein zusätzliches Problem dar, wenn es um Fragen der Zuweisung zu bestimmten Schultypen innerhalb eines Schulsystems geht.

Interindividuelle Unterschiede in der Intelligenz und damit in der Lernfähigkeit stellen eine besondere Herausforderung für alle mit Schulbildung befassten Personen dar. Einerseits sind sich die Schüler nicht ähnlich genug, um von gleichen Lerngelegenheiten in gleichem Maße zu profitieren. Andererseits sind sie sich zu ähnlich, um eine rigorose Trennung zu rechtfertigen. Ganz allgemein gilt, dass der Erfolg von Bildungssystemen daran gemessen werden kann, wie erfolgreich sie mit interindividuellen Unterschieden umgehen. Forschungsergebnisse, die den starken genetischen Anteil an den interindividuellen Unterschieden belegen, sprechen dafür, dass wir den Anspruch auf gleichen Lerngewinn aufgeben müssen. Der Idealfall wäre, dass Schüler mit unterschiedlichen Lernvoraussetzungen von den gleichen Lerngelegenheiten in unterschiedlichem Maße profitieren. Schüler mit weniger günstigen Voraussetzungen erwerben Basisfähigkeiten. Mit der Bearbeitung von Texten verbessern sie ihre Lesekompetenz, und im Mathematikunterricht erwerben sie die im Alltag wichtigen Rechenkenntnisse. Schüler mit sehr guten Voraussetzungen binden hingegen den Inhalt des Textes auf vielfältige Weise an ihr Vorwissen an, welches auf diese Weise erweitert wird. Erhalten sie eine Mathematikaufgabe, entdecken sie Gesetzmäßigkeiten, auf die sie nicht explizit hingewiesen werden. Gleiches gilt für den naturwissenschaftlichen Unterricht. Weiter oben wurde betont, dass schulisches Lernen nicht darin besteht, das vom Lehrer eingebrachte Wissen auf die Schüler zu übertragen, sondern den Schülern Gelegenheit zu geben, ihr bestehendes Wissen durch die Bearbeitung von Aufgaben oder durch Gesprächsangebote zu verändern und zu erweitern. Gute Lehrer bieten Aufgaben und Erklärungen an, die vielfältige Möglichkeiten zur Anbindung an das Vorwissen erlauben.

Gelingt es einem Schüler nicht, in angemessener Weise von einer Lerngelegenheit zu profitieren, braucht er Alternativen. Diese können bei schwachen Schülern in zeitintensiven Wiederholungskursen bestehen oder bei leistungsstarken Schülern in Angeboten, in einigen Fächern am Unterricht in höheren Klassen oder sogar an der Universität teilzunehmen. Auch Klassen für hochbegabte Kinder sind denkbar. Länder wie Deutschland und Österreich, die für Schüler ab 10 Jahren ein mehrgliedriges Schulsystem haben, machen es sich im Umgang mit interindividuellen Unterschieden zu leicht. Sie gehen einerseits von der – ungeprüften – Annahme aus, dass homogenere Lerngruppen besser seien als heterogene. Anderseits nehmen sie eine Aufteilung vor, die in keiner Weise zu homogenen Gruppen führt. In Deutschland ist das Gymnasium der Schultyp mit der heterogensten Schülerschaft. Das wird jedoch nicht weiter problematisiert – es sei denn durch

Klagen von Gymnasiallehrern darüber, dass viele Schüler eigentlich nicht auf das Gymnasium gehörten. Die Gefahr eines mehrgliedrigen Schulsystems besteht darin, dass die grobe Aufteilung der Schüler auf unterschiedliche Schultypen der Vielfalt der interindividuellen Unterschiede nicht gerecht wird. Indem man die Lerngruppen geringfügig homogenisiert, drückt man sich vor der Entwicklung von Konzepten zum Umgang mit interindividuellen Unterschieden.

5. Worauf soll man sich im Zweifelsfall verlassen – auf das Wissen oder die Intelligenz?

Menschen erbringen nur dann außergewöhnliche Leistungen, wenn sie durch gezielte Übung und Erfahrung eine Wissensbasis aufbauen konnten, die ihnen sowohl Routinehandeln als auch Flexibilität in der Nutzung einzelner Wissenselemente ermöglicht. Ein intelligenter Schachnovize wird immer gegen einen weniger intelligenten Schachexperten verlieren. Selbst wenn es nicht um Expertise auf sehr hohem Niveau geht, ist Wissen der entscheidende Schlüssel zum Können. Entwicklungspsychologische Studien zeigen, dass Kinder auf Gebieten, auf denen sie Wissen erworben haben, Erwachsenen ohne dieses Wissen überlegen sind. Manche Schuluntersuchungen zeigen, dass Wissensvorsprünge zu einem größeren Lerngewinn führen als Intelligenzvorsprünge. Allen unseren Kompetenzen, auch den Intelligenztestleistungen, liegt Wissen zugrunde. Wenn es sich um komplexere, erst im Laufe der kulturellen Entwicklung entstandene Kompetenzen handelt, dann erfordert der Erwerb dieses Wissens von allen Menschen gezielte und nicht selten langwierige Übung. Das gilt für intelligente genauso wie für weniger intelligente Menschen. Intelligenz ist keine Garantie für Können. Intelligente Menschen müssen genauso Wissen erwerben wie weniger intelligente Menschen. Dabei ist eine höhere Intelligenz natürlich von Vorteil, und zwar in mehrfacher Hinsicht: Von intelligenten Menschen kann erwartet werden, dass sie neues

Wissen schneller erwerben und automatisieren, weil ihr Gehirn effizienter arbeitet. Zudem kann davon ausgegangen werden, dass sie – weil sie über eine reichhaltigere Wissensbasis verfügen – das eingehende Wissen besser vernetzen können und deshalb zu weiter gehenden Schlussfolgerungen in der Lage sind als weniger intelligente Menschen. Sie verfügen über Lern- und Denkstrategien, die es ihnen ermöglichen, tiefer in eine Materie einzudringen. Unterstützt wird dies durch eine breitere inhaltliche Wissensbasis, die ihnen das analoge Schlussfolgern und die Abstraktion von Regeln ermöglicht.

Die Vorteile der höheren Intelligenz machen sich natürlich auch in Abhängigkeit von der Art des Inhaltsgebietes bemerkbar. Komplexe Inhaltsbereiche wie beispielsweise die Physik, deren zentrale Begriffe formal definiert sind, können nur beherrscht werden, wenn eine sehr elaborierte Wissensbasis angelegt wurde, in der Handlungswissen und konzeptuelles Wissen integriert sind. Auch intelligente Menschen brauchen Zeit, um eine solche Wissensbasis anzulegen. Weniger intelligente Menschen, denen es gelingt, eine derartige Wissensbasis anzulegen, können unter Umständen auf dem jeweiligen Wissensgebiet das gleiche Leistungsniveau erreichen wie intelligentere Personen. Allerdings ist mit Grenzen der Kompensierbarkeit zu rechnen: Manche Gebiete sind zu komplex bzw. erfordern eine zu große Abstraktionsfähigkeit, als dass weniger intelligente Menschen in einer realistischen Zeitperspektive und mit vertretbarem Aufwand das nötige Wissen erwerben können.

Dafür sprechen auch die Ergebnisse unserer eigenen neueren Forschungen, die unter Federführung von Roland Grabner durchgeführt wurden. Während sich bei den recht einfachen Aufgaben, die Taxifahrern in Graz gestellt wurden, kein Einfluss der Intelligenz zeigte, ergab eine spätere, ähnlich angelegte Untersuchung mit Schachspielern, dass sich bei schwierigen Aufgaben Leistungsunterschiede wie auch Unterschiede in der kortikalen Aktivierung nicht allein auf Unterschiede im Grad der Expertise zurückführen ließen, sondern dass auch Intelligenzunterschiede zur Erklärung von Leistungsunterschieden beitrugen, wenngleich in geringerem Maße. Es kann davon ausgegangen werden, dass eine überdurchschnittliche Intelligenz, wenn sie eingesetzt wird, in jedem Stadium der Expertise Vorteile bringt. Gleichzeitig gibt es viele Möglichkeiten, eine geringere Intelligenz durch gezieltes Üben zu kompensieren.

Was würden wir also einem Arbeitgeber raten, der sich zwischen zwei potenziellen Mitarbeitern entscheiden muss, von denen der eine einen IQ von 120 und der andere einen IQ von 110 hat, wobei der weniger intelligente ein ausgeprägtes Vorwissen für die Tätigkeit mitbringt, der Intelligentere hingegen nicht? Man sollte sich genau überlegen, für welche Tätigkeitsbereiche der neue Mitarbeiter Verantwortung übernehmen soll. Ist auch die Einarbeitung in neue Bereiche erwünscht, für die keiner der beiden Bewerber Vorwissen mitbringt, wäre sicherlich die Person mit dem höheren IQ vorzuziehen. Soll hingegen bevorzugt eine Tätigkeit ausgeführt werden, für die die weniger intelligente Person Wissen und ausgiebige Erfahrung mitbringt, sollte man dieser den Vorzug geben. Ihr Vorsprung wird sich sofort auszahlen.

6. Ist der Mensch, was er isst – und einatmet? Kann man seine Intelligenz durch Brainfood oder »IQ-Pillen« verbessern oder aber durch Umweltgifte ruinieren?

Zwischenzeitlich gibt es einige Studien, die die positiven Effekte einer adäquaten Versorgung mit Mikronährstoffen (Vitaminen, Mineralien und Spurenelementen) für die Intelligenz demonstriert haben, allerdings bevorzugt für Stichproben, bei denen unter normalen Bedingungen eine Unterversorgung aufgrund einer schlechten Ernährung angenommen werden muss. Bei einer ausgewogenen Ernährung erscheint es eher unwahrscheinlich, dass eine vermehrte Gabe bestimmter Nahrungsinhaltsstoffe die Intelligenz beträchtlich fördert. So sind es eher die ökonomisch Benachteiligten (vor allem Dritte-Welt-Länder), deren Intelligenzpotenzial vermutlich durch zu wenig oder inadäquate Ernährung nur unzureichend genutzt wird. Dafür sprechen nicht zuletzt neue Interpretationen des Flynn-Effekts: Das Phänomen, dass sich der IQ in den letzten 50 Jahren um etwa 3 IQ-Punkte pro Dekade erhöht hat, wird von manchen Wissenschaftlern vorwiegend mit der seit dem Zweiten Weltkrieg zunehmend verbesserten Ernährungssituation erklärt. Dafür sprechen auch jüngste Befunde des madrilenischen Psychologen Roberto Colom, denen zufolge vor allem die unterdurchschnittlich Intelligenten vom Flynn-Effekt profitierten, insofern als ihre Leistungen näher an den Mittelwert herangeführt wurden. Bessergestellte konnten sich vermutlich auch schon vor 30 Jahren gut ernähren, die ökonomisch Schlechtergestellten aber erst seit kürzerer Zeit.

So gesehen sind auch kommerzielle Angebote für intelligenzsteigernde Pillen, Drinks, *Brain Cookies* bis hin zu CDs mit vermeintlich intelligenzfördernder Musik äußerst kritisch zu bewerten (eine populärwissenschaftliche Darstellung gibt Christopher Williams). Befunde für deren Wirkung sind praktisch nicht vorhanden. Die in den reichen Staaten dieser Welt angebotenen »Gehirnnahrungen«, Tonics und »Gehirnjoggingleitfäden« haben gerade für die Menschen, die sie sich leisten können, kaum Effekte. Diese wären allenfalls dort zu erwarten, wo solche Bücher und Pillen etc. gar nicht verkauft werden, nämlich in unterentwickelten Ländern mit großer Armut.

Eine verwandte Frage ist die nach dem Einfluss der Muttermilch auf die Intelligenzentwicklung. So erschienen in den letzten 10 Jahren einige Studien, die zeigten, dass Kinder, die mit Muttermilch (und nicht mit Ersatzpräparaten) aufgezogen wurden, in späteren Jahren einen 2 bis 5 Punkte höheren

IQ hatten. Dieser Befund ergab sich auch, nachdem Variablen wie Intelligenz und Bildung der Mutter, Umweltvariablen, sozioökonomischer Status herausgerechnet wurden. Dass dieser Effekt nicht (nur) durch den Brustkontakt des Säuglings mit der Mutter vermittelt wird, zeigte eine Studie, bei der die Muttermilch per Flasche gegeben wurde – trotzdem war mit 7 bis 8 Jahren der IQ der mit Brustmilch gefütterten Kinder um 8.3 IQ-Punkte höher; allerdings wurden bei dieser Studie ausschließlich Frühgeborene untersucht. Erklärt wurde dieser Effekt damit, dass Muttermilch langkettige ungesättigte Fettsäuren enthält, die nur in der Muttermilch, nicht aber in den Ersatzpräparaten enthalten sind. Diese Fettsäuren sind vor allem für den Aufbau des Myelins (der weißen Substanz) im Gehirn entscheidend. Bei Normalgeborenen sind die Effekte aber – wie oben erwähnt – deutlich geringer (nur 2 bis 5 IQ-Punkte) und laut einer neueren Meta-Analyse von Der und Mitarbeitern hauptsächlich darauf zurückzuführen, dass intelligentere Mütter eher stillen. Rechnet man diese und andere Einflussgrößen (Bildung, Rauchen, Geburtsgewicht, Geburtenreihenfolge u. a.) heraus, bleibt kein irgendwie praktisch relevanter Effekt mehr übrig. Mütter, die ihre Kinder nicht gestillt haben, sollten daher kein schlechtes Gewissen haben. Bei Normalgeborenen ist der Effekt auch im Vergleich zu den vielen anderen Faktoren, die die Intelligenz beeinflussen können, viel zu gering, als dass er tatsächlich in irgendeiner Form verhaltensrelevant werden dürfte.

Bleibt noch die Frage nach den (negativen) Auswirkungen von Umweltgiften auf die Intelligenz. Ansatzweise erforscht ist der negative Einfluss einer erhöhten Aufnahme von Blei und Quecksilber, also von Schwermetallen mit nachweislich nervenschädigender Wirkung. Es erscheint nicht unplausibel, dass die im Mittel niedrigere Intelligenz in Dritte-Welt-Ländern, aber möglicherweise auch in Armenvierteln ökonomisch entwickelter Länder, teilweise auch auf die erhöhte Aufnahme von solchen Schwermetallen zurückzuführen ist. Hier vertreten Christopher Williams und andere Forscher eine extrem pessimistische Sichtweise; andere sind der Meinung, die entsprechenden Untersuchungen genügten nicht den wissenschaftlichen Standards und die Effekte seien nicht schlüssig und allenfalls sehr gering. Gefährlicher ist möglicherweise das in gewissen Jugendkreisen beliebte Schnüffeln von Lösungsmitteln, da diese Substanzen relativ leicht die Blut-Hirn-Schranke überwinden können. Studien hierzu sind allerdings noch nicht bekannt.

7. Kann die Intelligenz durch gezielte Stimulation in der frühen Kindheit gesteigert werden?

Das kindliche Gehirn unterliegt vielfältigen Veränderungen: Unter anderem verbinden sich Nervenzellen über Synapsen, und viele dieser synaptischen Verbindungen lösen sich wieder auf. Im Laufe der Entwicklung vom Kind zum Erwachsenen werden die Verbindungen zwischen den Nervenzellen durch die so genannte weiße Substanz isoliert, und damit wird die Informationsübertragung effizienter. Vor dem Hintergrund dieser vielfältigen Veränderungen stellt sich natürlich die Frage, ob die Ausformung des kindlichen Gehirns nicht durch gezielte Erfahrungen und Anregungen mitgestaltet werden kann. Dies setzt die Annahme voraus, dass Erfahrungen in den ersten Lebensjahren stärker prägend wirken als später gemachte, weil diese nicht mehr in eine Periode so starker hirnphysiologischer Veränderungen fallen. So plausibel dies auch klingt – es gibt keine Belege dafür. Lediglich sehr negative Erfahrungen in den ersten Lebensjahren können die Hirnentwicklung nachhaltig beeinflussen. Werden Erfahrungen wie Mangelernährung, Kopfverletzungen oder emotionale Vernachlässigung in den ersten Lebensjahren gemacht, haben sie eine nachhaltig negativere Auswirkung, als wenn sie später erlebt werden. Während sich also bezüglich der Intelligenzentwicklung für das Motto »Je früher, umso besser« bisher keine Belege finden lassen, kann »Je früher, umso schlechter« durchaus zutreffen.

Die massiven Veränderungen im Gehirn in den ersten Lebensjahren sind zum allergrößten Teil intern gesteuerte Reifungsprozesse, die dem Kind neue sinnliche Erfahrungen ermöglichen. Eine noch so farbenreiche Umwelt kann nicht wahrgenommen werden, bevor die dafür zuständigen Sinnesorgane und Hirnteile ausgereift sind. Umgekehrt ist es aber nicht so, dass die neurophysiologischen Voraussetzungen für das Farbensehen verkümmern, wenn nicht sofort alle Farben in der Umgebung auftauchen. Vielmehr wird ein Mensch, dessen Gehirn nicht durch toxische oder traumatische Einwirkungen beeinträchtigt ist, ein Leben lang neue Farben wahrnehmen und diese miteinander vergleichen können.

Bisher gibt es keinerlei Belege dafür, dass die Voraussetzungen für höhere geistige Fähigkeiten, die sich in den ersten Lebensjahren entwickeln, einer besonderen Stimulation bedürfen. Ausreichende Ernährung, emotionale Geborgenheit, interaktives Sprechen mit anderen Personen, eine Umgebung, in der man die üblichen Hör- und Seherfahrungen machen kann, sowie Explorationsmöglichkeiten, die der körperlichen Entwicklung entsprechen, reichen aus, damit ein Kind in den ersten Lebensjahren die geistigen Basiskompetenzen aufbauen kann, die zur Entfaltung des intellektuellen Potenzials nötig sind.

Zurzeit wird sehr viel teures Stimulationsspielzeug für Säuglinge angeboten, das angeblich die Anregungen gibt, die Babys in bestimmten sensiblen Phasen brauchen. Im besten Falle handelt es sich dabei um Geldverschwendung. Im schlimmsten Fall aber, wenn sie zu ernst genommen werden, können sie sogar schaden. Ein Kind, das gerade einer Fliege nachschaut, dabei zu unterbrechen, um ihm bunte Formen zu zeigen, oder einem Einjährigen das Bilderbuch, in das er sich vertieft hat, wegzunehmen und durch Wortkärtchen zu ersetzen, weil angeblich die sensible Phase für Schrifterkennung gekommen ist, ist definitiv schädlich. Statt sich durch eigenständige, selbst gewählte Aktivitäten die Welt anzueignen, wird das Kind auf Stimulation von außen warten und diese – weil sie nicht selbst gewählt wurde – nicht optimal in sein bestehendes Wissen einordnen.

Zweifellos können auch jüngere Kinder schon sehr viel lernen, und diese Lernerfahrung schlägt sich im Gehirn nieder. Kinder bei Aktivitäten zu unterstützen, die ihnen die Partizipation an der Welt ermöglichen, in der sie leben, ist in jedem Falle sinnvoll. Aber für das Lernen im Säuglingsalter bis zum Lernen im Greisenalter gilt: Erfolgreiches Lernen findet statt, wenn eingehende Informationen an bestehendes Wissen angebunden werden.

Literatur

Kapitel 1

Amelang, M., und Bartussek, D. (2001). *Differentielle Psychologie und Persönlichkeitsforschung* (5. Aufl.). Stuttgart: Kohlhammer.

Fancher, R. E. (1987). *The Intelligence Men: Makers of the IQ Controversy*. New York: Norton.

Gardner, H. (2002). *Intelligenzen. Die Vielfalt des menschlichen Geistes.* Stuttgart: Klett-Cotta.

Goleman, D. (1997). *EQ. Emotionale Intelligenz.* München: Deutscher Taschenbuch Verlag.

Salovey, P., und Mayer, J. D. (1990). Emotional Intelligence. *Imagination, Cognition, and Personality, 9,* S. 185–211.

Sternberg, R. J. (1998). *Erfolgsintelligenz. Warum wir mehr brauchen als EQ und IQ.* München: Lichtenberg.

Kapitel 2

Baillargeon, R. (1987). Object permanence in 3.5- and 4.5-month-old infants. In: *Developmental Psychology, 23,* S. 655–664.

Bialystock, E. (1999). Cognitive complexity and attentional control in the bilingual mind. In: *Child Development, 70* (3), S. 636–644.

Carey, S. (1999). Sources of conceptional change. In: K. Scholnick, K. Nelson, S. A. Gelman und P. H. Miller (Hrsg.), *Conceptual development: Piaget's legacy, S.* 293–326. Mahwah, NJ: Erlbaum.

Diamond, A. (1985). Development of the ability to use recall to guide action, as indicated by the infant's performance on AB. In: *Child Development, 56,* S. 868–883.

Dias, M. G., und Harris, P. L. (1990). The influence of the imagination on reasoning by young children. In: *British Journal of Developmental Psychology, 8,* S. 305–318.

Flavell, J. H., Miller, P. H., und Miller, S. A. (1993). *Cognitive development.* Englewood Cliffs, NJ: Prentice Hall.

Frith, U. (2003). *Autism: Explaining the Enigma.* Oxford: Blackwell.

Gelman, R., Meck, E., und Merkin, S. (1986). Young children's numerical competence. In: *Cognitive Development, 1,* S. 1–29.

Goswami, U. (1996). Analogical reasoning and cognitive development. In: *Advances in Child Development and Behaviour, 26,* S. 91–138.

Goswami, U. (2001). *So denken Kinder.* Bern: Huber.

Goswami, U., Brown, A. (1989). Melting chocolate and melting snowmen: Analogical Reasoning and Causal Relations. In: *Cognition,* 35, S. 609–695.

Holyoak, K. J., Junn, E. N., und Billman, D. O. (1984). Developmental analogical problem solving skills. In: *Child Development, 55,* S. 2042–2055.

Johnson-Laird, P. N., und Wason, P. C. (1977). A theoretical analysis of insight into a reasoning task. In: P. N. Johnson-Laird und P. C. Wason (Hrsg.), *Thinking: Readings in cognitive science.* Cambridge, MA: Cambridge University Press.

Miller, K. F., Smith, C. M., Zhu, J., und Zhang, H. (1995). Preschool origins of cross-national differences in mathematical competence: The role of number-naming systems. In: *Psychological Science, 6,* S. 56–60.

Oakes, L. M., und Cohen, L. B. (1995). Infant causal perception. In: C. Rovee-Collier und L. P. Lipsitt (Hrsg.), *Advances in infancy research* (Bd. 9). Norwood, NJ: Ablex.

Prickaerts, J., Koopmans, G., Blokland, A., und Scheepens, A. (2004). Learning and adult neurogenesis: Survival with or without proliferation? In: *Neurobiology of Learning and Memory, 81,* S. 1–11.

Siegler, R. S. (1995). How does change occur: A microgenetic study of number conservation. In: *Cognitive Psychology, 28,* S. 225–273.

Sodian, B. (1995). Entwicklung bereichsspezifischen Wissens. In: R. Oerter und L. Montada (Hrsg.), *Entwicklungspsychologie,* S. 622–653. Weinheim: Beltz.

Sowell, E. R., Peterson, B. S., Thompson, P. M., Welcome, S. E., Henkenius, A. L., und Toga, A. W. (2003). Mapping cortical change across the human life span. In: *Nature Neuroscience, 6,* S. 309–315.

Stern, E. (2002). Wie abstrakt lernt das Grundschulkind? Neuere Ergebnisse der entwicklungspsychologischen Forschung. In: H. Petillon (Hrsg.), *Jahrbuch Grundschulforschung, Band 5: Individuelles und soziales Lernen – Kindperspektive und pädagogische Konzepte,* S. 22–28. Leverkusen: Leske & Budrich.

Stern, E. (2003). Kompetenzerwerb in anspruchsvollen Inhaltsgebieten bei Grundschulkindern. In: D. Cech und H. J. Schwier (Hrsg.), *Lernwege und Aneignungsformen im Sachunterricht,* S. 37–58. Bad Heilbrunn: Klinkhardt.

Wimmer, H., und Perner, J. (1983). Beliefs about beliefs: Representation and constraining function of wrong beliefs in young children's understanding of deception. In: *Cognition, 13,* S. 103–128.

Wynn, K. (1992). Addition und subtraction by human infants. In: *Nature, 358,* S. 749–750.

Kapitel 3

Amelang, M., und Bartussek, D. (2001). *Differentielle Psychologie und Persönlichkeitsforschung* (5. Aufl.). Stuttgart: Kohlhammer.

Asendorpf, J. B. (2004). *Psychologie der Persönlichkeit: Grundlagen.* Berlin: Springer.

Carroll, J. B. (1993). *Human cognitive abilities: A survey of factor-analytical studies.* New York: Cambridge University Press.

Cattell, R. B. (1941). Some theoretical issues in adult intelligence testing. In: *Psychological Bulletin, 38,* S. 592.

Ceci, S. J. (1996). *On Intelligence … more or less: A Bioecological Treatise on Intellectual Development.* Cambridge: Harvard University Press.

Gardner, H. (1983). *Frames of mind: The theory of multiple intelligences.* New York: Basic Books.

Guilford, J. P. (1967). *The nature of human intelligence.* New York: McGraw-Hill.

Guthke, J., Beckmann, J. F., Stein, H., Vahle, H., und Rittner, S. (1995). *Adaptive Computergestützte Intelligenz-Lerntestbatterie (ACIL).* Mödlingen: Schuhfried.

Horn, J. L., und Cattell, R. B. (1966). Refinement and test of the theory of fluid and crystallized general intelligence. In: *Journal of Educational Psychology, 57,* S. 253–270.

Jäger, A. O. (1982). Mehrmodale Klassifikationen von Intelligenzleistungen: Experimentellkontrollierte Weiterentwicklung eines deskriptiven Intelligenzstrukturmodells. In: *Diagnostica, 28,* S. 195–225.

Jäger, A. O. (1984). Intelligenzstrukturforschung: Konkurrierende Modelle, neue Entwicklungen, Perspektiven. In: *Psychologische Rundschau, 35,* S. 21–35.

Jäger, A. O., Süß, H.-M., und Beauducel, A. (1997). *Berliner Intelligenzstruktur-Test.* Göttingen: Hogrefe.

Mayer, J. D., und Salovey, P. (1997). What is emotional intelligence? In: P. Salovey und D. Sluyter (Hrsg.), *Emotional Development and Emotional Intelligence: Implications for Educators,* S. 3–31. New York: Basic Books.

Salovey, P., und Mayer, J. D. (1990). Emotional intelligence. In: *Imagination, Cognition, and Personality, 9,* S. 185–211.

Spearman, C. (1904). ›General Intelligence‹, objectively determined and measured. In: *American Journal of Psychology 15,* S. 201–293.

Thorndike, E. L. (1920). Intelligence and its uses. In: *Harper's Magazine, 140,* S. 227–235.

Thurstone, L. L. (1938). *Primary Mental Abilities.* Chicago: The University of Chicago Press.

Amthauer, R., Brocke, B., Liepmann, D., und Beauducel, A. (1999). *Intelligenz-Struktur-Test 2000R*. Göttingen: Hogrefe.

Aster, M. von, Neubauer, A. C., und Horn, R. (2006) *Wechsler-Intelligenztest für Erwachsene WIE-III*. Frankfurt: Harcourt.

Beckmann, F. F., und Guthke, J. (1999). *Psychodiagnostik des schlussfolgernden Denkens*. Göttingen: Hogrefe.

Binet, A. (1905). New Methods for the Diagnosis of the Intellectual Level of Subnormals. In: *L'Année Psychologique, 12*, S. 191–244.

Ceci, S., und Williams, W. (1997). Schooling, Intelligence, and Income. In: *American Psychologist, 52*, S. 1051–1058.

Ceci, S. (1996). General Intelligence and Life Success: An Introduction to the Special Theme, In: *Psychology, Public Policy, and Law, 2*, S. 403–417.

Dörner, D., Kreuzig, H. W., Teither, F., und Stäudel, T. (1983). *Lohausen. Vom Umgang mit Unbestimmtheit und Komplexität*. Bern: Huber.

Fay, E., Trost, G., und Gittler, G. (1998). *Intelligenz-Struktur-Analyse*. Frankfurt: Swets & Zeitlinger.

Formann, A. K., und Piswanger, K. (1979). *Wiener Matrizen-Test*. Weinheim: Beltz.

Fraser, B., Walberg. H., Welch, W., und Hattie, J. (1987). Syntheses of educational productivity research. In: *International Journal of Educational Research, 11*, S. 145–252.

Fritz-Stratmann, A., Ricken, G., Schuck, K.-D., und Preuß, U. (in Vorbereitung). *Hannover-Wechsler-Intelligenztest für das Vorschulalter III*. Göttingen: Hogrefe.

Funke, J. (1983). Einige Bemerkungen zu Problemen der Problemlöseforschung oder: Ist Testintelligenz doch ein Prädiktor? In: *Diagnostica, 29*, S. 283–302.

Funke, J. (1986). *Komplexes Problemlösen – Bestandsaufnahme und Perspektiven*. Berlin: Springer.

Gardner, H. (2002). *Intelligenzen. Die Vielfalt des menschlichen Geistes*. Stuttgart: Klett-Cotta.

Gordon, R. A. (1997). Everyday Life as an Intelligence Test: Effects of Intelligence and Intelligence Context. In: *Intelligence, 24*, S. 203–320.

Gustafsson, J.-E., und Undheim, J. O. (1996). Individual differences in cognitive functions. In: D. C. Berliner und R. C. Calfee (Hrsg.), *Handbook of educational psychology*, S. 186–242. New York: Prentice Hall International.

Heller, K. A., und Geisler, H.-J. (1983). *Kognitiver Fähigkeits-Test Kindergartenform (KFT-K)*. Weinheim: Beltz.

Heller, K. A. (2000). *Begabungsdiagnostik in der Schul- und Erziehungsberatung*. Bern: Huber.
Holling, H., Preckel, F., und Vock, M. (2004). *Intelligenzdiagnostik*. Göttingen: Hogrefe.
Jäger, A. O., Süß, H.-M., und Beauducel, A. (1997). *Berliner Intelligenzstruktur-Test*. Göttingen: Hogrefe.
Kubinger, K. D., und Wurst, E. (2001). *Adaptives Intelligenz Diagnostikum 2*. Göttingen: Hogrefe.
Kubinger, K. D. (2006). *Psychologische Diagnostik – Theorie und Praxis psychologischen Diagnostizierens*. Göttingen: Hogrefe.
Lückert, H.-R. (1957). *Stanford Binet Intelligenz Test*. Göttingen: Hogrefe.
Lynn, R., und Vanhanen, T. (2002). *IQ and the Wealth of Nations*. Westport, Connecticut: Praeger.
Oswald, W., und Roth, E. (1987). *Der Zahlen-Verbindungs-Test* (2. Aufl.). Göttingen: Hogrefe.
Petermann, F., und Eid, M. (2006). *Handbuch der Psychologischen Diagnostik*. Göttingen: Hogrefe.
Putz-Osterloh, W. (1981). Über die Beziehung zwischen Testintelligenz und Problemlöseerfolg. In: *Zeitschrift für Psychologie, 189*, S. 79–100.
Raven, J. C. (1995). *Coloured Progressive Matrices (CPM)*. Oxford: Oxford Psychologists Press.
Raven, J. C. (1996). *Standard Progressive Matrices (SPM)*. Oxford: Oxford Psychologists Press.
Raven, J. C. (1998). *Advanced Progressive Matrices (APM)*. Oxford: Oxford Psychologists Press.
Rindermann, H. (in Vorbereitung). *Intelligenz, Bildung und Gesellschaft: Entwicklung, Förderung und Auswirkung kognitiver Fähigkeiten auf individueller und makrosozialer Ebene*.
Roid, G. H. (2004). *Stanford-Binet Intelligence Scale* (5. Aufl.). Itaska, IL: Riverside Publishing.
Schmidt, F. L., und Hunter, J. E. (1998). The validity and utility of selection methods in personnel psychology: Practical and theoretical implications of 85 years of research findings. In: *Psychological Bulletin, 124*, S. 262–274.
Süß, H.-M. (2001). Prädiktive Validität der Intelligenz im schulischen und außerschulischen Bereich. In: E. Stern und J. Guthke (Hrsg.), *Perspektiven der Intelligenzforschung*. Lengerich: Pabst.
Tewes, U., Rossmann, P., und Schallberger, U. (2000). *Hamburg-Wechsler-Intelligenztest für Kinder III*. Göttingen: Hogrefe.
Van de Vijver, F. (1997). Meta-analysis of cross-cultural comparisons of cognitive test performance. In: *Journal of Cross-Cultural Psychology, 28*, S. 678–709.

Whalley, L. J., und Deary, I. J. (2001). Longitudinal cohort study of childhood IQ and survival up to age 76. In: *British Medical Journal, 322,* S. 1–5.

Kapitel 5

Asendorpf, J. B. (2004). *Psychologie der Persönlichkeit: Grundlagen.* Berlin: Springer.

Baddeley, A. (1986). *Working memory.* Oxford: University Press.

Bouchard, T. J., Jr., und McGue, M. (1981). Familial studies of intelligence: A review. In: *Science, 212,* S. 1055–1059.

Bouchard, T. J., Jr., Lykken, D. T., McGue, M., Segal, N. L., und Tellegen, A. (1990). Sources of human psychological differences: The Minnesota Study of Twins Reared Apart. In: *Science, 250,* S. 223–228.

Bourne, L. E., und Ekstrand B. R. (1997). *Einführung in die Psychologie* (2. Aufl.). Frankfurt: Klotz.

Cardon, L. R. (1994). Specific cognitive abilities. In: J. C. DeFries, R. Plomin und D. W. Fulker (Hrsg.), *Nature and nurture during middle childhood,* S. 57–76. Cambridge, MA: Blackwell.

Cattell, R. B. (1971). *Abilities: Their structure, growth, and action.* Boston: Houghton Mifflin.

Doppelmayr, M., Klimesch, W., Hödlmoser, K., Sauseng, P., und Gruber, W. (2005). Intelligence related to upper alpha desynchronization in a semantic memory task. In: *Brain Research Bulletin, 66,* S. 171–177.

Doppelmayr, M., Klimesch, W., Sauseng, P., Hödlmoser, K., Stadler, W., und Hanslmayr, S. (2005). Intelligence related differences in EEG-bandpower. In: *Neuroscience Letters, 381,* S. 309–313.

Ertl, J. P., und Schafer, E. W. P. (1969). Neural Efficiency and Human Intelligence. In: *Nature, 223,* S. 421–423.

Galton, F. (1883). *Inquiries into human faculty and its development.* London: Macmillan.

Garlick, D. (2002). Understanding the Nature of the General Factor of Intelligence: The Role of Individual Differences in Neural Plasticity as an Explanatory Mechanism. In: *Psychological Review, 109,* S. 116–136.

Haier, R. J., Siegel, B. V., MacLachlan, A., Soderling, E., Lottenberg, S., und Buchsbaum, M. S. (1992). Regional glucose metabolic changes after learning a complex visuospatial/motor task: a positron emission tomographic study. In: *Brain Research, 570,* S. 134–143.

Haier, R. J., Siegel, B. V., Nuechterlein, K. H., Hazlett, E., Wu, J. C., Paek, J., Browning, H. L., und Buchsbaum, M. S. (1988). Cortical

glucose metabolic rate correlates of abstract reasoning and attention studied with positron emission tomography. In: *Intelligence, 12,* S. 199–217.
Miller, E. M. (1994). Intelligence and brain myelination: A hypothesis. In: *Personality and Individual Differences, 17,* S. 803–832.
Neubauer, A. C., und Fink, A. (2005). Basic Information Processing and the Psychophysiology of Intelligence. In: R. Sternberg und J. Pretz (Hrsg.), *Cognition and Intelligence,* S. 68–87. Cambridge: University Press.
Neubauer, A. C. (1995). *Intelligenz und Geschwindigkeit der Informationsverarbeitung.* Wien: Springer.
Neubauer, A. C., Grabner, R. H., Fink, A., und Neuper, C. (2005). Intelligence and neural efficiency: Further evidence of the influence of task content and sex on the brain-IQ relationship. In: *Cognitive Brain Research, 25,* S. 217–225.
Plomin, R., DeFries, J. C., McClearn, G. E., und Rutter, M. (1999). *Gene, Umwelt und Verhalten.* Bern: Huber.
Schweizer, K. (1995). *Kognitive Korrelate der Intelligenz* (Reihe Lehr- und Forschungstexte Psychologie). Göttingen. Hogrefe.
Watson, J. B. (1930). *Behaviourism.* Chicago: University Press.

Kapitel 6

Asendorpf, J. B. (2004). *Psychologie der Persönlichkeit: Grundlagen.* Berlin: Springer.
Geary, D. C. (1996). Sexual selection and sex differences in mathematical abilities. In: *Behavioral and Brain Sciences,* 19 (2), S. 229–284.
Halpern, D. F. (1992). *Sex differences in cognitive abilities.* Hillsdale, NJ: Erlbaum.
Herrnstein, R., und Murray, C. (1994). *The Bell Curve: Intelligence and Class Structure in American Life.* New York: The Free Press.
Lynn, R., und Irwing, P. (2004). Sex differences on the Progressive Matrices: a meta-analysis. In: *Intelligence, 32,* S. 481–498.
Scarr, S., und Weinberg, R. A. (1976). IQ test performance of black children adopted by white Americans. In: *American Psychologist, 54,* S. 260–267.
Sternberg, R. J. (2005). There are no public-policy implications: A reply to Rushton and Jensen (2005). In: *Psychology, Public Policy, and Law, 11,* S. 295–301.

Anderson, J. R. (2007). *How can the human mind occur in the physical universe?* New York, NY: Oxford University Press.
Becker, M., Lüdtke, O., Trautwein, U., Köller, O., und Baumert, J. (2007). *Schooling and Intelligence: Does School Quality Make a Difference for Intelligence Development?* Unveröffentlichtes Manuskript. Berlin.
Bödeker, K. (2006). *Die Entwicklung intuitiven physikalischen Denkens im Kulturvergleich.* Münster: Waxmann.
Carpenter, P. A., Just, M. A., und Shell, P. (1990). What one intelligence test measures: A theoretical account of processing in the Raven Progressive Matrices test. In: *Psychological Review, 97,* S. 404–431.
Ceci, S. J. (1999). *On intelligence ... more or less.* New Jersey: Englewood Cliffes.
Deary, I. J. (1995). Auditory inspection time and intelligence: What is the direction of causation? In: *Developmental Psychology, 31,* S. 237–250.
Dehaene, S. (1997). *The number sense.* New York, Cambridge (UK): Oxford University Press, Penguin Press.
Ericsson, K. A., Krampe, R. Th., und Tesch-Römer, C. (1993). The role of deliberate practice in the acquisition of expert performance. In: *Psychological Review,* 100 (3), S. 363–406.
Felbrich, A. (2005). *Kontrastierungen als effektive Lerngelegenheiten zur Vermittlung von Wissen über Repräsentationsformen am Beispiel des Graphen einer linearen Funktion.* Dissertation. Berlin: Technische Universität Berlin.
Flavell, J. H., Miller, P. H., und Miller, S. A. (1993). *Cognitive development.* Englewood Cliffs, NJ: Prentice Hall.
Flavell, J. H. (1987) Speculation about the nature and development of metacognition. In: F. Weinert und R. Kluwe (Hrgs.), *Metacognition, motivation, and understanding,* S. 21–29. Hillsdale, NJ: Lawrence Erlbaum.
Grabner, R. H., Neubauer, A. C., und Stern, E. (2006). Superior performance and neural efficiency: the impact of intelligence and expertise. In: *Brain Research Bulletin, 69,* S. 422–439.
Grabner, R., Stern, E., und Neubauer, A. C. (2003). When intelligence loses its impact: Neural efficiency during reasoning in a highly familiar area. In: *International Journal of Psychophysiology, 49,* S. 89–98.
Guthke, J. (1992). Learning tests – the concept, main research findings, problems and trends. In: *Learning and Individual Differences, 4* (2), S. 137–151.

Guthke, J., und Beckmann, J. (2001). Intelligenz als »Lernfähigkeit« – Lerntests als Alternative zum herkömmlichen Intelligenztest. In: E. Stern und J. Guthke (Hrsg.), *Perspektiven der Intelligenzforschung,* S. 137–161. Lengerich: Pabst Science Publishers.

Haag, L., und Stern, E. (2003). In search of the benefits of learning Latin. In: *Journal of Educational Psychology, 95,* S. 174–178.

Hannula, M. M., und Lehtinen, E. (2005). Spontaneous focusing on numerosity and mathematical skills of young children. In: *Learning and Instruction,* 15 (3), S. 237–256.

Hager, W., und Hasselhorn, M. (1993). Über den Umgang mit unbotmäßigen Daten. Eine Erwiderung auf Klauers »Evaluation einer Evaluation«. In: *Zeitschrift für Entwicklungspsychologie u. Pädagogische Psychologie,* 25, S. 328–332.

Halpern, D. F. (1998). Teaching critical thinking for transfer across domains. In: *American Psychologist, 53,* S. 449–455.

Hasselhorn, M., und Schreblowki, S. (2002). Das Lernen lernen. Verbesserung der Lernkompetenzen durch metakognitives Training und Motivänderung. In: *Lernchancen,* 25, S. 23–28.

Hasselhorn, M. (2006). Metakognition. In: D. H. Rost (Hrsg.), *Handwörterbuch Pädagogische Psychologie* (3. Aufl.), S. 480–485. Weinheim: Psychologie Verlags Union.

Hatano, G., und Inagaki, K. (1986). Two Courses of Expertise. In: H. Stevenson, H. Azuma und K. Hakuta (Hrsg.), *Child Development and Education in Japan,.* New York: Freeman.

Helmke, A. (1997). Entwicklung lern- und leistungsbezogener Motive und Einstellungen: Ergebnisse aus dem SCHOLASTIK-Projekt. In: F. E. Weinert und A. Helmke (Hrsg.), *Entwicklung im Grundschulalter,* S. 59–76. Weinheim: Beltz.

Kail, R. (1992). *Gedächtnisentwicklung bei Kindern.* Heidelberg: Spectrum.

Klauer, K. J. (1989). *Denktraining für Kinder. Ein Programm zur intellektuellen Förderung.* Göttingen: Hogrefe.

Klauer, K. J. (1993). *Denktraining für Jugendliche. Ein Programm zur intellektuellen Förderung.* Göttingen: Hogrefe.

Kreppner, J., O'Connor, R., Ruter, M., und English and Romanian Adoptees Study Team (2004). Can Inattention/Overactivity Be an Institutional Deprivation Syndrome? In: *Journal of Abnormal Child development, 29,* S. 465–598.

Mähler, C., und Stern, E. (2006). Transfer. In: D. H. Rost (Hrsg.), *Handwörterbuch: Pädagogische Psychologie* (3. überarbeitete und erweiterte Aufl.), S. 782–793. Weinheim: Beltz.

Neubauer, A. C. (2001). Elementar-kognitive und physiologische Korrelate der Intelligenz. In: E. Stern und J. Guthke (Hrsg.), *Per-*

spektiven der Intelligenzforschung, S. 43–67. Lengerich: Pabst Science Publishers.

Ohlsson, S., und Lehtinen, E. (1997). Abstraction and the acquisition of complex ideas. In: *International Journal of Educational Research,* 27 (1), S. 37–48.

Perkins, D. N., und Salomon, G. (1989). Are cognitive skills context-bound? In: *Educational Researcher,* 18 (1), S. 16–25.

Plomin, R., DeFries, J. C., McClearn, G. E., und Rutter, M. (1999). *Gene, Umwelt und Verhalten. Einführung in die Verhaltensgenetik.* Aus dem Engl. übers. und in dt. Sprache hrsg. von P. Borkenau, R. Riemann und F. M. Spinath. Bern: Huber.

Pressley, M., Borkowski, J. G., und Schneider, W. (1987). Cognitive strategies: Good strategy users coordinate metacognition and knowledge. In: R. Vasta und G. Whitehurst (Hrsg.), *Annals of Child Development,* Bd. 5, S. 89–129. New York, NY: JAI Press.

Schellenberg, E. G. (2004). Music Lessons Enhance IQ. In: *Psychological Science, 15* (8), S. 511–514.

Schneider, W. (1992). Erwerb von Expertise: Zur Relevanz kognitiver und nichtkognitiver Voraussetzungen. In: E. A. Hany und H. Nickel (Hrsg.), *Begabung und Hochbegabung,* S. 105–125. Bern: Huber.

Schneider, W., und Pressley, M. (1989). *Memory development between 2 and 20.* New York: Springer-Verlag.

Schneider, W., Gruber, H., Gold, A., und Opwis, K. (1993). Chess expertise and memory for chess positions in children and adults. In: *Journal of Experimental Child Psychology,* 56 (3), S. 328–349.

Schneider, W., Körkel, J., und Weinert, F. E. (1987). Domain-specific knowledge and memory performance. In: *Journal of Educational Psychology, 81*, S. 306–312.

Schneider, W., Stefanek, J., und Dotzler, H. (1997). Erwerb des Lesens und des Rechtschreibens: Ergebnisse aus dem SCHOLASTIK-Projekt. In: F. E. Weinert und A. Helmke (Hrsg.), *Entwicklung im Grundschulalter,* S. 113–129. Weinheim: Beltz.

Schumacher, R. (2007). *Macht Mozart schlau? Die Förderung kognitiver Kompetenzen durch Musik.* Band 18 der Reihe Bildungsforschung des Bundesministeriums für Bildung und Forschung.

Siegler, R. S., und Stern, E. (1998). Conscious and unconscious strategy discoveries: A microgenetic analysis. In: *Journal of Experimental Psychology: General,* 127 (4), S. 377–397.

Simon, H. A., und Gilmartin, K. J. (1973). A simulation of memory for chess positions. In: *Cognitive Psychology, 5*, S. 29–46.

Staub, F., und Stern, E. (2002). The nature of teachers' pedagogical content beliefs matters for students' achievement gains: quasi-experimental evidence from elementary mathematics. In: *Journal of Educational Psychology, 93*, S. 144–155.

Stern, E. (1993). What makes certain arithmetic word problems involving the comparison of sets to difficult for children? In: *Journal of Educational Psychology, 85*, S. 7–23.
Stern, E. (2001). Intelligenz, Wissen, Transfer und der Umgang mit Symbolsystemen. In: E. Stern und J. Guthke (Hrsg.), *Perspektiven der Intelligenzforschung*, S. 163–204. Lengerich: Pabst Publisher.
Stern, E., und Felbrich, A. (2006). Erziehungs- und Schulpsychologie. In: K. Pawlik (Hrsg.), *Handbuch Psychologie: Wissenschaft - Anwendung – Berufsfelder*, S. 719–731. Heidelberg: Springer Medizin Verlag.
Stern, E., Felbrich, A., und Schneider, M. (2006). Mathematiklernen. In: D. H. Rost (Hrsg.), *Handwörterbuch: Pädagogische Psychologie* (3. überarbeitete und erweiterte Aufl.). S. 461–469. Weinheim: Beltz.
Stern, E., Grabner, R., und Schumacher, R. (2005). *Lehr-Lern-Forschung und Neurowissenschaften : Erwartungen, Befunde und Forschungsperspektiven.* Berlin: Bundesministerium für Bildung und Forschung.
Sternberg, R. J. (1985). *Beyond I.Q.: A triarchic theory of human intelligence.* New York: Cambridge University Press.
Weinert, F. E., und Helmke, A. (1997). *Entwicklung im Grundschulalter.* Weinheim: Beltz.

Kapitel 8

Anderson, M. (1992). *Intelligence and Development. A Cognitive Theory*. Oxford: Blackwell.
Baltes, P. B., und Mayer, K. U. (Hrsg.) (1999). *The Berlin Aging Study: Aging from 70 to 100.* New York: Cambridge University Press.
Blakemore, S.-J., und Frith, U. (2006). *Wie wir lernen. Was die Hirnforschung darüber weiß.* München: Deutsche Verlags-Anstalt.
Bruer, J. T. (1999). *The myth of the first three years: An understanding of early brain development and lifelong learning.* New York: The Free Press.
Bruer, J. T. (2002). *Der Mythos der ersten drei Jahre. Warum wir lebenslang lernen.* Weinheim: Beltz.
Hirsh-Pasek, K., und Golinkoff, R. M. (2003). *Einstein never used flash cards: How our children really learn – and why they need to play more and memorize less.* Emmaus, PA: Rodale.
Jacobs, A. M. (2001). Cognitive psychology of literacy. In: N. J. Smelser und P. B. Baltes (Hrsg.), *International Encyclopedia of the Social & Behavioral Sciences*, S. 8971–8975. Elsevier Science Ltd.
Krajewski, K. (2003). *Vorhersage von Rechenschwäche in der Grundschule.* Hamburg: Kovač.

Lorenz, J. H. (2003). *Lernschwache Rechner fördern.* Berlin: Cornelsen.
Mc Call, R. (1977). Childhoood IQ's as Predictors of Adult. In: *Science*, 197, S. 482–493.
Salthouse, T. A. (2006). Mental Exercise and mental aging: Evaluating the validity of the use it or lose it hypothesis. In: *Perspectives on Psychological Science*, 1, S. 68–87.
Schneider, W., Perner, J., Bullock, M., Stefanek, J., und Ziegler, A. (1999). Development of intelligence and thinking. In: F. E. Weinert und W. Schneider (Hrsg.), *Individual development from 3 to 12. Findings from the Munich longitudinal study*, S. 9–28. Cambridge, UK: Cambridge University Press.
Siegler, R., DeLoache, J., und Eisenberg, N. (2006). *How Children Develop* (2. Aufl.). New York: Worth.
Stern, E. (1997). Erwerb mathematischer Kompetenzen: Ergebnisse aus dem SCHOLASTIK-Projekt. In: F. E. Weinert und A. Helmke (Hrsg.), *Entwicklung im Grundschulalter*, S. 157–170. Weinheim: Beltz – Psychologie Verlags Union.
Stern, E. (1998). *Die Entwicklung des mathematischen Verständnisses im Kindesalter.* Lengerich: Pabst Publisher.
Stern, E. (1998). Die Entwicklung schulbezogener Kompetenzen: Mathematik. In: F. E. Weinert (Hrsg.), *Entwicklung im Kindesalter - Bericht über eine Längsschnittstudie*, S. 95–113. Weinheim: Beltz – Psychologie Verlags Union.
Stern, E. (2005). Knowledge restructuring as a powerful mechanism of cognitive development: How to lay an early foundation for conceptual understanding in formal domains. In: P. D. Tomlinson, J. Dockrell und P. Winne (Hrsg.), *Pedagogy – teaching for learning* (British Journal of Educational Psychology Monograph Series II, Nr. 3), S. 153–169. Leicester: British Psychological Society
Weinert, F. E. (Hrsg.). (1998). *Entwicklung im Kindesalter - Bericht über eine Längsschnittstudie.* Weinheim: Beltz – Psychologie Verlags Union.
Weinert, F. E., und Schneider, W. (Hrsg.). (1999). *Individual development from 3 to 12: Findings from the Munich longitudinal study.* Cambridge, UK: Cambridge University Press.

Kapitel 9

Gagné, F. (1985). Giftedness and talent: Reexamining a reexamination of the definitions. In: *Gifted Child Quarterly, 29*, S. 103–112.
Gagné, F. (1993). Constructs and models pertaining to exceptional human abilities. In: Heller, K. A. et al. (Hrsg.) (1993). *International Handbook of Research and Development of Giftedness and Talent.* Oxford: Pergamon Press.

Holling, H., und Kanning, U.P. (1999). *Hochbegabung: Forschungsergebnisse und Förderungsmöglichkeiten.* Göttingen: Hogrefe.
Huser, J. (2001). *Lichtblick für helle Köpfe. Ein Wegweiser zur Erkennung und Förderung von hohen Fähigkeiten bei Kindern und Jugendlichen auf allen Schulstufen,* (3. Aufl.). Zürich: Lehrmittelverlag.
Lubinski, D., Webb, R. M., Morelock, M. J., und Benbow, C. P. (2001). Top 1 in 10 000: A 10-year follow up of the profoundly gifted. In: *Journal of Applied Psychology, 86,* S. 718–729.
Rost, D. H. (Hrsg.) (2000). *Hochbegabte und hochleistende Jugendliche. Neue Erkenntnisse aus dem Marburger Hochbegabtenprojekt.* Münster: Waxmann.
Stapf, A. (2003). *Hochbegabte Kinder, Persönlichkeit, Entwicklung, Förderung.* München: C.H. Beck.
Sternberg, R. J., und Subotnik, R. F. (2000). A Multidimensional Framework for Synthesizing Disparate Issues in Identifying, Selecting, and Serving Gifted Children. In: K. A. Heller, F. J. Mönks, R. J. Sternberg und R. F. Subotnik (Hrsg.), *International Handbook of Giftedness and Talent,* S. 831–838 (2. Aufl.). Oxford: Pergamon.
Terman, L. M. (1925). *Genetic studies of genius: Vol. 1. Mental and physical traits of a thousand gifted children.* Stanford, CA: Stanford University Press.
Trost, G., und Sieglen, J. (1992). Biographische Indikatoren herausragender beruflicher Leistungen. In: E.A. Hany und H. Nickel (Hrsg.), *Begabung und Hochbegabung* (95–104). Bern: Huber.
Wai, J., Lubinski, D., und Benbow, C. P. (2005). Creativity and occupational accomplishments among intellectually precocious youth: An age 13 to age 33 longitudinal study. In: *Journal of Educational Psychology, 97, S.* 484–492.
Ziegler, A., und Stöger, H. (2003). Identification of underachievement with standardized tests, student, parental and teacher assessments. An empirical study on the agreement among various diagnostic sources. In: *Gifted and talented international, 18,* S. 87–94.

Kapitel 10

Batty, G. D., und Deary, I. J. (2006). Effect of breast feeding in intelligence in children: prospective study, sibling pairs analysis, and meta-analysis. In: *British Medical Journal, 333,* S. 945–948.
Colom, R., Lluis-Font, J. M., und Andrés-Pueyo, A. (2005). The generational intelligence gains are caused by decreasing variance in the lower half of the distribution: Supporting evidence for the nutrition hypothesis. In: *Intelligence, 33 (1),* S. 83–89.

Grabner, R. H., Stern, E., und Neubauer, A. C. (2003). When intelligence loses its impact: Neural efficiency during reasoning in a familiar area. In: *International Journal of Psychophysiology, 49,* S. 89–98.

Haier, R., Jung, R. E., Yeo, R. A., Head, M., und Alkire, M. T. (2005). The neuroanatomy of general intelligence: sex matters. In: *NeuroImage, 25*, S. 320–327.

Looß, M. (2001). Lerntypen? – Ein pädagogisches Konstrukt auf dem Prüfstein. In: *Die Deutsche Schule, 93,* S. 186–198.

Schmithorst, V. J., und Holland, S. K. (2006). Functional MRI evidence for disparate developmental processes underlying intelligence in boys and girls. In: *NeuroImage, 31 (3),* S. 1366–1379.

Watson, J. B. (1930). *Behaviorism* (überarbeitete Aufl.). Chicago: University of Chicago Press.

Williams, C. (2003). *Endstation Gehirn: die Bedrohung der menschlichen Intelligenz durch die Vergiftung der Umwelt.* Stuttgart: Klett-Cotta.

Register

Abbildungsnachweis

Abb. 2.2: Quelle: Shaffer (1985). Nach *Developmental Psychology: Childhood and Adolescence* von D. R. Shaffer. Copyright © 1996, 1993, 1989, 1985 Brooks/Cole Publishing Company, Pacific Grove, CA 93950, ein Unternehmensbereich von International Thomson Publishing Inc. Wiedergabe mit freundlicher Genehmigung.

Abb. 2.4: Quelle: *Cognition, 36,* Goswami, U. & Brown, A. L. Higher-order structure and relational reasoning: Contrasting analogical and thematic relations. S. 207–266. Copyright © 1990. Nachdruck mit freundlicher Genehmigung von Elsevier.

Abb. 2.5: Quelle: http://de.wikipedia.org/wiki/Bild:Neuron_%28deutsch %29-1.svg [Stand: 19.01.2007]

Abb. 2.6: Quelle: Blakemore, S.-J., und Frith, U. *Wie wir lernen. Was die Hirnforschung darüber weiß.* München, DVA 2006.

Abb. 3.2: Quelle: 2001 Amelang, Manfred und Bartussek, Dieter, *Differentielle Psychologie und Persönlichkeitsforschung,* W. Kohlhammer GmbH Stuttgart, 5. Aufl. Nachdruck mit freundlicher Genehmigung der W. Kohlhammer GmbH; Grafik: © Peter Palm.

Abb. 3.4: Grafik: © Peter Palm

Abb. 4.1: adaptiert nach J. Funke, www.psychologie.uni-heidelberg.de/ae/allg/mitarb/jf/intelligenz.pdf. Nachdruck mit freundlicher Genehmigung von Professor Joachim Funke, Psychologisches Institut der Universität Heidelberg. Grafik: © Peter Palm.

Abb. 5.1 (unten): Grafik: © Peter Palm

Abb. 5.2: Quelle: *Intelligence,* 20, Neubauer, A. C., Freudenthaler, H. H., und Pfurtscheller, G. Intelligence and spatio-temporal patterns of event-relateddesynchronisation. S. 249–267. Copyright © 1995. Nachdruck mit freundlicher Genehmigung von Elsevier.

Abb. 5.3: links: Quelle: http://upload.wikimedia.org/wikipedia/commons/f/fa/Phrenology1.jpg aus: Friedrich Eduard Bilz (1895). Das neue Naturheilverfahren. Leipzig. rechts: Quelle: Nichols, M. J., und Newsome, W. T. The neurobiology of cognition. *Nature, 402* (2.12.1999).

Abb. 6.1: Grafik: © Peter Palm

Abb. 7.2: Grafik: © Peter Palm

Abb 7.3: Quelle: http://finkbeiner.com/Anatomical/Images/brain.jpg; Copyright © Robert Finkbeiner. Nachdruck mit freundlicher Genehmigung von Robert Finkbeiner.

Abb 9.1 und 9.2: Quelle: Holling, H., und Kanning, U. P. *Hochbegabung. Forschungsergebnisse und Fördermöglichkeiten.* Göttingen, Copyright © Hogrefe 1999. Nachdruck mit freundlicher Genehmigung des Hogrefe Verlages.

Abb. 9.3: Quelle: Gagné, F. Constructs and models pertaining to exceptional human abilities. In: K. A. Heller, F. J. Mönks und A. H. Passow (Hrsg.), *International Handbook of Research and Development of Giftedness and Talent.* Copyright © Pergamon Press, Oxford. Nachruck mit freundlicher Genehmigung von Elsevier.

Das Copyright aller anderen Abbildungen liegt bei den Autoren.